U0824162

Everything Is Interesting

万物有意思

中国篇 上

北京日报《万物》编写组 编著

北京日报出版社

图书在版编目（CIP）数据

万物有意思．中国篇 / 北京日报《万物》编写组编著．-- 北京 ：北京日报出版社，2018.3（2024.3重印）
ISBN 978-7-5477-2702-7

Ⅰ．①万… Ⅱ．①北… Ⅲ．①中国历史－通俗读物
Ⅳ．①K109②K209

中国版本图书馆CIP数据核字(2017)第179075号

万物有意思．中国篇

出版发行：北京日报出版社
地　　址：北京市东城区东单三条8-16号东方广场东配楼四层
邮　　编：100005
电　　话：发行部：（010）65255876
　　　　　总编室：（010）65252135
印　　刷：雅迪云印（天津）科技有限公司
经　　销：各地新华书店
版　　次：2018 年 3 月第 1 版
　　　　　2024 年 3 月第 11 次印刷
开　　本：880 毫米×1230 毫米　　1/32
印　　张：20
字　　数：412 千字
定　　价：98.00元（全二册）

版权所有，侵权必究，未经许可，不得转载

编者的话

中国古人有一句名言，叫“格物致知”，意即穷究一事一物的原理，就可以获得知识和智慧。这是朴素的认识论，也是行之有效的方法论。

2011年初，北京日报创办《万物》版，至今已逾7年，刊出了300多期。每期的《万物》版，选择一事或一物，下一番“格物”的功夫，由远及近、由小及大、由点及面，探究事物生成的来龙去脉、发展的前因后果、演化的承前启后，“致知”乐趣是无穷的。

报纸刊发文章相对便捷，但有一个遗憾，不易保存，也比较分散。于是我们想到，可以挑选其中佳作，重新加以编辑，结集成书，便于随时翻阅，惠及更多的读者。这就是现在这套《万物有意思》的由来。

书中文章的作者虽不是专门的学问家，但写作时从各方面研究成果中“淘金”的功夫下得不少。为通俗易读，作者和编者注重对史事史实、文献资料的筛选和梳理，用平实的文字、晓畅的文理进行新的组合，明快地揭示了万事万物精彩纷呈的趣味历史。因其通俗读物的性质加之发布时间不一，故而资料来源没有按照学术规范一一注明，也无法与原著者一一取得联系。此点希望能得到研究家们的理解支持，如有疑问可以与我们联系。

“普中见奇”——正是《万物有意思》的“亮点”。当你闲暇时翻阅这本书，读上一段便会发现，我们身边常见的万物，竟然有如此神奇迷人、嚼起来很有味道的历史。读完一篇，你可能顿时生发“知其然又知其所以然”之感。也许，你会在心里面点赞：咦，真的挺有意思！

《万物》编写组

目 录

第一编

第二编

第三编

第四编

第五编

第一编

魯韋昌馬苗鳳花方
俞任袁柳酆鮑史唐
費廉岑薛雷賀倪湯
滕殷羅畢郝鄔安常
樂于時傅皮卞齊康
伍余元卜顧孟平黄

姓名：历代取名时尚

余昌

『行不更名，坐不改姓』，中国人一向很重视自己的『尊姓大名』。

逢年过节，中国人有祭祖思宗的传统。而在国人心目中，扬名建业，不但是个人生命的追求，更是有关家族的荣耀。

「姓」来自母系

中国是世界上最早使用姓氏的国家，原始母系氏族社会就产生了姓氏。在关永礼先生所著的《中国姓氏文化》一书中讲到，相比之下，许多欧美国家名前姓后的姓氏构成方式，迟至中世纪才产生并传承下来。亚洲越南、朝鲜等国的姓氏在14世纪左右才普及兴盛，而且多由中国传入。日本则更晚，1876年才颁布《平民必称姓氏、名字义务令》，普遍推行姓氏制度，改变了此前只有贵族、武士、神职官员才享有姓氏的历史。

而细致考究下来，“姓”的来历要比“氏”更古老。

“姓”字是由“女”字和“生”字组成的，《说文解字》解释：“姓，人所生也。”远古的人类只知其母不知其父，姓就代表了一个人的母系血统，一个始祖母所生的后代即为同姓。

中国的古姓中大多都有“女”字偏旁，如

甲骨文“姬”

姬、姜、嬴、姒、妫、姚、好、嫪等，也正反映了“姓”和母系血统的密切关系。

远古的人们还不了解男欢女爱媾和生育的因果关系，而把氏族繁衍的功劳归于某种神秘的自然力量。比如在周人的传说中，他们的始祖母姜嫄因踩了熊的脚印而生了后稷，因此周人以熊为图腾，并姓姬，甲骨文“姬”字的右半部，就是熊的脚印的象形。而在商人的传说中，他们的始祖母简狄因吞食了燕子蛋而生了契，所以商人就以鸟为图腾，并姓子，子就是卵或蛋的意思。

后稷

“氏”来自父系

如果说，“姓”是来自母系，那么“氏”就是来自男性。

随着社会的发展，人口的繁衍，男性在生产和战争中的优势不断凸显，氏族群体中出现了强有力的男性首领，他们要对自己率领的群体用某种称号做出区分，这就是“氏”的来历。最初的氏，是这个氏族男性首领的称呼。比如古代传说中的轩辕氏、神农氏、伏羲氏、越人氏等等，正透露出“氏”的来源。

战国以后，随着经济的发展、政局的动荡，许多贵族降为平民。原本只有卿大夫之家才有资格立氏，随着士和平民地位、权力的上升，他们也开始称氏。氏已不再是贵族特有的标志，人们在交往中互相称名称氏，成为社会发展的需要。

秦始皇统一全国后，彻底废除分封制，全面推行郡县制，氏只剩下了标记直系血统的作用，性质上没有了贵贱之别。

汉代以后，通称为姓，自此姓氏彻底合一。

新疆吐鲁番出土的唐朝伏羲女娲绢画

名是名，字是字

现在人们所说的名字是指一个人的名，与古代所说的名字不同。古代的名与字分指，均为一个人的称号。名，是一个人在成年之前的称呼，字则是他成年后步入社会时的称呼。

“姓”来自母亲，“氏”来自父亲。汉代以后姓氏合一。

中国的这种名、字双轨制早在周代就已经形成。古人的名，主要用于自称；古人的字，主要用于他称。古代婴儿出生满两个月就要命名。《礼记》中说“男子二十，冠而字”“女子许嫁，笄而字”。这是因为古代男子二十岁时行结发加冠之礼，以示成年，开始取字。女子十五岁结发加笄（束发的簪子），作为成年的标志，可以取字。一个人成年后，由长辈原先为其取的名已不便在社交场合中被人指名道姓地径直称呼，应另外换一个平辈或晚辈可以称呼的新名，否则被视为无礼。因此，以字相称，表示尊敬。

字独立于名之外，又与名密切相关。如诸葛亮，字孔明，“亮”与“明”可以相互注释，字义相近；周瑜，字公瑾，“瑜”和“瑾”均为美玉，义相近。也有名与字互为补充，可以连义推想的，如岳飞，字鹏举，“鹏举”取大鹏振翅高飞之意，与“飞”互为补充。还有以反义相对取字的，如宋代理学家朱熹，字元晦，“熹”与“晦”字义相反。

殷墟妇好墓出土的夔形头骨笄

雅号各抒其志

除了名、字以外，有些古人还有号。一些中上层人物特别是文人墨客，往往热衷于以住地或志趣等为自己取号。由于别号是本人所起，不像姓名受到家族、行辈等限制，因此“号无定法”，可以抒发个人的志趣情怀，以“自鸣其志”。别号中常见的“居士”“山人”等就是为了表达超俗脱凡的志趣。如宋代文学家欧阳修晚年号“六一居士”，是以家藏一万卷书、一千卷金石遗文、一张琴、一副棋、一壶酒，加上他本人一老翁共六个“一”而取名。东晋大诗人陶渊明的陋室前后有五棵柳树，他就以“五柳先生”为号。

虽然春秋时期已有称号的现象，但宋代才是号的大普及时代。明清时期，士人取号之风特盛。清末民初以后，字与号逐渐被笔名、艺名所取代。

商人喜欢以干支命名

近代以来，通过对古文献和殷墟甲骨文的研究发现，商代帝王，包括一部分臣民多用干支命名。干支，又称天干地支，是中国古代取人名、记时间、表方位、标次序的一套专门的序数系统。干，指十天干，依次为甲、乙、丙、丁、戊、己、庚、辛、壬、癸；支，指十二地支，依次为子、丑、寅、卯、辰、巳、午、未、申、酉、戌、亥。相传在历法中使用干支纪日，是黄帝发明的。

商王命名，直至亡国之君纣（帝辛），均以干支中的一个字作为名号，如天乙、太丁、外丙、中壬……这种以甲、乙、丙、丁等为名号的商王有三十一人之多。有研究者指出，这种天干地支数可能是他们的生日，也可能是他们的去世日。学者们推测，商人以干支取名，反映了当时一种文雅的文化心理。

汉人盛行取单名

汉代人取名洋溢着昂扬自信的进取精神，从中颇能反映出西汉时期的社会心态。这一时期，“奉世”“定国”“广汉”“辟疆”一类的人名颇为流行，以“勇”“武”“霸”“起”“雄”等字为名的也很多。

东汉以后，儒家思想深入人心，儒家崇尚的忠、孝、礼、义等观念广为传播。以这些字为名字的现象也广为盛行。

进入东汉，特别是三国和魏晋时期，单名十分盛行，绝大多数人名均用一个字，特别突出的是三国时一大批人名，如曹操、刘备、关羽、张飞、赵云、黄忠、孙权、周瑜、鲁肃……

对此现象，古今学者见解殊异。其中一种解释是，单名盛行出于王莽的倡导。王莽建立新朝后下令禁止百姓使用两个字的名字，根据是被立为儒家经学的《春秋公羊传》中

百家姓雕版

有“二名非礼也”的说法。但是，也有人对此提出异议。这种看法认为，王莽的新朝仅存在十五年。一道行政命令不可能影响数百年人们命名的方式，避讳才是单名盛行的主要原因。秦汉以来避讳制度越来越严密，人们要回避更改的文字越来越多，为了减少讳字，当时约定俗成的取名方法是大量采用单名和使用冷僻字取名。

两晋南北朝人名『之』字多

西晋以后，儒家经学走向衰微，曹魏时兴起的玄学盛行，成为显学，老庄哲学为人们所津津乐道。魏晋名士以崇尚虚无、空谈名理为风气，并成为魏晋南北朝流行的社会思潮。反映在人名上，这一时期的人名或字中多有“元”“真”“道”“灵”“玄”一类的字眼。

东汉末年，道教兴起，其中关中一派由张陵在蜀地鹤鸣山创立，因受道者须出五斗米，故称“五斗米道”。据史学大师陈寅恪先生考证，“之”字是五斗米道中用于道徒名字的暗记，因此笃信其道的门阀世族遂把“之”字作为人名，形成一时风尚。最典型的是有“书圣”之称的王羲之家族，用“之”字最多，信奉五斗米道最笃。王羲之本人喜与道士交接往返，他五个儿子均以“之”字命名，即玄之、凝之、徽之、操之、献之。徽之的儿子叫祯之，献之的儿子叫嗣之、静之，祖

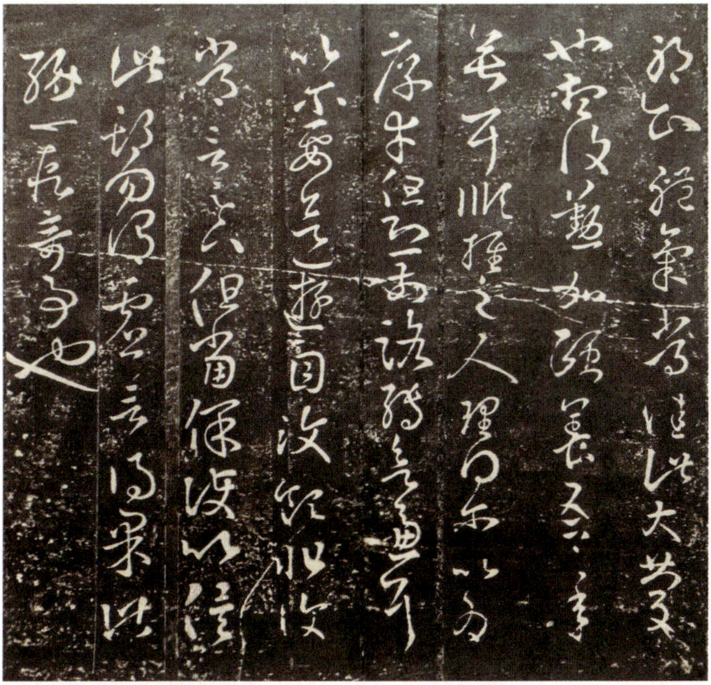

王羲之草书《月相帖》(局部)

孙父子均以“之”字为名，并不避讳。

南北朝时期，也有不少人仍沿袭旧风，以“之”字为人名，如著名科学家、发现圆周率的祖冲之，以才绝、画绝、痴绝著称的东晋大画家顾恺之，为《三国志》作注的史学家裴松之，著有《洛阳伽蓝记》的杨炫之等，不胜枚举。

唐代人名爱称排行

唐代以后，人名中出现了一个特殊现象，即当时的人们多以行第相称。行第，本指家族内子弟的排行次第，即按同祖父的兄弟或同曾祖父的兄弟排行，民间称之为“大排行”。

以排行作为家内的称呼，早在魏晋时已有先例，隋唐之际，渐成风气。无论是家人朋友、高低贵贱，无不以论称排行为高尚，以至于形成唐代社会的风尚之一。宫廷之中即以排行相称，如唐高祖李渊之子，李建成称大郎，李世民称二郎。帝王之家如此，公卿间也以排行相呼，玄宗时的权臣李林甫被人呼作十郎。朝廷官场有此种做法，排行之称便逐渐通行于社会，尤以文人之间最为流行。文人间特别喜爱称呼别人的排行，如杜甫称杜二，孟浩然称孟六，元稹称元九，王维称王十三，李白称李十六，白居易称白二十二……这种时髦的风尚被社会各阶层广

取材于唐代十八学士夜宴典故的《夜宴图》，排行之称由宫廷官场逐渐通行于社会，文人尤喜用

为接受，三教九流、各色人等纷纷以排行相称。这样直称行第的做法反而显得彼此间的熟稔而不拘礼节，颇能给人以“四海之内皆兄弟”之感。

宋代起名以老为美

宋人取名的一个特点是喜欢使用“老”“父”“翁”一类表示年长老迈的字作为人名，既说明当时人们企慕健康长寿的美好愿望，也流露出以老为美的社会风气，与宋代社会优礼老人不无关系。因此，许多人在取名上故作老气横秋之态，如撰写《东京梦华录》的孟元老，以“老”字命名；史学家、撰写《三朝北盟会编》的徐梦莘，字商老，以“老”字为字；理学家朱熹号遁翁，以“翁”字为号，凡此种种，不一而足。

宋人还喜爱用五行作为序辈取名，取五行相生之义。如宋代大儒朱熹，从他的父亲朱松开始，朱家一门五代取名依次以“木、火、土、金、水”做名字的偏旁，以应和五行相生之寓意：朱松的“松”字是“木”字旁；朱熹的“熹”字下面的四点是“火”形；朱熹之子朱在，“在”字内有“土”字；朱熹之孙朱鉴，“鉴”字内有“金”字；朱熹之曾孙朱潜，“潜”字是“水”字旁。朱氏一门五代，取名按五行排列，次序井然。

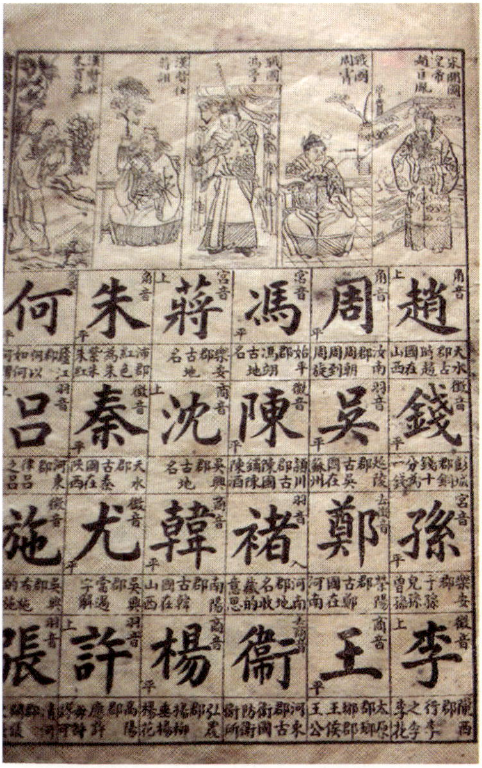

古籍《绘图增注百家姓》书影

万物说

名字与避讳

避讳是中国历史上特有的一种制度，规定臣民子孙对当代帝王（包括后妃）和尊亲不得直称其名，在言谈和书写时必须设法用避开或改字、空字等方法加以避忌。

避讳观念源于原始禁忌，最初的原因是名字保密，与巫术崇拜及其恐惧有直接关系。商代已出现类似避讳的避名萌芽，最迟西周时已产生了避讳。

避讳，大致上可分为国讳和家讳。国讳，是指皇帝、皇后以及皇族的名讳是举国共避的，又称“圣讳”“皇讳”“公讳”。家讳，是指家族内部长辈的名讳。避讳的方法有改字、空字、缺笔、改音等。在所有避讳中，以帝王名字的避讳最常见，也最为重要。一旦犯讳，臣民将身罹大祸。如秦始皇父亲名子楚，因此秦国称楚国为“荆蛮”。秦始皇名嬴政，与“政”有关的同音字均改音读“征”，农历每年一月也改称正月（“正”读音为“征”），后来改“正月”为“端月”，以避其讳。

家讳中也有很多讲究。如汉代史学家司马迁的父亲名司马谈，司马迁在撰写《史记》时避“谈”字，凡遇有名“谈”者均改称，如“张孟谈”改为“张孟同”，“赵谈”改为“赵同”。

唐代诗人李贺才华横溢，为人言直气盛，不为权贵所喜，有意排挤他的人遂以其父名晋肃，应避家讳为由，反对他考取进士，原因是“进”“晋”同音。在封建社会伦理纲常的压力下，李贺未能应试，二十七岁抑郁而终。

避讳中最为人熟知的是“只许州官放火，不许百姓点灯”的故事。州官田登骄横跋扈，自讳其名，在辖区内强行推行私讳，不许他人写或说与他名字同音的字。手下吏卒因一时不慎而犯忌遭到责打的有多人，于是整个州内都把“灯”称为“火”，一年元宵节放花灯，允许百姓到州府观灯，发布告示说：“本州依例放火三日。”此事化为民间谚语“只许州官放火，不许百姓点灯”。

《百家姓》何人所写

有关《百家姓》的编撰者，很难考证，但从《百家姓》成书的源流可以推知，此书很可能成书于北宋以前，宋初经生活于吴越地区的文人加工定型后流播开来。

据宋人王明清《玉照新志》书中推测，《百家姓》为宋初浙江钱塘一位老儒所编。《百家姓》以赵姓居首，是因为北宋皇帝

民国旧书《百家姓》字帖

姓赵，被尊为国姓，理所当然列于诸姓之首。其次为钱姓，是因为钱是五代十国中吴越国王的姓氏，前后有吴越王钱镠与其孙钱弘俶。第三为孙姓，则是因为钱弘俶的正妃姓孙。第四是李姓，因为南唐国王为李姓之故。第二句“周吴郑王”，也是根据吴越王钱镠以下历代妃子们的姓氏而定的。

《百家姓》并非就是一百个左右的姓，而是多达四五百个之多。《百家姓》版本很多，所收姓氏也略有差异，现代通行的《百家姓》则有 503、504、505、507、515 个姓等不同版本。

建于明代的安徽叶氏支祠

汉字：中华文化的基因

林山

人类文明的真正历史，可以说是从有了文字才开始的。汉字，是中华民族的文明之光，也是中华文化的基因和载体。那么，汉字经历了怎样发展和演化的历史呢？

传说仓颉造字可令鬼神哭泣

在中国，一直流传着仓颉造字“天雨粟，鬼夜哭”的传说。在宋代的时候，京都官府中许多管理文书的小官吏，到了秋季还会集体祭祀仓颉，把他尊为文字之神。据说仓颉是黄帝的史官，甚至有人干脆把他认作古代的帝王。

根据这种传说，文字是由特殊人物创造的，具有神奇力量，能使天地鬼神惧怕。

据古史记载，黄帝是公元前约2500年的人物。这相当于考古学所指原始社会晚期的龙山文化时代。从这一时期甚至更早的仰韶文化期的考古发掘中发现，在部分陶器上刻画或者绘写有某些图形符号，不少古文字学家认为这已经是具有文字性质的符号了。

与汉字起源有关的传说，在中国还有两种影响比较大的说法：一是伏羲造八卦，一是神农“结绳为治”。其实，文字是我国劳动人民长期生产生活实践的产物，不可能是哪一个人灵机一现的结果。

西汉《春秋元命苞》中将仓颉描写为“龙颜侈侈，四目灵光”的神人形象

“龙骨”上的奇特符号多为占卜

甲骨文是目前发现的中国最古老的文字。关于甲骨文发现的故事，是很多人都十分熟悉的历史。

河南省安阳市的西北郊有一处村庄叫小屯。这里的农民在耕作土地的时候，经常刨到一种叫“龙骨”的骨片，可以卖到城里的中药铺当药材。一个姓范的山东药材商兼古董商，有一天来到小屯村，也买下了一些这种骨片。范商人去北京的时候，把这些骨片拿给他的同乡、在北京做官的王懿荣看。王懿荣是位相当有学问的京官，他看到这些骨片上刻画的图案，认为是一种已经失传的古代文字，十分惊奇，不但出大价钱把它们全买了下来，还叮嘱这位姓范的商人赶快再去收购，他全要，而且要刻字多的骨片。

经过进一步的研究，终于知道这些骨片其实并不是什么“龙骨”，而是乌龟的甲壳和牛、鹿等的骨头。后来学者们把那上面刻画的文字，命名为“甲骨文”。王懿荣接触到甲骨文的这一年，是清光绪二十五年，即公元 1899 年。

甲骨文的发现，轰动了海内外的学术界。这以后，在小屯村及其附近进行了多次科学发掘，得知这地方原来是距今大约 3000 年的商代后期的都城遗址。

商王十分迷信，甲骨文主要是用来记录占卜情况的。从 1899 年发现甲骨文到现在，经过初步统计，大约出土了 10 万多片甲骨。在这些甲骨片中见到的全部单字的总数，约为 4600 至 4700 个，其中能确切辨认

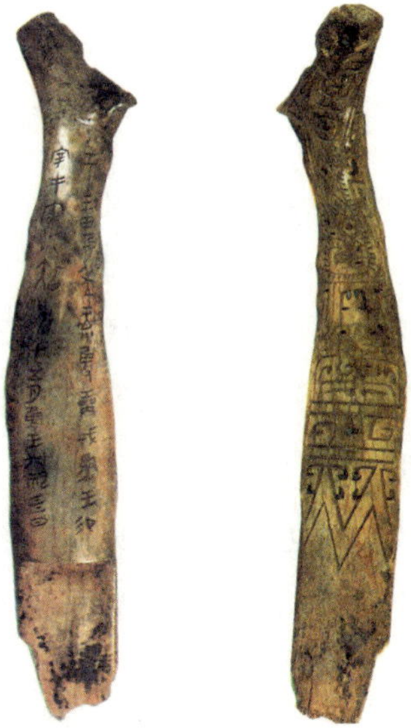

宰丰骨匕记事刻辞

王懿荣，中国近代金石学家、鉴藏家和书法家，发现和收藏甲骨文第一人

的，目前还不到1800字。

甲骨文是迄今为止在中国所发现的自成体系的一种最古老的文字。可以说是现代汉字的老祖宗。甲骨文已经是一种相当成熟的文字。如果认为仰韶、龙山文化的图形符号是汉字的雏形，那么它们与殷墟甲骨文之间，应该还存在过渡性的环节。可惜，目前在这方面所发现的材料及其研究都很有限。也就是说，汉字的起源问题，还是一个尚待解开的神秘之谜。

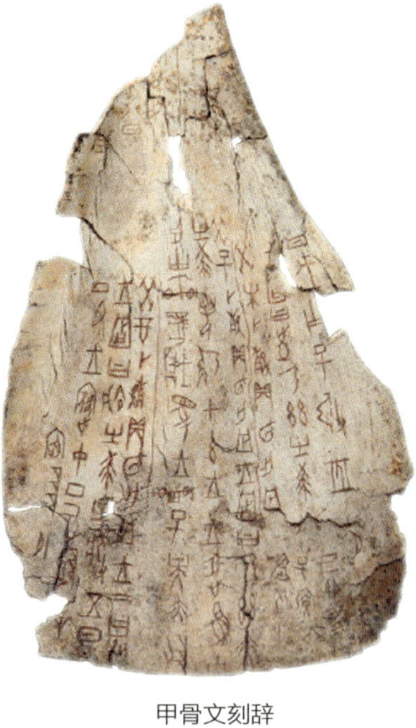

甲骨文刻辞

“金文学”早在汉代就是专门学问

根据考古发现，我国早在殷商时期，就已进入了青铜时代。青铜，就是铜和锡的合金。

从商代到周代，统治者和贵族广泛使用青铜铸造各种器具，主要有食器、酒器、水器、乐器等等。在这些器具上头，常常刻铸文字，表示持有者是谁，铸造器具的缘起、目的等。因为古代管“铜”叫“金”，用于这一类器具的青铜则叫“吉金”，所以刻铸在青铜器上的文字，就叫“金文”。古人又以钟、鼎作为青铜器的总称，所以金文也叫“钟鼎文”。

早期金文比甲骨文的图绘性质更强，更为接近原始文字。例如“日”字，金文是圆圆的太阳中间有个黑点，而甲骨文由于在坚硬的质地上刻写圆形不方便，只能写成“日”。

青铜器在西周得到极大的发展，铜器上的文字也随之增多，由只有一两个字、两三个字的记名标记扩展到几百字的长篇铭文。如周宣王时的《毛公鼎》上的金文就有将近五百个字，可以记述比较复杂的事件，是研究当时历史和社会的珍贵材料。

早期金文的形体，就繁简程度来说往往与甲骨文差不多，但金文本身的历史很长，形体结构在发展中常常发生简化。与此同时，金文的形体也逐渐脱离图绘性而变为线条化、平直化。

殷周的青铜器，早在汉代就已不断出土，为学者所研究，包括金文在内，早已成为一种专门的学问。到现在为止，青铜器上的金文发现的不同单字约有三千个，其中近两千个能正确释读。

商周时期的青铜器代表——司母戊鼎

战国是文字发展史上最混乱的时期

金文是铸刻在铜器上的文字。按说凡是铜器上的文字都应该叫金文，可是作为一种字体来讲，一般所说的金文，指的只是殷商、西周、春秋时代的青铜器上的文字，因为它们具有较为一致的基本特征。到了战国时代，虽然各诸侯国的王侯贵族继续大量铸造铜器，但那上面的文字，比起春秋以前有相当大的差别。并且这时铸、刻、写文字的材料和范围也大为增加，如货币、玺印、玉石、简帛等等都可以用来书写文字。因此一般把这些文字统称为“战国文字”，作为汉字发展史上一个相对独立的阶段。

这个时期，由于诸侯国各自为政，互不统属，东周王朝的中央集权差不多丧失殆尽，就连文字也各写各的，所以各国的文字在形体结构和书写风格方面都有许多差异。大体说来，可以分为西方的“秦国文字”和东方的“六国文字”两大系统。六国指的是韩、

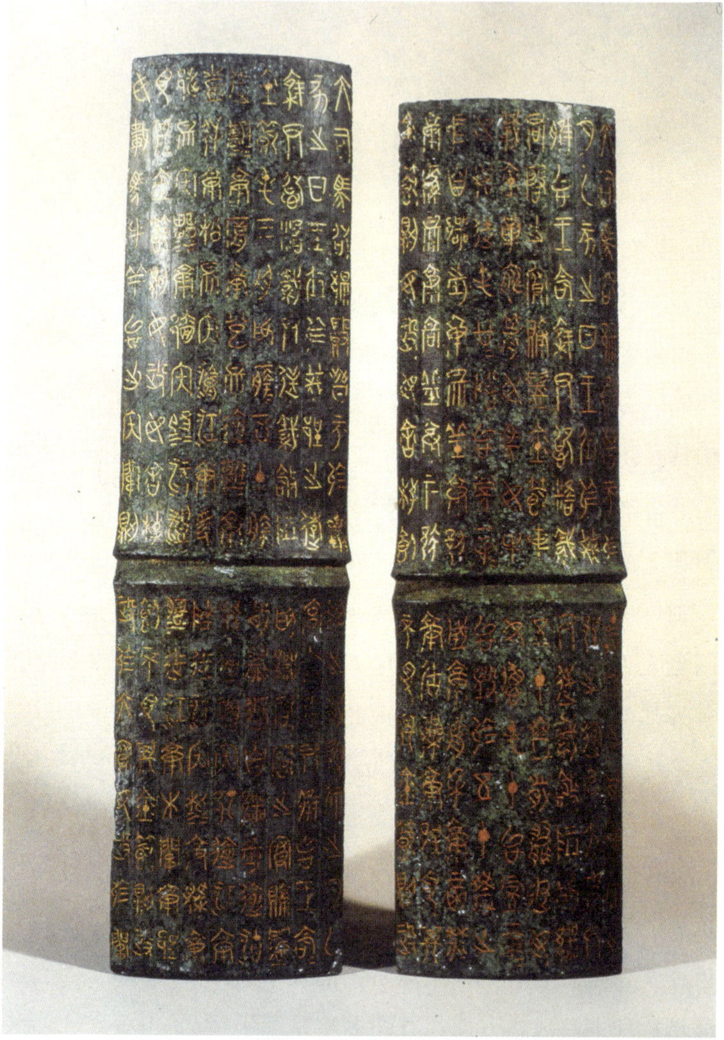

战国错金《鄂君启铜节》，节是水陆交通运输凭证，相当于现在的交通运输通行证。铭文记载了楚怀王发给鄂君启舟节和车节的过程，并详细规定了鄂君启水路陆路交通运输的路线、运量、运输种类和纳税情况

赵、魏、齐、楚、燕，另外还有一些小国如越、中山等国的文字，也大致可以归入“六国文字”。

六国文字比起西周和春秋时期的金文，主要不同是随意的简化。因为战国时期生产力大为发展，人们的生活节奏加快，文化也不像殷周春秋时期为少数卜官、史官和贵族所垄断，一般人书写文字的条件没那么优越，时间也没那么充裕，所以写起字来不免比较草率、快速，任意简化，所以使许多汉字的形体发生了奇特的变化。

战国文字可以说是汉字发展史上形体最为混乱的文字，所以尽管掌握了许多材料，有不少学者进行研究，但是难认的字依然不少。

雄才大略的秦始皇灭掉六国、统一中国后，所做的第一件事就是统一文字。战国时代的秦国文字，后世许多学者把它叫作“大篆”，是相当工整的一种文字，比起西周和春秋时代的金文，变化也不算太大。秦始皇施行“书同文”，统一全国文字，就是以秦国文字为基础的。

他的宰相李斯主持并参与了这一工作。整个工作分为两个步骤：一是废除六国文字中各种和秦国文字不同的形体；二是将秦国固有的大篆形体进行简省删改，同时吸收民间字体中的一些简体、俗体字，加以规范。这样就形成了一种新的正式字体——小篆。

汉字发展到小篆阶段，前所未有地开始定型化了。定型化了的小篆进一步削弱了汉字的象形意味，使汉字更加符号化，减少了书写和认读方面的混乱和困难。它是我国历史上第一次正式运用行政手段大规模地规范文字的产物，也是汉字在古文字阶段所迈出的最后一步。

甲骨文、金文、战国文字直至小篆，今天被统称为汉字的古文字。

小篆虽然是较整齐的长方形，结构由均匀圆转的线条组成，可是写起来并不方便，很快地在民间出现了一种较为草率的新字体。这种新字体首先是破坏了小篆的端庄工整，把圆转弯曲的线条写成带方折的。这种新字体，据说当时在下层小官吏、差役（皂隶）、工匠、奴隶中较为流行，所以称为“隶书”。也有人说是罪犯程邈在监狱中整理的。开始阶段的隶书叫作“古隶”，又叫“秦隶”。

隶书在秦代灭亡后得到进一步的推广和流行。随着纸张的发明和毛笔的改良，进入西汉以后，隶书又出现了新的面目，轮廓由较方变为较扁，笔画中出现了所谓“蚕头燕尾”的说法。这就是“汉隶”，和古隶相对，也叫“今隶”。

东汉中期以后，隶书成为官方承认的正式字体。

隶书比起小篆来，在笔画造型和形体结构方面都发生了较大的变化。将小篆不规则的曲线和圆转的线条变为平直方整的笔画，从而使汉字进一步符号化，几乎全部丧失了象形意味。因此，隶书把汉字的象形字，变成了“不象形的象形字”，这在汉字的发展史上是一个很大的变化。

汉字由小篆演变为隶书，叫作“隶变”。隶变是汉字发展史上的一个重要的转折点。它结束了汉字的古文字阶段，而使汉字进入更为定型的阶段。至于后来的草书、楷书、行书等，都是脱胎于隶书。隶变之后的汉字，接近今天使用的汉字，看起来就比古文字要容易辨认多了。

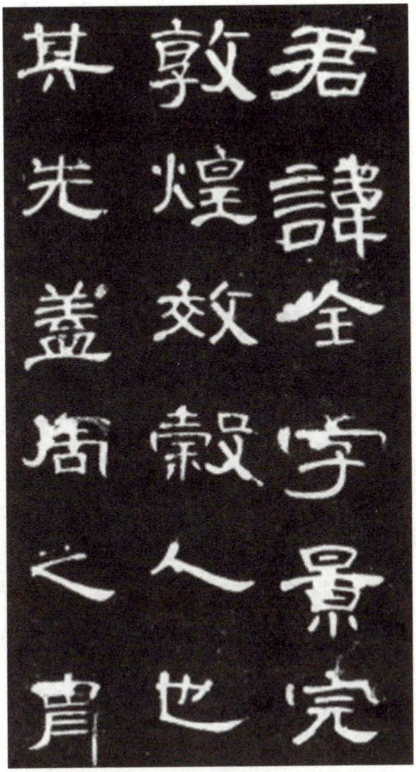

汉代隶书代表作《曹全碑》拓片（局部）

（本文写作参考《汉字发展史话》（董琨著）、《汉字的故事》（李梵编著）、《汉字史话》（胡双宝著）等，特此致谢）

浙西長途電話局烏鎮西柵分局

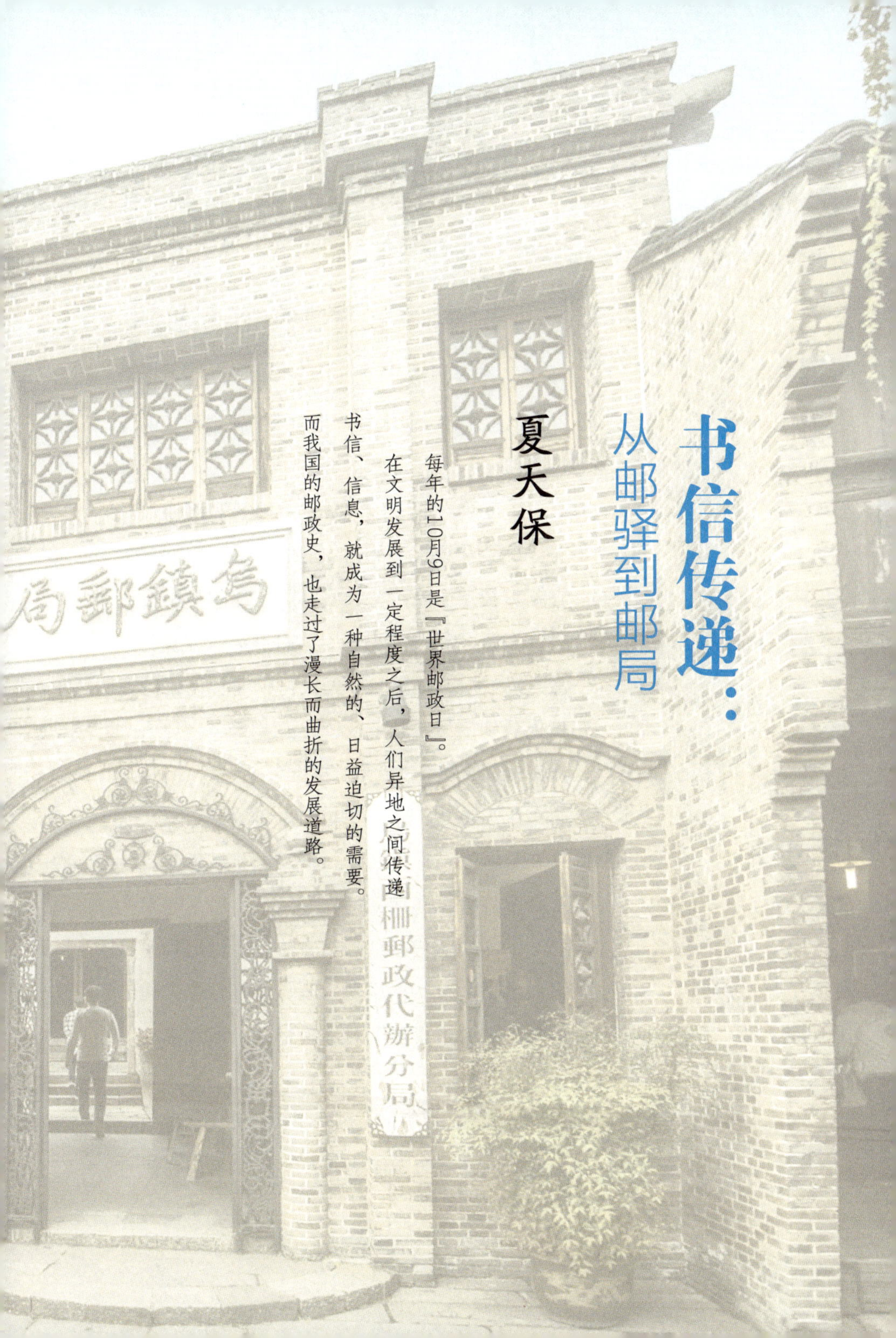

书信传递：从邮驿到邮局

夏天保

每年的10月9日是『世界邮政日』。

在文明发展到一定程度之后，人们异地之间传递书信、信息，就成为一种自然的、日益迫切的需要。

而我国的邮政史，也走过了漫长而曲折的发展道路。

春秋战国时烽火传军情

信息传递，是人类产生以来就需要解决的问题。

防范敌人的入侵，是古代国家和部族最重要、最需要迅速传达的信息。早在西周时，在都城镐（今陕西省长安县）东部的骊山设有许多烽火台，每座烽火台都间隔一定距离。敌人入侵时，就燃起烽火报警。京城附近的诸侯看到信号便赶来救援。而周幽王“烽火戏诸侯”的故事，就是从这里来的。

春秋战国时期，一些诸侯开始构筑长城，并在长城上设置烽火台。最初的长城就是由一个个烽火台和孤立的列城组成、联系起来的。这种行之有效的通信方法一直沿用到明清。例如明朝为防范倭寇入侵，曾在今天的山东省烟台市设置著名的狼烟台，烟台市的名字即因此而来。

用烽火传递军情，虽然很快，却无法把中央政府的具体命令传达下去。所以人们在使

长城烽火台

魏晋时期的画砖“邮驿图”

用这一方法的同时，还利用人力、畜力进行通信。

早在春秋战国时，各诸侯国已经有了邮驿，往返传送官府文书。《孟子·公孙丑》中曾引用孔子的话：“德之流行，速于置邮而传命。”意思是说，道德学说的传播比邮驿传递信息还快。孔子用邮驿作对比，说明当时邮驿已为人们熟知。

唐宋邮驿专为官府用

唐代的邮驿盛极一时，全国设驿一千六百三十九所，遇有紧急公文，通信使者扬鞭催马，朝夕可行三百余里。“一驿过一驿，驿骑如星流。平明发咸阳，暮及陇山头。”唐代诗人岑参的这首诗是对当时邮驿发达的生动写照。唐朝的邮驿除负责通信外，还接待过往的官吏和宾客，为他们提供食宿和车马。

唐代还出现了几件与通信有关的新事物：一是“邸报”，即当时的官方报纸，记录朝中大事，用雕版印刷，直接交邮驿传递到各道州及边镇。二是由于商品经济的发展，产生了“飞钱”。据赵璘《因话录》记载，有一个读书人在外地卖了一块地产，得到数百缗钱，因回家的路途遥远，随身携带不安全，就托人把钱交到当地有关部门，取得收据。回去后凭收据在当地领取钱款。这种用票据代替铜钱周转的“飞钱”，类似现在的汇兑。

急递铺是一种处理紧急文书的机构。它

南宋赵孟𫖯的《浴马图》(局部)，马是古代信息传递最为重要的交通工具

创于北宋初期，原称递铺，驿卒由厢兵充当。宋代的递铺有三种：步递、马递、急脚递。其中急脚递传送公文的速度最快，日行四百里。后来又出现了金字牌（朱漆木牌上写金字）急脚递，由皇帝御前直接发出，铺兵腰系响铃，手执金字牌，兼程急进，接力传达，规定昼夜飞驰五百里。宋人形容说，金字牌“光明眩目，过如飞电，望之者无不避路”。绍兴十一年（1141年）夏，正当岳飞在抗金前线取得节节胜利之际，宋高宗赵构和秦桧为达到停战求和的目的，竟于一天之内连下十二道金字牌，传递紧急诏书，迫令岳飞退兵。

明代出现私信传递的民信局

但无论是邮驿还是急递铺，都是传递政府公文的机构，不办理民众的通信。普通百姓想要互通音讯，只能遣人远道传书，或托行商携带，非常不便。为了适应民众通信的迫切需要，明朝永乐年间出现了一种专门为民间传递信件的组织——民信局。

民信局开始出现于东南沿海经济比较发达的地区，以后逐渐延伸到内地。民信局比较集中的地方是浙江的宁波。同时，随着东南沿海侨居海外人口的日益增多，又出现了专门办理华侨同国内亲属通信与汇兑的侨批局。“批”是福建方言，即“信”。

西方侵略输入近代邮政概念

近代邮政与古代邮驿有一定的联系，但又是两种不完全相同的概念。

鸦片战争以后，西方列强的炮舰打开了中国封闭的大门。而我国最早的邮政是西方资本主义列强在侵略过程中强行输入的。

1842年4月15日，在鸦片战争尚未结束、香港主权还属于中国的时候，英国侵略军头目璞鼎查就以“英国驻香港总督”的名义，宣布成立“香港英国邮局”。8月29日，清政府被迫签订了《南京条约》，把香港割让给英国，并在广州、福州、厦门、宁波、上海等五处港口通商。从此，英国便以香港为基地，开始在通商口岸随意开办英国邮局。他们把邮局设在领事馆内，把邮局称为“领事邮政代办所”，直属于伦敦英国邮政总局。

继英国之后，法国、美国、日本、德国和俄国等也先后以“利益均沾”为借口，纷纷在上海设立了各自的邮局。清朝政府不但听

1874 年建于上海的英国邮局

任列强在华滥设邮局，还给这些邮局起了个挺好听的名字，叫“客邮”。

这些“客邮”主要经营中国和外国之间的邮件互寄业务，实行外国的邮政章程和资费。邮戳上用本国文字刻写中国地名，贴外国邮票，顶多在邮票上加印“中国”字样。

万物说

“黑便士”邮票标志邮政走向成熟

邮票起源于英国。据说英国有个叫罗兰·希尔的人，一天出去散步，看见邮递员给一个姑娘送信。这个姑娘只看了看信封，就以无钱付费为由拒收。他觉得很奇怪，事后才了解到，这位姑娘与她的男友约好在信封上作记号。姑娘看到记号，就知道了男友的情况，所以不用拆信，也不必花钱。这对邮局当然是个损失。1837 年，罗兰·希尔在《邮政改革——其重要性与现实性》一文中，阐述了实行预付邮资的必要。

1840 年，他设计了以维多利亚女王侧面头像为图案，面值一便士、用黑色油墨印刷的标签，5 月 6 日开始发售并使用。这就是世界上第一枚邮票——“黑便士”邮票。从此，邮票逐渐为其他国家所采用。邮票制度改革代表近代公共邮政事业开始走向成熟。

当时，国与国之间的信函交换系统仍然混乱不一，与各国贸易往来的飞速发展不相适应，人们迫切希望能够建立一套简单方便的国际邮件交换系统。1874 年 10月 9 日,《伯尔尼条约》签署,“邮政总联盟”诞生。由于加盟国家迅速增加,“邮政总联盟”便于1878年正式更名为“万国邮政联盟”,每年的10月9日由此被定为“世界邮政日”。

1840年,世界上最早的邮票“黑便士”在英国诞生

邮政编码加快邮件传递速度

20世纪50年代初,英国就开始研究邮政编码,并于1959年在诺威治邮区试行,从而引起许多国家的注意。当时的西德于1961年正式公布四位数的邮政编码,成为世界上第一个在全国范围内推行邮政编码的国家。为了实现邮件分拣自动化和邮政网络数字化,加快邮件传递速度,目前世界上已有很多国家先后实行了邮政编码制度。

我国于1978年在辽宁、上海、江苏等省市进行试点邮政编码制度。1980年7月1日开始正式在全国宣传推行。后因种种原因，推行工作全面停止。直到1986年重新在全国推行邮政编码。

邮政编码是用阿拉伯数字组成，代表投递邮件的邮局的一种专用代号，也是这个局投递范围内的居民和单位通信的代号。我国目前采用的邮政编码为“四级六码”制。即每组编码由六位阿拉伯数字组成，这六位数字分别表示省（自治区、直辖市）、邮区、县（市）邮政局和投递局（区）四级。六位数的前两位代表省（自治区、直辖市），前三位代表邮区，前四位代表县（市）邮政局，最后两位是投递局（区）的编号。

中国近代邮政由海关试办

在接触西方文明的过程中，一些谋求国家富强的仁人志士意识到兴办邮政的重要性。中国人中最早提出兴办邮政的是洪秀全的族弟洪仁玕。他是在《资政新篇》一书中提出这种主张的。

进入19世纪70年代以后，国人倡议兴办近代邮政的呼声日益高涨。1878年初，在北洋大臣李鸿章的疏通下，总理衙门同意由英国人赫德主持的海关试办邮政，并首先在北京、天津、上海、烟台和牛庄（今营口）五个城市试行。

1880年1月，赫德在海关内部建立起一套新的邮政机构，定名为“海关拨驷达局”。拨驷达，就是英文post的音译，意为邮局。1882年11月，海关拨驷达局公布了《海关邮局章程》，其中规定邮局信箱从早7点到晚7点，对所有寄信的中外人士开放。邮件由海关听差投递或收信人自取。

海关试办邮政后，做的第一件事就是印刷邮票。1878年7月，天津海关收到了从上海海关造册处发来的首批邮票，是面值银为3分和5分的邮票各10万枚，接着又加印了面值银为1分的邮票10万枚。这就是中国的第一套邮票——大龙邮票。

清代大龙邮票，是中国发行的第一套邮票

翻译：文化的『摆渡人』

石晓灵

我国古代在政府里承担翻译工作的官员被称为『象胥』『舌人』等。然而，真正拉开世界翻译史帷幕的，不是『象胥』『舌人』，而是僧侣与传教士。

《圣经》说，人类的祖先最初讲的是同一种语言。当时人类联合起来希望能兴建通往天堂的巴别塔。没想到此举惊动了上帝。他看到人们这样齐心协力、统一强大，心想：如果人类真的修成宏伟的巴别塔，那以后还有什么事干不成呢？于是他改变并区别开人类的语言，使人类因语言不通而各奔东西，巴别塔就半途而废了。

文化的『新水』与『灵药』

《圣经》用那座未建成的通天高塔象征语言不通带来的混乱隔阂，或许是命中注定，《圣经》却成为世界上翻译语种最多的书籍，已被译成两千多种语言（包括方言），讲这些语言的人口占到世界总人口的97%。

无论中外，翻译史的帷幕都是由宗教典籍的翻译拉开的。《圣经》传入各国，是根据希伯来文与希腊文，并通过拉丁文辗转传译的巨大工程，其间皓首穷经，不知译老了多少高僧鸿儒。影响最大的“钦定本”，奉英王詹姆斯一世之命译成。参与翻译的僧侣有五十四人，从1604年至1611年，穷七年之功始竣其事。

不过，比起7世纪中叶在长安完工的译经盛会来，“钦定本”的七年显得太短了。我国佛教史上成就最高的翻译家——玄奘只身前往天竺，历经九九八十一难，取回佛经六百五十七部，长安万人空巷欢迎。奉唐太宗诏命，在弘福寺主持译经，房玄龄、许敬宗还奉命召集硕学沙门五十余人，参与助译，《瑜伽师地论》译成，也称得上“钦定本”了。

玄奘译经图，出自明代木版刻印大藏经《洪武南藏》

根据唐代的译场制度，翻译的职司与流程，从译主、证义、证文、笔受等一直到钦命大臣，多达十一个步骤，真是森严精密。有资格进入玄奘译场任“证文”的十二人与“缀文”的九人，都“谙解大小乘经论”，并为“时辈所推”，可谓人才济济。这一壮举历经十九年，玄奘笔不停挥，“三更暂眠，五更复起”，绝笔之后只一个月就圆寂了。

如同圣经翻译对西方文明的影响——欧洲大多数民族语言的第一个范本就是《圣经》，八百年佛经翻译对中华文化也影响深远。这是中国历史上第一次大规模的外来词语补充时期，使汉语由单音节词语向多音节词语的方向发展。汉语里的“世界、刹那、瞬间、如来、观音、西天”等就是佛教用语。经由佛经翻译形成的“四声”“平仄”等，更创造出汉字的拼音方式。

在中国乃至世界文化史上，还有一个极为有趣的特殊现象。宗教典籍的译者并没有像现代意义上的译者那样停步于译界，而往往身兼数职——翻译家、教育家、宗主、哲学家。他们对各民族的历史、政治、哲学、建筑、艺术、民族性格和日常生活等诸多领域，都产生了不可估量的影响。

翻译之于民族文化，季羡林先生曾形象地比喻："中华文化这条长河，有水满的时候，也有水少的时候，但却从未枯竭。原因就是有新水注入。最大的有两次，一次是从印度来的水，一次是从西方来的水。而这两次的大注入依靠的都是翻译。中华文化之所以能常葆青春，万应灵药就是翻译。"

译者——社会变革的先导

在中世纪漫长的黑暗统治过程中，欧洲各国迎来文艺复兴的曙光，以“复兴古典文化”为口号，掀起了一场人性解放运动。这个时期，大量的古希腊和罗马典籍被翻译成多种民族语言，对人文思想萌芽造成了深远影响。可以说，翻译成就了文艺复兴的名与实，译者成为这场运动的先导者和殉道者。

被后人称为“文艺复兴时期第一位殉道者”的，就是一位译者——艾蒂安·多雷。他是法国著名的翻译家，因提出“翻译五原则”而享誉翻译史。然而也是翻译令多雷惹下大祸。他翻译的一则柏拉图的对话录《阿克赛欧库斯》，被教会指控为“曲解”柏拉图，译文含有否认灵魂不死的意思。年仅三十七岁的多雷被判犯下信奉异教罪，处以绞刑，还被焚尸。

在社会变革时期，译者如同普罗米修斯，从奥林匹斯山上盗来火种，照亮、温暖、启

近代启蒙思想家严复

迪着处于黑暗寒冷蒙昧中的人们。

1895年甲午战争后，国家危机重重，中国传统文化、思想和政治受到空前怀疑。知识分子纷纷引进西方的思想文化。正是在译者的力促下，20世纪初的中国爆发了那场崇尚科学、民主的新文化运动。

严复翻译《天演论》所产生的社会影响，无疑是最好例证。《天演论》是严复根据英国生物学家赫胥黎1894年发表的《进化论与伦理学》编译的。他并没有直译原文，而是加入了大量评论，针对当时国民的亡国心理，以传播“物竞天择”的主要思想，激励国民奋起抗争、救国保种。译文语言上，严复刻意用桐城派优美的骈文来译，吸引了大量士大夫阶层的读者，使得《天演论》能够在社会上层广为传播，变法与革命精神借此得到世人认同。

“开启民智”的并不都是严肃的思想论著，清末民初，翻译小说的流行也悄然在每个人心中植入“反对封建礼教、发展民主科学、破除迷信愚昧”的“变异基因”。比如不懂外语的“译界之王”——林纾。

近代文学家、翻译家林纾

林纾被誉为中国大规模译介外国小说的第一人。他不懂外语，只能由懂外语的朋友述说情节，他“耳受手追”，再加工润色发表出版。第一部译作《巴黎茶花女遗事》获得意想不到的成功。“可怜一卷《茶花女》，断尽支那荡子肠”。《巴黎茶花女遗事》展现了与传统礼教完全不同的爱情观和婚姻观，更让知识分子从中看到了开化民智的途径。

林纾之后，译者和译作如雨后春笋。1896年至1911年间，中国翻译的小说达数千部，两倍于当时的原创小说。有人曾对“五四运动”时期最重要的期刊《新青年》所刊载的翻译文章进行统计，发现翻译占全刊内容总量的24%，其中文学翻译分量最重，占全部翻译内容的一半以上，在高峰期更达89%。

正是翻译活动的盛行，为新文化运动的爆发营造了必要的氛围和基础。正如人所誉，“翻译者如前锋，自著者如后劲，扬镳分道，其影响于社会者，殆无轩轾焉。”

五四期刊《新青年》

平民翻译时代到来

有人说，地域和语言就如同一条条河流，隔断了河两岸的人文交流。“距离”这道隔阂，在科技革命的推动下很快就被打破；而语言上的隔阂，就需要更多具有真才实学的译者，在这边或那边，长久地关注着同一些词句，竭力把意义与韵味传递到另一种语言。这些译者又被形象地比喻为文化的“摆渡人”。

随着全球化的发展，互联网的普及，地球变成了一个小村落。仅靠职业翻译已不能满足人们信息交流的需要。于是在中国，平民翻译的时代来了。

2007年，美剧《越狱》在中国网络上疯狂流行，字幕组如同雨后春笋般出世——志趣相投的外语影视剧爱好者们通过网络聚集在一起，几个人分工把一部电视剧或电影的对白分段译成字幕，让不懂外语的观众也能欣赏到带中文字幕的影视剧。那一年成为中国字幕组历史上的“里程碑之年”。

字幕组的成员几乎都不是专业翻译，他们多是出于对外语剧的热爱自发聚集，不取分文报酬。他们也没有固定的工作场所，依靠 QQ、微信联络沟通，合作数月却从未谋面。

撇开字幕组基因中的“灰色”成分，他们所扮演的角色像是世界文化的推介者。由于他们的存在，国内网民可以跨越语言障碍，与海外观众一起追看当地最新的影视作品，第一时间领略世界名校的公开课，使中国与世界更快接轨。

虽然没有建成巴别塔，但人类一直有一个梦想，在未来的某一天，我们不用再费力学习外语，就可以与世界上的每个人交流沟通。这个梦想催生了机器翻译。

1990 年彼得·布朗发表《机器翻译的统计方法》，基于大数据分析，构建机器翻译系统，现代机器翻译纪元由此开始。

2012 年，微软研究院创始人里克·雷斯特在“21 世纪的计算”大会上，展现了计算机的实时翻译能力，里克的英语演讲被实时转变为中文语音。甚至通过在演讲前一小时学习里克的演讲录音，计算机还模拟了他的发音特点。

流畅的语言能力、个性化的声音，使位于翻译塔尖的同声传译一时也失去光彩。

被比尔·盖茨称为“在预测人工智能上最厉害的人”——美国未来学家雷·库兹韦尔预言，2029 年机器翻译的质量将达到人工翻译水平，同声传译的翻译将从此失业。

从前翻译工作主要是由少数文化精英和专业人士进行，而字

传说中的巴别塔

幕组和计算机让翻译走入了平民时代。借助互联网，翻译的数量、多样性和传播的广度都达到了一个全新的高度。巴别塔的梦想还是要有的，万一哪天实现了呢？

杨绛与《堂吉诃德》

杨绛翻译的《堂吉诃德》，是我国首部从西班牙文翻译的中译本，广受读者欢迎，已累计发行七十万册，是该书中译本里发行量最多的译本。杨绛还因此被西班牙国王授予“智慧国王阿方索十世十字勋章”。

可是，在翻译《堂吉诃德》之前，杨绛还不会西班牙语。1956 年，时任中宣部副部长的林默涵请杨绛重译《堂吉诃德》。杨绛找来五种英法文译本细细对比，觉得它们不足以代表原作。要想忠实原作，必须从原文翻译。她自学西班牙语三年，然后选择了西班牙皇家学院院士马林编注的最具权威性的《堂吉诃德》版本开始翻译。

至 1966 年的“文革”初期，她已译完部分书稿。但就在这时，她被迫交出译稿并从此失踪。杨绛被打成“牛鬼蛇神”后，有一天，她在单位打扫一间脏屋子时，忽然从废纸堆里发现了自己的译稿，如获至宝的她本想把译稿偷回家，但未能如愿，只好求人妥善保管。直至1970年7月她下放干校前夕，一位仗义的年轻人把这部译稿交还给她。1972年春，杨绛从干校回京，家中房屋被人占用，他们夫妇只好搬入单位的一间办公室去住，杨绛就是在这间陋室里接着翻译《堂吉诃德》的。她趴在床前的书桌上工作，一本本大字典只好摊放在床上。至1976年秋冬，她终于译完全书。1978年3月该译本问世。

不过，有一种“议论”，说杨绛译本没有把卷首诗译出来，是不是那些诗太难了？为弄清原委，译林出版社首任社长兼总编辑李景端曾去信向先生讨教。杨绛回信说，诗并不难译，之所以未译，是她研究了塞万提斯写这些诗的背景及初衷后，认为这纯是故意模仿当时一些名人雅士借写诗来吹捧自己的“炒作”手法，其用意是借此讽刺和揭露那些名人的虚伪与做作，而绝非塞万提斯有意自我吹捧。正是为了避免读者对塞万提斯产生误解，她才仿效西方不少译者的做法，也略去不译。

（本文写作参考何其莘等主编《中西翻译简史》、柳鸣九等著《译书记》、傅雷等著《译者的尴尬》等书，特此致谢）

第二编

治水：从『凿龙门』到『都江堰』

凌光

中华文明的产生在一定程度上可以说是和治水联系在一起的。而中国上古时代的先辈们，也建设了很多实实在在的治水工程，有些甚至直到今天仍然发挥着重要的作用。

大禹治水的『神迹』传说

东汉画像石大禹像拓片

说到治水，多数人第一个想到的一定是大禹。大禹是一个传说中的人物。据传说，大约在四千多年前，中国的黄河流域洪水为患，尧命鲧负责领导与组织治水工作。鲧采取“水来土挡”的策略治水，没有成功。鲧治水失败后，由其独子禹主持治水大任。大禹带领民众疏通了九州的河流，使大水流进四海，从而完成了治水大业。

关于大禹治水的故事，在很多地方都有流传。比如黄河干流上的“龙门”和“三门峡”，传说就是大禹开凿的。据说古黄河流至“龙门”这个地方（今陕西韩城和山西河津之间），被一座高耸入云的大山堵住了去路。河水找不到出路，就四处横溢，两岸的广大地区深受洪水泛滥之害。大禹便用神斧将大山劈成两半，形成一座叫“龙门”的峡口，黄河就此找到了出路。而在黄河三门峡这个地方（今河南省境内）有一静水湖，四周群山环绕，山崖垂直插入湖中，河水盘山绕湖而过，严重地影响了黄河洪水的下泄，并且阻塞着航运交通。大禹又是举斧连劈三下，高山峻岭立即化作了三条深谷，曰鬼门、神门、人门，三门峡由此而得名。

南宋马麟所绘大禹像

当然，大禹“凿龙门、开砥柱”只是神话。据地质学家们考证，三门峡原是横在黄河上的一块完整的岩盘，经黄河水长年累月的冲击，逐渐冲开缺口而形成分割的小岛，并非人工开凿。然而，这些神话传说，反映的却是远古人民与洪水做斗争的真实经历，也反映了人们征服自然、改造自然的美好愿望。

西门豹治邺与漳水十二渠

很多人在中学课本上都学到过《西门豹治邺》的课文。而这篇课文反映的，正是上古时代一项伟大的治水工程——漳水十二渠的修建。

郭松义所著的《水利史话》一书中写到，漳水十二渠也叫作西门渠，是战国初期魏国邺令西门豹主持修建的引水工程。邺地即今天河北磁县、临漳一带，有漳水流经其地。漳水的上源在山西东南部山区，源头很多。到了平原以后，由于各支流汇注一起水量骤增，往往上游雨水稍多，漳水河床便无法容纳，就要泛滥成灾。当地巫婆勾结一些土豪劣绅，利用人们对水害的畏惧心理，大搞祭河活动，借机聚敛钱财，还将无辜女子作为祭品加以残害。西门豹就任邺令后，对此感到愤怒。他一面惩办巫婆和劣绅，一面兴修水利工程，开凿十二渠，引漳水灌溉田地。原来漳水两岸都是盐碱地，土质很差，田地产量只相当于邻近好地的一半，水渠修通后，人们引水灌田洗碱，也可填淤加肥，把盐碱地改造为盛产稻粱的膏腴之地。

西门豹之后，又过了一百多年，有一个名叫史起的人到邺地做官。他对漳水工程又做了进一步修整，所以有“西门溉其前，史起灌其后”的说法。

据专家们研究，漳水十二渠属于多渠口有坝取水。根据后来曹魏时重修西门渠时的规划，每隔一定距离修一道低滚水坝，共十二座，分出十二个口。各口上均安设水闸，然后分入十二道水渠，对于清淤、维修都很方便。在后世很长一段时期，人们始终受到西门渠的惠泽。

到唐至德年间后，漳水十二渠渠道逐渐被全部埋废。新中国成立后，在河北省磁县境内清漳河和浊漳河汇流处的岳城，修建了一座大水库，从根本上免除了漳河下游沿河两岸的河北、山东、河南一些地区的水灾，并使两百多万亩农田得以灌溉。

都江堰造就了『天府之国』

都江堰在今四川都江堰市，位于长江支流岷江从川西北山区峡谷进入平原的交接点上。从地形来看，成都平原好像一柄摊开的折扇，而都江堰则是扇柄的转枢。成都平原的整个地势从岷江出山口玉垒山，向东南倾斜，坡度很大，都江堰距成都五十公里，而落差竟达二百七十三米。在古代，每当岷江洪水泛滥，成都平原就是一片汪洋；一遇旱灾，又是赤地千里。

公元前 301 年，秦昭王派司马错统一蜀地，又命李冰为蜀郡守。李冰是中国古代一位杰出的水利专家，“能知天文地理”。李冰父子来到四川后，经过仔细勘察，决心率领民众建设都江堰工程，时间约在公元前 256 年至前 251 年之间。

都江堰的整体规划是将岷江水流分成两条，其中一条水流引入成都平原，这样既可以分洪减灾，又可以引水灌田、变害为利。

四川都江堰李冰父子雕像

首先，李冰父子决心凿穿玉垒山引水。因为只有打通玉垒山，使岷江水能够流向东边，才可以使西边的江水不再泛滥，同时也能解除东边地区的干旱。这是治水患的关键环节，也是都江堰工程的第一步。由于当时还未发明火药，李冰便带领民众以火烧石，使岩石爆裂，终于在玉垒山凿出了一个宽二十米、高四十米、长八十米的山口。因其形状酷似瓶口，故取名“宝瓶口”。

宝瓶口引水工程完成后，虽然起到了分流和灌溉的作用，但因江东地势较高，江水难以流入宝瓶口，为了使岷江水能够顺利

都江堰分水鱼嘴

东流且保持一定的流量，李冰在开凿完宝瓶口以后，又决定在岷江中修筑分水堰，将江水分为两支：一支顺江而下，另一支被迫流入宝瓶口。由于分水堰前端的形状好像一条鱼的头部，所以被称为“鱼嘴”。

鱼嘴的建成将上游的江水一分为二：西边称为外江，它沿岷江顺流而下；东边称为内江，它流入宝瓶口。由于内江窄而深，外江宽而浅，这样枯水季节水位较低，则 60% 的江水流入河床低的内江，保证了成都平原的生产生活用水；而当洪水来临，由于水位较高，于是大部分江水从江面较宽的外江排走，这种自动分配内外江水量的设计就是所谓的“四六分水”。

为了进一步控制流入宝瓶口的水量，防止灌溉区出现水量忽大忽小、不能保持稳定的情况，李冰又在鱼嘴分水堤的尾部，靠着宝瓶口的地方，修建了分洪用的平水槽和“飞沙堰”溢洪道。

在李冰父子的组织带领下，人们克服重重困难，经过八年的努力，终于建成了这一历史工程——都江堰。

都江堰是一项结合防洪、灌溉、抗旱、运输的多功能水利工程体系。它成功地解决了分水、引水、排沙和稳定供应平原地区灌溉水量等许多复杂问题。东晋人写的《华阳国志》里，具体描述了自都江堰建成后成都平原的富庶景象：岷江上游的竹木等山货，从此可顺流而下；引入的渠水则满足了开辟稻田的需要，自此沃野千里。不但如此，都江堰还能旱则引水灌溉，涝则排水外泄，做到了水旱听从人的使唤。由此，天下人都羡慕地称呼成都平原为“天府之国”。

都江堰工程的具体位置和建筑规模在后来的维修续建中曾有所变化，但它的基本规制，在李冰时代已经奠定了。

『阴谋论』背景下的郑国渠

在春秋战国时期修建的一系列水利工程中，郑国渠是规模很大而又影响深远的一个。关于郑国渠的修建，还有一个有趣的历史故事。

郑国渠的地点在今陕西关中平原偏北部，也就是泾水以东、洛水以西沿渭河一带。此地干旱少雨，地下水埋藏又浅，农田因缺乏浇灌而盐碱化，严重地影响了农业生产。凿渠引水，便是化恶土为良田的一项重要措施。

秦王政元年（前246年）秦王采纳韩国人郑国的建议，并由郑国主持兴修这条大型灌溉渠，它西引泾水东注洛水，长达一百五十余公里，是以泾水为水源，灌溉渭水北面农田的水利工程。

然而，据说这条灌溉渠的修建是出于韩国的“阴谋”。当时秦国日益富强，严重威胁到东方六国安全，首当其冲的便是邻近的韩国。为实施“疲秦”之计，韩王决定派水利工程专家郑国去秦国，劝说秦王开挖一条大灌渠，企图借此消耗他们的人力物力，使之无力出兵东进攻打韩国。

据说，秦王很快识破了这个“阴谋”。秦王派人抓来郑国要杀死他。郑国却慷慨陈词说：“我修这条渠诚然能暂时延长韩国生存的时间，但却为秦国建立了万世之功。”秦王听后觉得很有道理，就让他继续效力修渠。前后花费了十多年时间，渠道终于建成，而秦国也更加富强，并终于完成了统一大业。人们为了纪念郑国的功劳，便把这条渠叫作郑国渠。

运河：因河而兴，因河而亡

朱巍

京杭大运河北起北京，南至杭州，全长约一千八百公里，长度是巴拿马运河的二十倍，是苏伊士运河的十倍，是世界三大运河中开凿最早、线路最长的一条。

世界上最著名的运河有中国的京杭大运河、意大利的威尼斯运河、德国的基尔运河、埃及的苏伊士运河和巴拿马的巴拿马运河。据考证，世界上最早的运河是美索不达米亚地区的古运河，距今已有近六千年历史。可以说，人类文明史就是运河的发展史。

『疲秦』运河成就万世之功

运河建设需要巨大人力物力的成本，有的国家和朝代甚至举全国之力来完成，为什么还要这样做呢？答案分为几个类型：农业、运输、经济和军事。

运河对农业发展的贡献，最具代表性的农业灌溉型运河当属郑国渠了。据史料记载，秦王政元年（前246年）的时候，秦国经过几代人的努力，国力强大，已有东扩灭六国之志。其他六国在正面战场屡战不利的情况下，开始使用“阴招”来阻挠秦国国力的继续膨胀。燕国太子丹选择的是派荆轲刺杀秦王，而韩国则选择了另外一条“诡计”——“疲秦”，就是派该国著名水工郑国前往秦国，说服秦国建设运河，引水至关中以浇灌农田。秦国当时正为东征缺乏军粮发愁，当即拍板开始建设。

在客观上，修建运河确实达到了“疲秦”的效果，建设周期长达十年之久，在这几年

四川乐山大佛麻浩崖墓群中的荆轲刺秦场景

中秦国确实“无暇东顾”。当秦始皇发现郑国原来是“间谍”的时候，郑国解释道：“始臣为间，然渠成亦秦之利也。臣为韩延数岁之命，而为秦建万世之功。”郑国以“为秦建万世之功”救了自己一命。

在嬴政的坚持下，郑国渠得以完工，这条运河确实达到了“万世之功”的效果，灌溉秦国关中地区农田面积多达“四万顷”之多，于是“关中为沃野，无凶年，秦以富强，卒并诸侯，因名曰郑国渠”。到头来，韩国搬起石头砸了自己的脚，修运河的“疲秦”计划反倒成了“强秦”计划。运河的效果立竿见影，秦国有了这个大粮仓之后，虽然赦免了郑国本人，但是却在第一时间发兵灭掉了“主使者”韩国。

郑国渠作为关中第一个水利工程，惠及千秋万代，历经后人多次扩张改造后，至今仍灌溉着超过六十万顷的农田，成为关中地区农业发展的重要经脉。

春秋时留下京杭大运河雏形

运河还与军事行动密切相关。春秋时期，吴王夫差一直想称霸诸侯，在打败越王勾践后，挡在他面前的就剩下齐国了。为了方便吴国军队北伐，他开凿了自姑苏至广陵的邗沟，后来又修建了荷水。这样一来，夫差的运河就将本来并不相通的长江、黄河和淮河连接起来，达到了运兵运粮的效果。但是，建设运河花费了大量人力物力，又两次讨伐远比自己强大的齐国，结果夫差被卧薪尝胆的勾践从背后偷袭。吴国被越国打败后，夫差自刎而死。夫差虽然身死，但是他留下来的不仅有今天扬州市的雏形，而且这些运河至今仍在使用，成为京杭大运河的“第一期工程”。

三国时期的曹操也非常热衷于建造运河，他的初衷并不只在于运输和发展经济，更多的是出于军事目的。与春秋时期的吴王夫差和隋代隋炀帝不同，曹操修运河打仗很顺利。

京杭大运河杭州段“南北通津”牌坊

在官渡之战中，曹操修建了睢阳渠用来运送粮食，运河建造完成后，漕运开始代替陆运成为军粮的主要运输方式，曹操最终击败了袁绍。曹操通过这次战役发现运河漕运不仅可以提高运输效果，而且可以避免敌人陆军袭扰，保证运输安全，所以，他在随后的东征乌桓之时，又修建了以战争目的命名的“平虏渠”，结果又大获全胜。后来，曹操又陆续修建了四条运河，这些运河对我国黄河以北地区的统一和经济发展起到了重要作用，也为日后隋唐完善运河体系做出了重要贡献。

漕运曾关乎国家生死存亡

运河作为历朝历代的运输航道，在交通运输上起到的作用不可忽视。隋朝统一中国后建都长安，单凭关中地区的粮食物产供应已经无法满足京畿地区越来越多的人口和军队的需要。于是隋文帝开始建设广通渠以达到沟通黄河、促进运输的目的。隋炀帝即位后，出于各种考虑，继续修建运河工程，终于沟通了包括海河、淮河、黄河、长江、钱塘江在内的五大水系，这对维护整个国家中央集权和经济运输起到了重要作用。不过，运河巨大的工程耗尽了隋帝国最后一滴血，隋朝可以说是“因河而兴，因河而亡”。

唐代在隋朝系列运河的基础上，又进行了包括建设“天宝河”在内的系列完善运河的工程。唐初，水陆运抵关中之粮仅一二十万石左右。高宗至玄宗前期，因河南至关中运道艰险，东南运路长年失修，故唐廷常驻东都洛阳，“就食”太原、洛口仓的巨量积粮。

唐代阎立本《历代帝王图》中的隋炀帝杨广

开元中期，官府机构膨胀，特别是府兵制的瓦解，使粮物需求剧增。天下漕粮，愈益以江淮为重，唐廷组织数千漕船，年运百余万石江淮租粮北上。到了唐德宗的时候，节度使李希烈僭越称“楚帝”，割据东南，导致漕运一度中断。没有了运河疏通的京畿地区顿时陷入恐慌之中，即便是宫中也只能勉强度日。直至李希烈被部将杀掉，漕运才重新开启。唐朝皇帝在得到消息后高兴地说：“米已至陕，吾父子得生矣。”可见，当时运河的运输作用对国家生死存亡都具有重要意义。

北宋时期，北部和西部长期受外夷滋扰，政府既无法以军事力量取胜，又要面对不断增多的农民起义，只能奉行“守内虚外”的政策，这个政策的实质在于对外敌防守，对内强硬，以达到“强干弱枝”的效果。于是，全国超过半数的精兵集中由中央政府控制，驻扎在京畿地区。史书记载：“太祖鉴前代之失，集精锐于京师”，这就需要大量军粮和物资保证京畿。这一政策，无形中改变了宋代以前北方经济超越南方的状况，人为地将中国经济中心南移。

后来，北宋在前朝的基础上，又大规模建设了惠民河，将闵水和蔡河贯通起来，在兴建方城运河失败后，转而修建将商水引入蔡河的运河，之后又陆续修建了广济河、金水河和淮南运河。这样一来，以京畿为中心的运河内网构建完毕，战略上调整了南北经济布局，经济上建立起了超越前代的漕运队，这一切都造就了两宋时期中国封建社会经济发展达到顶峰的辉煌。

万物说

自古运河都是"高官"管理

我国历朝历代都对运河修建和管理非常重视，最早在西汉时期就专门设立了"护漕都尉"。这个官职被以"都尉"命名说明两点：一是地位较高，大致相近九品中正制中的二品；二是这个职务属于军管范畴。这都说明了汉代对运河保卫和修缮的重视。汉代还任命沿途的县令（约为七品）兼任管理辖内运河的主管，这无疑赋予了运河主管可以统筹协调辖内各个部门的权力。

到了宋元以后，政府专门设立了工部和都水监，由中央政府统一管理，并由政府统一拨款。这都源于唐代在工部下面单独设置的机构——水部，水部作为一个二级职能部门负责漕运建设和维护工作，向工部报告工作情况，由政府统一管理。

在明代的时候，政府又单独为漕运设立了头衔为"总兵"的专门官职，这样一来，管理河道和运河的地方官员变成了从一品大员，甚至可以和地方总督平起平坐，运河对国家的重要性可见一斑。清代又将运河管理者的地位提高一级，成为"漕运总督”，虽然表面是正二品，但是这些官大多身兼“尚书”，也就是“名誉尚书”，漕运总督实际官职就是从一品，当然可以和两江总督、湖广总督等封疆大吏平起平坐了。

隋炀帝为何强修运河？

我国主要运河的开发大多集中在古代，在缺乏现代科技辅助的情形下，开发成本非常巨大，很多朝代的兴盛与灭亡都与运河有关，可谓“河脉”关乎“国脉”。康有为曾对此有过评论：“古代漕运之制，为中国大政。”说的就是运河关乎国运。

从长远角度看，修建运河是一件利国利民的好事。但如果超越了国力可以承受的程度，那可能就会演变成为劳民伤财的悲剧。我国历史上，修运河修到亡国的第一人就是隋炀帝杨广了。迄今为止，杨广如此下大力气修建运河的原因仍然是一个谜，有几种解释：

第一种解释是为了“剪断王气”。杨广通过“不正当手段”当上皇帝后，最担心的就是另有“王气”出没。他登上宝座时，有人说“有王气出自龙门，蔓延至太原”。杨广为此做了三件事：一是派人在龙门地区挖沟开山，以破坏王气。二是任命自己的孙子杨侑为太原太守，以说明所谓王气就是他的子嗣，这种让王位继承人做太守这么低级小官的事情，历朝历代似乎是唯一的一次。三就是修建该地运河，以“剪断王气”。隋炀帝热衷于修运河自此拉开序幕，而且他亲自坐镇指挥。据《隋书》记载，隋炀帝“幸洛阳……丙申，发丁男数十万掘堑，自龙门东接长平、汲郡，抵临清关、度河，至浚仪、襄城，达于上洛”。

第二种解释是为了方便去扬州“看花”。这里说的“花”不仅指的是扬州的琼花，而且还指江南美女。但这种解释可能无法自圆其说，即便花再美，也没必要通过修建运河来看。说到美女，有一种说法是扬州原本美女不多，每次隋炀帝南巡都会带回大量美女，后来隋朝灭亡，这些美女流落民间，自此，扬州开始“盛产”美女。所以，说杨广为了“亲寻美女”修建运河的说法可能并不靠谱。

第三种解释是为了征伐备战之用。隋炀帝当年最主要的征讨对象就是远在辽东的高句丽，修建京杭大运河的主要目的可能就在于此，将士兵集中运往集结地——今天的北京。于是南方的战船、粮草、弓弩手被源源不断地通过京杭大运河运达北京，山东的马匹和战士也通过运河输往北京。经过数月日夜不停的运输，史上最大规模的远征军集结完毕。

据史料记载，不包括皇帝禁卫军和侍从在内的战斗人员就多达一百一十三万人，此外还有数百万民夫和后勤保障人员。不过这次战争并没有隋炀帝想象的那么简单，而是以高句丽的完胜告终。隋炀帝不甘心失败，过了两年又倾尽全国之兵第二次御驾亲征高句丽。但就在隋军即将取胜之际，国内却发生了杨素叛乱，隋炀帝不得不回京镇压叛乱，第二次远征又告夭折。等到第三次隋炀帝想举兵远征的时候，前来应征的地方军队寥寥无几。为什么到了第三次征讨高句丽没有人愿意“奉诏讨逆”了呢？

隋代中国人口有四千五百多万，经过隋炀帝修建运河的折腾，在他即位的当年，“发河南诸郡男女百余万，开通济渠，自西苑引谷、洛水达于河”。第四年又“诏发河北诸郡男女百余万开永济渠，引沁水，南达于河，北通涿郡”。两次修运河征用了民工男女共计两百多万人。

紧接着隋炀帝又数次下江南，乘坐龙舟，跟随船只多达数千艘，这些船只大多需要人力在岸上牵引；当时又在运河岸边种了绵延一两千里的柳树，沿途修建了四十多座豪华的离宫别苑，沿途由地方行政机构提供数万人的饮食起居，几次下来，又征用了民工数百万人。

杨广在两年时间内远征高句丽两次，损失士兵上百万人。所以，等到他第三次远征之时，国内的人力和财力已经被消耗得差不多了，老百姓要么背井离乡成了流民，要么揭竿而起成了起义军。地方军队有的要去镇压国内起义，有的已不再相信隋炀帝而形成军阀割据。不过，高句丽在面对隋朝第三次东拼西凑的远征军时，被隋朝“破釜沉舟”的勇气所震撼，主动投降，不然，隋军可能又是一次无功而返。隋炀帝“凯旋”后迎接他的不是鲜花和掌声，而是满目疮痍的国家和居心叵测的大臣，不久，隋炀帝就被杀于江都。

运河让北京建都成为可能

元代修凿完成北起大都、南达杭州，沟通海河、黄河、淮河、长江和钱塘江五大流域的大运河，元代运河对今天北京最大的影响就是通惠河的建设。通惠河由元代名臣兼天文学家、数学家和建筑设计师郭守敬主持建造，它贯通了昆明湖、积水潭和中南海，全长八十二公里。修建这条运河的主要目的在乎“国运”，即解决北京吃水难和运输难的问题，只有解决了这些问题，元朝才可以将北京作为横跨亚欧大陆大帝国的首都。

元代大运河陆续完善和疏导了前代运河，并以通惠河作为大运河终点。运河完成后，基本上使得北京这个内陆城市成为水陆两运的中心城市。据史料记载，忽必烈在通惠河完成后“过积水潭，见舻舳蔽水，大悦”，于是亲自命名从万宁桥到通州的河道为“通惠河”。北京在该河东面修建的连接中轴线与二环、三环的道路，仍沿用着忽必烈起的名字——“通惠河北路”。

京杭大运河的衰败，也预示着中国封建王朝的衰败。到了19世纪中期后，海运和铁路兴起，尤其是在黄河改道以后，运河水量不足，运力直线下降，京杭大运河的运输功能终于落下帷幕。

我国运河工程在封建社会初期开始，到封建社会晚期开始衰落。直到新中国成立后，京杭大运河部分河段经过重新扩建和修缮，开始逐渐恢复通行。现在，它承载着南水北调工程的重要功能，古老的运河将重现生机。

通惠河玉河遗址

铁路：『一日千里』艰辛路

林山

春运期间，火车票『一票难求』的景象，再次说明了铁路在现代运输中举足轻重的地位和作用。

1825年，世界上第一条铁路在当时最发达的大英帝国开始投入营运。铁路出现不久，关于铁路方面的知识和信息，便随着西方商人、传教士在19世纪30年代末传入中国。

然而，铁路真正在中国的土地上修建，却经历了十分复杂的过程，乃至颇为激烈的政斗。而其中的种种事端，更活画出了清王朝统治者的顽固愚昧和西方殖民主义者的蛮横无理，可以说是传统中国社会面对西方近代文明冲击的一个典型缩影。

修铁路遭舆论鼓噪与反制

1825年，英国在大林屯至斯托克屯间修建了世界上第一条铁路，长二十一公里。铁路的出现，打破了传统马车、人力车和帆船的局限，为实现大宗货物和人员运输打开了新纪元。铁路这种全新的运输方式在西方世界得到了迅速发展。这个消息也通过种种渠道传播到了中国。

中国人认识铁路，大约是从19世纪30年代末开始的。息力在《英国论略》中介绍道："英国'又造（车力）辘路，用火车往来，一时可行百有八十里'。"郭实腊在《贸易通志》中比较详细地记载了西方的铁路情况，并提出铁路"亦中国所当法"。洪仁玕更在《资政新篇》中提出修筑铁路的计划："先于十一省通十一条大路以为全国之脉络。"

1840年，英帝国主义者用枪炮轰开中国紧闭的国门后，为了开辟中国市场，便一直谋划在华修建铁路。第二次鸦片战争后，列强势力开始渗入到中国内地。中国土地广袤，交通闭塞，为了便于向中国内地扩展，从19世纪60年代起，西方列强开始向清政府提出筑路要求。

晚清重臣李鸿章

1862年，英国驻广州领事馆向广东当局提出修筑广东至江西的铁路；1863年，怡和等二十七家洋行要求修建苏沪铁路；1865年，英国铁路专家斯蒂芬森向清政府鼓吹其发展中国铁路的计划，设想以汉口、上海、广州为三个基点，铺设四条干线。然而，这些计划都被清政府拒绝。

当时清朝的官员，大多数人都反对铁路，认为修筑铁路弊端有三：一为“资敌”——对洋人入侵国土长驱直入有利；二为“病民”——占用大量农田、拆迁民宅坟墓，破坏风水；三为“失业”——铁路修成后，沿线舟车挑夫、行栈铺房无以为生，必将聚为流寇。

清廷内部也有一些开明派人物如李鸿章等，一方面主张对洋人筑路申请“合力坚拒”，一方面也提出了“用洋法、雇洋人、自我兴办”铁路的想法。然而在守旧派的强大压力下，这些人不敢理直气壮地坚持自己的主张，一遇反对之声就踌躇不前，这就使当时的中国失去了主权操之于我、自主兴办铁路的大好时机。

1865 年 8 月，英商杜兰德在大清天子脚下的宣武门外，铺设了一条长约半公里的“展览铁路”，“以小汽车行驶其上，其迅疾如飞”，时人“诧所未闻，骇为妖物，举国若狂”，“几致大变”。这样“展览”的结果，不但未引起人们的兴趣，反而适得其反，受到群起反对，最后由步军统令衙门“饬令拆卸”。

1872 年，英商又在天津租界内建了一条非营运铁路，于 9 月 9 日通车载客行驶。当时天津道受邀乘坐了火车，事后他赞叹该火车制作可谓“精美之至，于行动一切均甚便捷，甚为适用之物”，还为机车赠名“利用”号。此路修建于外国租界，清政府无能为力。

最早的吴淞铁路建成旋被拆毁

英国人在1876年建造于上海的吴淞铁路，是一条从上海闸北向北通到吴淞口的窄轨轻便铁路，全长只有14.5公里，却在中国以至世界铁路上颇有名气，因为它是出现在中国古老大地上的第一条营运铁路。而围绕这条铁路产生的种种纠纷，更令人感慨不已。

在上海经商的洋人都抱怨黄浦江水浅，起卸货物不便。1866年，英国公使阿里国向清政府的总理各国事务衙门（相当于今外交部）提出要求，在上海租界到吴淞口之间修筑一条铁路，以解决黄浦江岸边装卸货物不便的问题。但和以往一样，这一要求还是遭到拒绝。

一心想在中国赚钱的洋商们，在一次次碰壁后得出结论："想从中国政府得到正式的许可是徒劳的"，只有"先正式买地，然后突然把铁路造起来，也许能受到（中国当局的）容忍"。于是，1872年美国驻沪副领事奥力维·布拉特福成立了一家"吴淞道路公司"，向当时的上海道台沈秉成申请购地修筑一条“寻常马路”。沈秉成被蒙在鼓里，批准了他们的购地申请，还私下答应对美国人的筑路工程不加阻挠。

奥力维·布拉特福让骗局开了场，但他却没有足够的财力继续下去。实力雄厚的英国商人适时接了手，组建起“吴淞铁路有限公司”，买下了上海至吴淞间长 14.5 公里、宽约 15 米的地皮。1874 年 12 月，吴淞铁路修建工程正式开工。因资金问题，最终决定修建 762 毫米轨距的窄轨铁路，使用小型机车。在一马平川的冲积平原上，工程进展迅速。1875 年年底，一艘名叫格伦洛欧号的轮船抵达上海，从英国运来了钢轨，还有重 1320 公斤、最高时速 32 公里的“先导号”机车和车辆。英国领事欺骗海关说这是“供车路之用的铁器”，欺骗再次得逞。

1876 年 2 月 14 日，一公里的试验轨道铺成，“先导号”机车由六名壮工抬上线路试运行并获得了成功。汽笛呜呜一叫，美英合伙设计的骗局也就露了底。昏庸无能的清朝官僚这才知道自己受了骗，上了当。

无论清政府拒绝铁路的做法是多么顽固愚蠢，英国人在中国的土地上擅筑铁路，都是侵犯主权蛮横无理的举动。事实上，清廷在 1868 年与英、美、法等国谈判签订的《天津条约》续约中，是拒绝了洋人在中国筑造铁路的要求的。英国人擅筑铁路的做法，至少也是违约行为。

新任上海道台冯焌光很快来到英国驻上海领事馆提出责问。

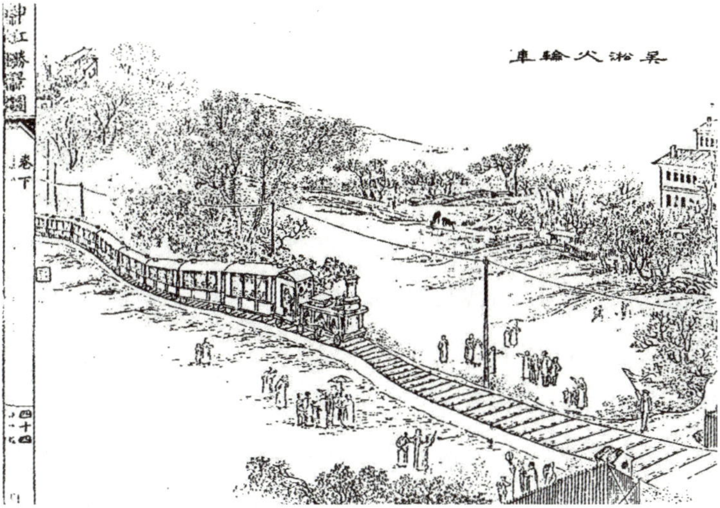

古籍《申江胜景图》中所描绘的吴淞铁路

然而，傲慢无礼的英国领事根本不理会冯的指责。心急火燎的清政府一心想让工程尽快停下来，而英方却恰恰相反，一方面抓紧筑路，一方面开展了部分路段的运营，想把吴淞铁路变为既成事实。

与此同时，铁路公司与沿途民众也不断出现纠纷。有一次，江湾一带居民八九百人上路拦车阻行，原因是前一天机车烟囱飞出的火星，落到居民草房上引起了火灾。另一次，愤怒的人群放火烧掉了吴淞铁路公司办事处。而悄悄在线路上堆放沙石的事情也时有发生。铁路公司方面则仗着帝国主义势力，悍然把老百姓当作罪犯押上列车，送到上海租界治罪。

更大的事端发生了。1876 年 8 月 3 日，亦即吴淞铁路正式营运“满月”的这天，火车轧死一个行人。而英国领事背地里却认为死者是受地方官唆使故意自杀的。英国人自己演了一出审判闹剧，由副领事亲自承审，宣告将轧死人的火车司机“无罪释放”。然而这一判决却更激起了清廷官员和当地百姓的怒火。英国公使只好指令铁路公司暂时停驶。

清政府和英国人僵持不下，时任直隶总督兼北洋大臣的李鸿章，提出一个“令两边俱下得去”的办法，即“由中国照原价买回，另招华商股份承办”。1876 年 10 月 24 日，中英双方在上海达成了《收赎吴淞铁路条款》，决定清政府用 28.5 万两银子，买断铁路及所有设备。款项分三期偿付，而在款项付清前，准许英商继续铁路运营。

在条款签字后的一年还款期内，英商把铁路经营得相当红火，从 1876 年 12 月 1 日全线通车，到 1877 年 8 月 25 日的不到九个月时间，共运送旅客十六万人次，盈利达到了英国国内铁路的平均水平。

1877 年 10 月 20 日，清政府如期付清了赎买铁路的第三笔银两，英国人只好办理移交手续。清政府赎买之后，如何处置这条铁路成了各方关注的焦点。时任两江总督的沈葆桢以异乎寻常的速度下令拆毁铁轨、铲平路基、推倒车站。名义上，吴淞铁路拆下的器材被运到台湾，准备在台湾建筑铁路使用，但实际上这些器材在海滩上风吹雨淋，很快变成了废铁。这样看似“决绝”实则愚蠢的举动连李鸿章也看不下去，不由得发出埋怨：“以重价购铁路，而意在收回拆毁，实不知其何心！”

留存下来的第一条铁路
——唐胥铁路

吴淞铁路虽然是中国第一条营运铁路，但它是轻便窄轨铁路，是外国人擅自修筑的，建成后又很快被清廷拆除。因此，要说到中国最早的铁路，还应该说到1881年筑成的唐胥铁路。

如果说，围绕吴淞铁路的修建，矛盾对立的双方是清朝政府和外国势力的话，那么，围绕唐胥铁路的修建，争吵角斗的双方已变成了清廷内部的洋务派和守旧派。

1874年，清廷迫于外患决定筹议海防。以此为契机，清廷内部的洋务派人物第一次正式提出了自主修建铁路的主张，其中以当年12月李鸿章写成的《筹议海防折》最为有名，其中提到，倘若“有内地火车铁路，屯兵于旁，闻警施援，可以一日千数百里”。然而，所有这些类似的主张，无一例外都被清廷否决。

修建铁路虽然遇到很多阻挠，然而，到

唐廷枢

1881年时，洋务运动毕竟已开展了近二十年，从购买洋枪洋炮到创设陆军海军，成立轮船招商局，建设机器织布厂，一步步走来，虽然艰难也不断有所进展。

北洋海军、南洋海军的建立，不断增加的官办和商办企业，对煤炭的需求与日俱增。而中国只有少量土法开采的煤矿，量少质差，只得大量使用从英国、日本进口之煤，价格昂贵、耗费巨大。1876年11月，李鸿章派唐廷枢偕同英国人马立师，在直隶开平县（属今唐山市）境内的唐山南麓乔家屯，找到了储量丰富、质量上乘而易于开采的煤矿。

1878年，开平矿务局获奏准成立。然而唐廷枢在给李鸿章的报告中算了一笔账，他说，运用近代技术开采，“煤本不难取，所难者使其逐日运出费力”。开平矿挖出的煤，每吨成本二两七钱，由矿区用牛车运到芦台河运码头，每吨运费就要二两二钱。但如果从唐山修一条铁路到芦台，情况就大大不同了。

李鸿章根据唐廷枢的报告，于1879年“专折具奏”，请求朝廷允许他在唐山至北塘河岸边的芦台间筑造一条四十五公里长的运煤铁路。恭亲王奕䜣对此给予了支持，认为这条铁路筑在矿山之中，与此前朝廷批准筑在孤悬海外的台湾岛上的铁路一样，不会造成什么不良影响。因此，朝廷“奏旨依议”，同意了李鸿章的请求。但消息传出，“群臣阻谏”，奏章一封接着一封递上来，认为铁路“利小而害大，利近而害远，利显而害隐”，恳求最高统治者“恪守祖宗成法”，“立予停止”。慈禧太后也突然反悔，收回了成命。

筑造铁路的希望落空了，可是煤矿眼看就要出煤，运煤通道必须解决。唐廷枢等没有别的办法，决定从芦台把运河一直挖到唐山，矿井出来的煤直接下河装船。然而唐山至胥各庄一段，“地势陡峻，不宜于河”，于是又提出一个“变通办法”，给李鸿章写报告说，在胥各庄至唐山间修一条“快车路”。于是李鸿章又向朝廷写奏折申请。因为担心顽固派们对“快车路”也提出疑问，索性把它改写成

恭亲王奕䜣

“马路”，并保证用骡马拉车。朝廷这才下旨批准。

但李鸿章让唐廷枢筑造的，却是条地地道道的铁路。为了修建铁路，李鸿章竟然采用了和英国人一样的欺骗手法，这可是“欺君罔上”的大罪。李鸿章何以如此胆大妄为？原来，这件事得到了恭亲王奕䜣和光绪帝生父醇亲王的暗中支持，李鸿章在得到“双保险”后，才能如此有恃无恐。

唐胥铁路就这样冒用“马路”名义开了工。值得一提的是，建设之初在采用什么轨距的问题上发生了争论。唐廷枢等出于降低造价考虑，主张建762毫米的窄轨铁路。而英籍工程师认为“这条矿山铁路一定要成为他日巨大的铁路系统中的一段”，应该采用英国1435毫米的标准。李鸿章权衡再三，接受了这个意见，而后来的事实证明这确实是十分正确的决定。

1881年11月8日，唐胥铁路举行了颇为隆重的通车典礼。牵引的火车头，是在筑造铁路的过程中，由英籍工程师金达设计的一台简易蒸汽机车，就是那台著名的“中国火箭”号。

然而，消息很快传到京城。顽固派们立即闹将起来，说是“机车直驶，震动东陵，且喷出黑烟，有伤禾稼”，于是“奉旨查办”，简易蒸汽机车“旋被勒令禁驶”。其实，清东陵远在唐山以北遵化县的马兰峪，离唐胥铁路还有近百公里呢，真是欲加之罪，何患无辞。

小火车被禁驶，用骡马拉的大车不得不行驶在唐胥铁路的钢轨上。直到中法战争爆发前夕，清政府的兵工厂、军舰、轮船

1888 年唐胥铁路展筑至天津，李鸿章主持通车仪式

急需用煤，清廷才终于作出让步，同意从英国购买两台水柜蒸汽机车，唐胥铁路才成为真正意义上的营运铁路。

唐胥铁路全长只有 9.7 公里，然而它的出现，打破了清朝廷不准修建铁路的坚冰。此后，经过历时 31 年的 10 次展筑，唐胥铁路成了京奉铁路的一部分。而在唐胥铁路通车 8 年后的 1889 年 5 月 5 日，清廷也终于作出决断，把建造铁路定为“自强要策”，开始在全国大办铁路。这些都是后话了。

自来水：招股集资引『甜水』

夏天保

一拧开水龙头，自来水就『哗哗』地流出来。这样的生活现代人早已经熟悉了。然而在一百多年前的北京城，这可是一件了不得的新鲜事儿。

初衷竟是为了皇宫消防

清朝末期，洋鬼子的枪炮打开了天朝的大门，也让很多“洋玩意儿”源源不断地输入到国内。

自来水也是“舶来品”。早在1879年，港口城市大连就修建了自来水管道。随后，一些受西洋之风影响较深的沿海沿江城市，如上海、青岛、天津、广州、武昌、汕头等，也相继兴建了自来水设施。

皇城就是皇城。天子脚下随便动土是不行的。但是世界上总是有聪明人能找到最合适的理由。光绪三十四年（1908年）前后，京城连着发生了几起火灾，由于运水扑救不及，造成了比较大的损失。当年的4月，几位大臣就给慈禧太后和光绪皇帝上了一道奏折说，要是大火着在皇宫里，而没有足够的水扑救，那可怎么得了。因此，建议在京城兴建自来水。

也许是真不明白，也许是装糊涂。总之，

不到十天的工夫，慈禧就顺水推舟下旨允诺了此事。

农工商部的大臣接到了圣旨，立刻再次上奏折，请示筹办的“大概办法”，建议成立“京师自来水股份有限公司”，性质为“官督民办”，并建议任命周学熙为公司总理（相当于今天的董事长）。

周学熙的父亲周馥

太后、皇上对此皆无异议，于是，当年四十二岁的周学熙就从天津赶赴北京上任了。

这位周学熙，祖籍安徽建德县，同治五年（1866 年）出生于当地一户官宦家庭。其父周馥当年为李鸿章的幕僚并深受其倚重。

周学熙受其父影响颇深，八岁时随父宦居天津，光绪三十年（1904 年）左右参与执行北洋大臣治区的“新政”，诸如兴办海军、设立天津机器局、筹办开平煤矿等等，历任通永道、天津

张謇

道、长芦盐运使，后擢升直隶按察史。

周学熙游走于官宦、实业二途，处处如鱼得水，是当时人称“南张北周”（南张指南方张謇的大生集团）的北方实业家代表。四十二岁正是干实事的年纪，接到圣旨，周学熙立刻奉旨进京，着手筹办京师自来水股份有限公司。随同其入京的还有他的同乡、亲戚和老搭档孙多森。

招股集资办法很『现代』

公司开张了，但资金从哪儿来？周学熙不愧是新派人物，他采用了很现代的做法，就是招商集股。

当然，既然是“官督民办”，官府也不能甩手不管。经商定，先从天津官银号拨出股本银五十万两，官利长年八厘，作为兴办自来水公司的专款，并每年从该号拨银十五万两作保息，以保障公司信誉。

官府出钱做了个引子，剩下的大头就要靠民间征集。京师自来水招股章程规定：专集华股、不附洋股。凡本国人民，无论官、绅、庶均可入股，一律享受股东权利。其有华人影射洋股者，一经发现，立将该股注销。股款分三期交纳，第一期交洋四元，第二、三期各交洋三元。而凡在第一期内将三期股款一次交足者，每十股准加红股一股。

自来水招股章程对股东中产生的公司董事权利有明文规定：“其董事、查账员、经理员

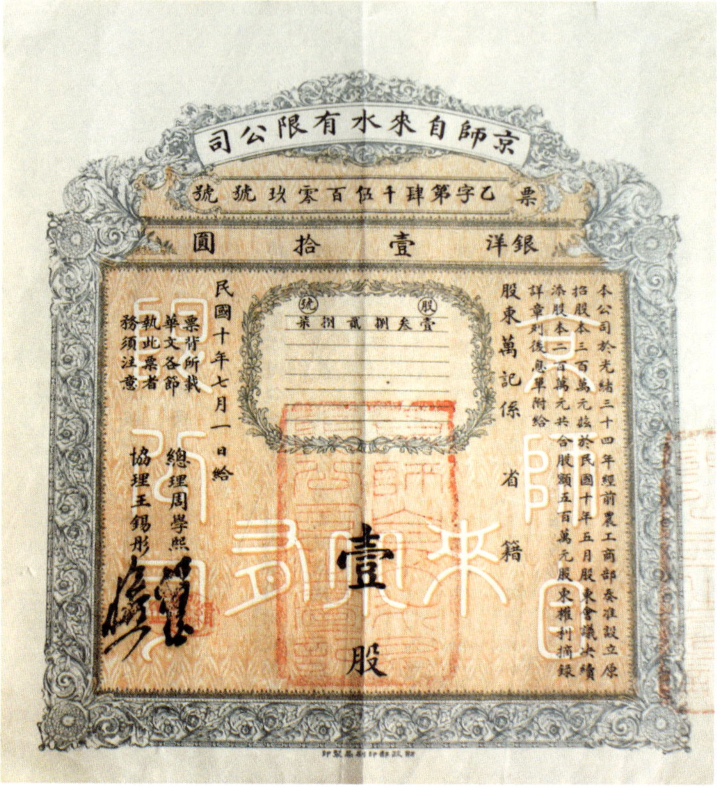

京师自来水有限公司股票

俟股份招齐后，由股东开会，公司选举。董事二年一任，查账员一年一任，任满仍可续举。”所谓查账员，也就是现今公司中监事的角色，公司的财务情况统由查账员监督并负责。

为了保证大股东在公司事务上有更多的发言权，章程中还做了特别规定：持股一百股以上的股东有发言权；五百股以上股东有决议权，享有选举董事、查账员、经理员的权利；持有一千股以上的股东，才有董事、查账员、经理员的被选举资格。公司设有董事七人，公司总理、协理在很大程度上要受董事左右。公司运作的规范性令人为之惊叹。

招商集股发行股票，在当时的京城算得上头等新闻，曾轰动一时，成为百姓街头巷尾热议的话题。这项工作进行得也很顺利，公司三百万股资很快招齐，后经详细核算，两百七十万元即够支出，为维护商利减少官息，周学熙还将多招股本三十万元退回官银号。

筹办公司的同时，寻找水源地的工作也在紧锣密鼓地进行。

曾几何时，北京的主要水源涵养区和供给地都在永定河的几条故道上。著名的湖泊园林昆明湖、圆明园，沼泽湿地海淀、清河，乃至玉渊潭、莲花池、积水潭、北海、龙潭湖、高梁河等水域，要么是永定河流过后的积存，要么是永定河冲积扇的地下水溢出，就像永定河分出的枝杈或毛细血管，向北京大地输送着丰沛的水源。然而，自清代永定河筑堤后，滔滔河水只能径直向下游流去，使得这些古河道上的沼泽、湖泊、泉流缩小乃至消失，地下水位急剧下降。

正是永定河水系这个历史性的变故，给北京城的水源供给带来了重大影响，迫使北京只能转向东北求之于以潮白河水系为主的水源。

周学熙“几经履勘审慎，始克测定孙河三水异常甘美，且源泉不竭，最为适用”。于是，京东北二十公里外（当时大兴县境内，现为北京顺义区与朝阳区交界处）的孙河（今温榆河）被确定为京师自来水水源。孙河水来源于北山沙河和西山的清河，二河交汇于昌平区境内清河营，然后流向北京东南，入通州北运河。自清河营至北运河一段，即为孙河。由于该河从地势高处的西北向地势低处的东南滚滚而来，虽夏季时有山洪暴发，夹带大量泥沙，但在春、秋、冬季水质清洁，颇宜饮用，且距东直门仅二十多公里。

当时在孙河上游筑有乱石坝一道，冬季水量不足时，可起到调节水位的作用。孙河两岸多为麦田，又少菜园，水源很少受到污染。唯一不足之处是北京城东地势较市内低，根据实际水源勘察，周学熙亲自谋划建厂和铺设管线的测查与预算，决定在孙河与东直门修建两座水厂。

有了资金、确定了水源地，接下来就要铺设管道兴建水厂，而在当时封闭落后的中国，供水设备、器材只能统统采购自德国。

在球墨铸铁管没有问世之前，自来水行业大都使用钢管、镀锌管和铸铁管。在北京自来水博物馆里，至今展示着20世纪二三十年代京师自来水公司使用过的由德国生产的铸铁管。据专家分析，这根管子柔韧性等尚属良好。

光绪三十四年（1908年），二十五车皮自来水管由天津运到北京前门火车站，由于脚夫在站台卸货时动作野蛮，将水管“上面油漆碰坏”，“管子碰弯”。此时，正值京师自来水公司坐办马许途经该地，见状十分心疼，他一边进行制止，一边向脚夫们讲明这些自来水管价钱昂贵，“每根自数十两至数百两”白银，又是全部进口，倘若碰伤，在国内无处购赔。同时，他采取了一些措施增加了对自来水员工的监管，并在管子外捆绑上麻绳等加以保护，以防再次出现闪失。

当时的自来水厂所建的水塔是北京的第一座水塔，1957 年被拆除

让人意想不到的是，在自来水管线铺设时也遇到了很多麻烦。

当时不少人认为自来水刨沟装管子会坏了主人家风水，给他们带来不祥或灾难，所以京城一些权势人家在自来水管途经自己家时横加干涉。

例如，当供水管道安装到清摄政王府（今宋庆龄故居）北后墙时，王府家人倾巢出动，千方百计找出种种理由不允许自来水管从此通过。面对豪门，自来水工人们束手无策，只好罢手停工，将情况禀报上司。负责该工程的司事闻讯手捧圣旨当即赶往工地，当场宣读圣旨，大意是工程系奉旨施工，有利民生，途经之地所有官员不得阻拦云云。王府家人只得从命，不敢再行阻拦。

管道施工开展不久，光绪、慈禧就在一天之内相继驾鹤西归。施工线路恰好和出殡路线重合，已经挖好的线沟，不得不重新掩埋，待出殡结束后，再挖开继续施工。

慈禧太后

很多百姓不敢喝『洋胰子水』

京城建水厂的初衷首先是为了皇宫内的消防，但水厂建成后，皇宫里的达官显宦并不敢喝自来水，而是仍旧喝御用的玉泉山水，因为怕“洋胰子水”里被洋人下毒。

皇家人这么想，老百姓不免也有疑虑。售水初期，全市共安装480个水龙头。可是，望着泛着白水泡儿的“洋胰子水”，很多人不敢问津。

为了消除人们的顾虑，京师自来水公司颇费苦心地在《白话报》《爱国报》等京城各大报纸上刊登广告，宣传科学指导舆论。周学熙亲自用白话文撰写广告，耐心做解释：自来水龙头乍放出来的水，带一点白色，并不算毛病，拿显微镜细细地瞧，全是极小的白水泡儿，不过一分钟，水泡儿就化得干干净净，水也变清。所谓白水泡儿是因为水从孙河汲上东直门的水楼子，借楼子上的压力，再送到各街市龙头。水楼子高、压力大，又遇着冷天，水管子里面有些冷气，被水压力催得紧，一时散不尽，就跟着水一块儿出来了。因而“有不明白的人，愣造谣言，说是洋水啦，洋胰子水啦，我们傻同胞，也就有信的，龙头安到门口，也是不要，殊不知这个道理，一说大家就不致误会了”。

为了以惠启民，京师自来水公司还在报上发消息，决定从宣统元年十二月二十二日（1910 年 2 月 1 日）起，向全市居民赠水一周，“不取分文，随便取水”。

自来水很快被京师百姓接受了。宣统元年（1910 年），京城平均每天供水量 1613 立方米。

供水方式有三种：一是集中供水，就是在街旁巷内安装自来水公用水龙头，每个水龙头皆派水夫看管。在北京设许多经售处代卖水票，用水户凭票到公用龙头处取水。二是雇用水车送水。三是“自辖管”，即大户人家为方便把自来水直接引入家中，不过水管工料费往往在百元以上，这在清末是一笔巨款，普通百姓断然是没有这个财力的。

与自来水同时出现的是“水票”。别说是清末京师自来水公司刚成立的初期，即使新中国成立以后，自来水水票都是京城百姓生活不可或缺的票据。

由于京师自来水公司初建时东大西小、东密西疏的树枝状管网结构，水压东高西低，向东、向南和向西供水服务压力不均衡，致使西城、南城区域长期水压低，造成“东家放水，西家点滴俱无”的现象。

清朝覆亡后，中国又遭军阀混战、外患不断，1908 年至 1949 年的四十多年间，北京自来水企业满目疮痍，艰难地徘徊在“以利为本的商业性经营”中。至 1949 年北京和平解放，北京供水设施仅东直门一座水厂，日供水能力 5 万立方米，管线总长 367 公里，北京城区供水普及率只有 30%。用上自来水，对于多数普通京城百姓来说，还是一件奢侈的事情。

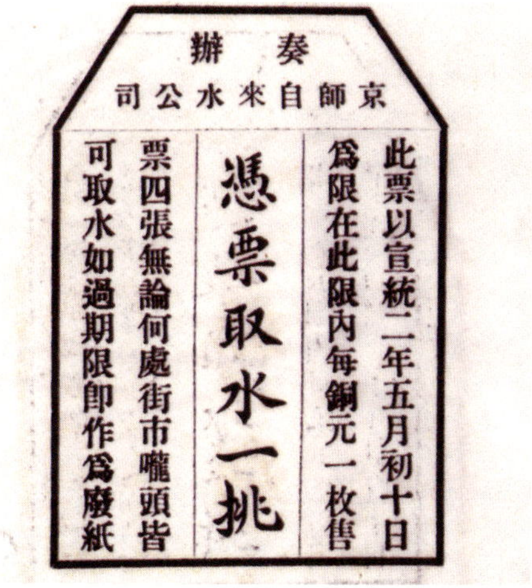

宣统年间水票

万物说

东周时北京地区就有了水井

据考证，东周时北京地区已出现大量瓦井，多分布在城西南广安门至和平门一带。至汉、唐、辽、金又建有砖井，与瓦井交错。文物调查曾发现，内城宣武门至和平门一线古井最为密集，共55口，密度最大的地方20平方米内就有4口。

东周至金代，北京城出现的那么多井，不仅仅是北京城居民努力挖掘的结果，老天也确实帮了不少的忙，否则也是“巧妇难为无米之炊”。北京地区自古地下水资源十分丰富，潜水层较浅，凿井便利，而且地下泉水比地表水稳定、可靠、清洁，这无疑为凿井饮水提供了先决条件。而这，恐怕也是元明清三代皇家定都北京的重要原因吧。

“胡同”本意是水井

蒙古人把元大都的街巷叫作胡同，而“胡同”一词本身，就是蒙古语里“水井”的意思。

元代的京城流传着这样一句话：有水必有井，胡同随井走。可见昔日京城百姓与水井的密切关系。水井，不仅仅是老百姓们取水的地方，也是左邻右舍们谈天说地、嘘寒问暖的场地。

苦水、甜水、二性子水

北京水味甘洌的有名的水井，往往只为达官贵族垄断。对于更多的水井，也就是老百姓用的水井而言，其中的水以咸苦著称。“京师井水多苦，而居人率饮之，茗具三日不拭，则满积水碱。”北京水井大都是浅井，其咸苦不仅与北京的水质有关，也是地表污染渗透所致。苦水也不是完全没有用。明代的北京老百姓生活用水大都预备三种，一般来说甜水用来喝茶，苦水用来洗衣服，“二性子水”用来做饭。所谓二性子水是说水具有两重性，即水的味道甜中带有苦涩味。

由于京城只有少数水井的水清凉甘甜，口感好，这也催生了许多靠卖甜水为生的卖水人。夏日的胡同里，水夫们走街串巷，一声“甜水”的吆喝，也成了许多老辈人记忆中的市井画像。

旧时北京有一俗谚，叫作“南城茶叶北城水”。所谓北城，盖指安定门外而言。安定门外甜水甚多，当是地脉所关，以“上龙”“下龙”二处为最佳。安定门外下关北口外，地当小关之内，有甘水桥甜水井一处，此井由元明以来即有名，文人墨客常在此吃茶，久之百戏杂耍，几成闹市。

第三编

健康筷
健康筷

筷子：高妙绝伦的杠杆

钟法

说起中国人的发明，人们常常想到流传甚广的『四大发明』。然而，有一个其实也很重要的发明却常常被人忽略，那就是——筷子。

筷子确实并不起眼，但却与中国人的生活日日相伴。几千年的浸润，它也成了我们文化中的一部分。

古人把筷子称为『箸』

诺贝尔物理学奖获得者李政道教授说过这样的话：“中华民族是优秀的民族，早在春秋战国时期就发明了筷子。如此简单的两根东西，却高妙绝伦地应用了物理上的杠杆原理。筷子是人类手指的延伸，手指能做的事，它都能做，且不怕高热，不怕寒冻，真是高明极了。比较起来，西方人大概到十六七世纪才发明刀叉。但刀叉又如何能跟筷子相比呢？”

李政道对筷子的评价是十分中肯的。这句话里也有一个问题，中国人发明筷子应该不是在春秋战国时期，而是要比这早得多。

需要说明的一点是，筷子实际上是相当晚近的词语，大约在明朝末期才开始出现。中国古人对筷子的称谓是“箸”。除了在一些方言区还保留着这个叫法外，很多人对这个字已经很不熟悉了，告诉你吧，它的正确读音是“zhu”（四声）。

在中国的典籍中，“箸”这个字最早出现在战国时期的《韩非子·喻老》一文中：“昔者纣为象箸，而箕子怖。”说从前的时候，商纣王用象牙做筷子，他的叔叔箕子十分担忧，说象牙筷子和土陶器是不相配的，只有犀角和玉做的杯子才相称，而用象牙筷子和玉杯，当然就不能吃普通的饭菜了。这样穷奢极欲下去，是亡国的征兆啊！

纣是商朝的末代君王，其掌权时间为公元前1144年左右。那个时候纣王就使用象牙做的筷子了，可见一般筷子的产生要远远早于那个时候。

那么，筷子最早是什么时候发明出来的呢？这个从史料上已经完全无法考证了。而从实物考古上说，“箸”的古字为“櫡”，从木从竹，可见最初的筷子是用木头或竹子制成的，这样的物品极易腐坏，一般情况下也不可能留存几千年而被今天的人类发现。

然而，近代以来的考古发掘还是给我们提供了很多的惊喜。从考古发现来看，古代中国人使用的进餐用具，主要有匙和箸两类，还曾一度用过刀叉。考古证据表明，古代中国人使用餐匙的历史十分悠久，餐匙的起源可以追溯到距今七千年以前的新石器时代。中国古代在相当长的时期内，进食时一般都是匙箸并用，文献中也常常是“匕箸”并提。所谓匕和箸，就是我们现代所说的餐匙和筷子。

我国1934年至1935年间对黄河流域安阳殷墟侯家庄遗址进行考古发掘时，在M1005墓中曾出土商代青铜箸六支。说明距今三千多年前，在商代后期已有青铜箸使用，这也为“纣为象箸”的史籍记载提供了证据。

而更令人称奇的是，湖南马王堆一号墓1973年出土的3000多件精美文物中，有一双竹箸，长17厘米，直径0.3厘米。这双2100多年前的西汉圆箸实物，现藏于湖南博物馆，可谓弥足珍贵。

汉墓画像石拓片，图中可见古人用箸场景

明代“首方足圆”形制延续至今

餐匙和筷子发明出来以后，中国人吃饭就都使用餐具而不再用手抓食了吗？

并非如此。《礼记·曲礼上》有一句话，叫“饭黍毋以箸”。意思就是说，吃黄米饭不要用筷子。《礼记》还有“共饭不泽手”的记载，据专家考证，这表示先秦人们吃饭是不用箸而用手的。

《古今中外筷箸大观》一书中讲到，多年前有部电视连续剧《封神榜》，其中有这样一个镜头，西伯侯姬昌逃归西歧时，在路边一个小饭铺就餐，手里捧着一大碗白米饭用筷子不断送入口中。有民俗学者就指出，编导缺乏历史知识，殷商时期堂堂西伯侯怎会违反以手抓食的礼制，而以箸吃饭呢？

据专家考证推测，箸在战国晚期或秦始皇统一中国后，才成为华夏民族吃菜和饭的主要餐具。

数千年来，华夏箸文化一直在不断发展，

到了明代，箸的形制上出现了一个特别明显的变化——首方足圆。所谓“首方”即上部为方形；“足圆”即箸的下半部为圆形。明代以前无论是银、铜、竹、木、牙箸等，大多为圆柱体，也有六棱形，而“首方足圆”这一小小的改革则带来了很多好处：圆柱体筷容易滚动，而首方足圆形筷子不会滚动，设宴待客放在桌上很稳重；四楞箸比圆形箸更便于操纵，方头筷握在手中也不易打滑；四楞箸为能工巧匠在箸上题诗刻字雕花提供了艺术发展的良好条件。这一形制变化一直流传到今天，成为筷子的主要形制。

同样是在明代，关于箸的名称自下而上发起了一场改名运动，历经几百年时间，最后终于成功地彻底改成了“筷子”。

明代陆容的《菽园杂记》卷一中记述了这样一段话：“民间俗讳，各处有之，而吴中为甚。如舟行讳住、讳翻；以箸为快（筷）儿，幡布为抹布。”

这里说的是，江南水乡的渔民和船民最忌讳“住”。撑船希望快，船“住”了，一天到晚停着，就意味着没生意。因为“箸”和“住”谐音，所以犯了忌讳，于是船民和渔民反其道而行之，将箸改为快儿或快子。就这样，这场“筷箸改名运动”，从江南苏杭发起，一传十，十传百，“箸”渐渐改为“快”了。

陆容的同代人李豫亨说：“今因流传之久，至有士大夫之间亦呼为快子者，忘其始也。”文人给“快”上又加了竹字头，便成了“筷”。“筷子”作为箸的另一称呼，渐渐流传开来。

甘肃嘉峪关魏晋墓画像砖，画中出现了持箸者

然而在书面文字上，“筷子”作为不登大雅之堂的俗称，一段时间里还是受到了抵制，比如在《水浒传》《西游记》里，都不写“筷子”而仍写为“箸”。一直到清代早期的康熙皇帝那里，也拒不承认民间发起的这场改名运动，《康熙字典》中就只收录“箸”字而不收录“筷”字。

青山遮不住，毕竟东流去。到了曹雪芹写《红楼梦》的时候，就已开始“箸”“筷”交替出现。在第四十回描写刘姥姥在大观园中与贾母同桌饮宴，曹雪芹数次写“箸”，又数次写“筷”。“筷”字也渐渐融入到书面语言中了。

明代杜堇《古贤诗意图》（局部），图中石桌上可见箸

筷子流传国外 被赋予新习俗

现在世界上人类进食的工具主要分为三类：欧洲和北美用刀、叉、匙；中国、日本、越南、蒙古和朝鲜半岛等用筷子；非洲、中东、东南亚大部及印度次大陆以手指抓食。

筷子文化区所使用的筷子，都是由中国流传过去的。

朝鲜半岛使用筷子的特点是，筷与匙同时运用，筷夹菜，匙舀饭，作用分明。其实我国先秦时期的习俗就是如此。

当我国古老的饮食文化传到朝鲜后，他们一直严格遵守筷夹菜、匙舀饭的习俗，保持至今。筷与匙分工明确，这是朝鲜半岛饮食习俗的一大特征。此外，朝鲜半岛一直有使用金属筷的传统。

日本人对伴随他们一生的筷子持有一种特别的感情，他们把每年的8月4日定为筷子节。这天，人们在神社和寺庙等处都要感恩于筷子，并向筷子供膳。日本人的餐前祈祷，不是祈祷上帝，而是感谢筷箸。他们餐前要对箸说一声“领受了”，然后再启筷，餐毕也要持筷说：“蒙赐盛馔”，然后再轻轻放下手中之箸。

日本史籍上最早出现“箸”字的是《古事记》，这是一本收录日本神话史的古书，成书时间为公元661至721年。参加编辑者大多是当时在日本朝廷担任史官和文书的中国学者与文士。661年为唐高宗显庆六年，由此推断中国筷箸传入日本时间约在唐代初年。

有日本学者还提出了一种说法，认为筷箸是由日本的小野妹子从中国带回日本的。有史料记载，中国隋朝年间，日本圣德太子曾两次指派小野妹子为“大使”前来中国，并带了不少物品回国，想必其中有箸。但这只是一种推断，没有确切的文字加以证实。

由于中日两国饮食习俗的不同，箸传到日本后逐渐变短，原来的平头箸不知何年何月渐渐变成尖头。据说这是因为日本人爱吃生鱼片，为便于戳或夹薄薄的鱼片而改进的。还有一种说法是，将箸头削尖，可使它既有筷的功能，又有叉的功能，一举两得。然而，世界上的事有利必有弊，实际上箸头削尖后，两筷并不拢，夹取的功能就大大降低了。

在日本普通家庭中，夫妻所用的筷皆为对筷，式样基本相同，只是太太的要比先生的稍短一点。我国厨房中，只有筷笼或筷筒，筷多数散放其中。可日本的夫妻对筷，却亲密地双双躺在箸盒里。家中其他成员也都有自己的箸盒，从来各自分清你我，不像我们每顿饭都乱用一气。

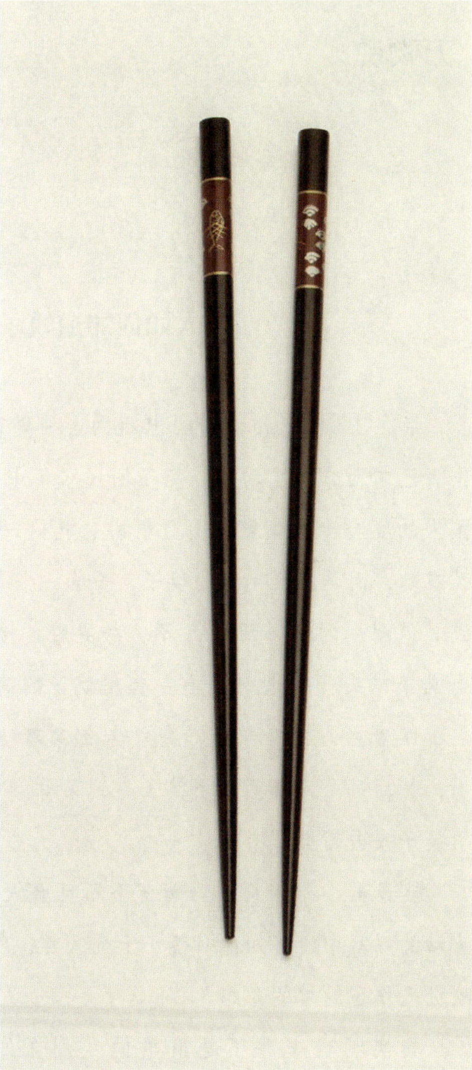
日式筷子

万物说

西方人如何知道筷子的

早在17世纪初，德国出版的《利玛窦中国札记》一书中，作者已向西方人生动地介绍了明代末年中国人的用箸习俗：“中国人的宴会十分频繁，而且很讲究礼仪……他们吃东西不用刀叉或匙，而是用很光滑的筷子，长约一个半手掌，用乌木、象牙或其他耐用的材料制成。不容易弄脏，接触食物的一头通常用金或银包头。就餐时还有一套用筷子的简短仪式，这时所有的人都跟着主人的榜样做。每个人都拿着筷子稍稍举起又慢慢放下，然后每个人都同时用筷子夹到菜肴。接着他们挑选一箸菜，用筷子夹进嘴里。”

筷子虽小，却给利玛窦留下不可磨灭的印象。从以上这段生动的描写中，可知他对筷子十分欣赏，所以较早将中国筷箸向欧洲人作了简单的介绍。

其实利玛窦并不是最早向欧洲介绍中国筷子的人。托梅·皮雷斯在明正德十年（1515年）就写了《东方诸国记》一书，此书在欧洲有“地理大发现”之誉。该书有一段文字特别介绍了中国的筷箸：“所有的中国人都吃猪肉、羊肉及其他多种动物的肉。他们喝大量的各类饮料，对我们的酒，他们赞不绝口……他们用两根小木条吃饭，左手捧着陶碗或瓷碗。碗凑在嘴边，用两根小木条将饭拨进口里，这就是中国人吃饭的方法。”

皮雷斯是葡萄牙第一位派进中国的使臣。明正德十年（1515 年）他以药材代理商的身份先到了印度。明正德十二年（1517 年）他以驻华使节身份来到中国，并赴北京朝觐明武宗朱厚照。

因皮雷斯在中国活动多年，所以他对中国人以“小木条”进餐印象深刻，描写极为生动、准确。但《东方诸国记》原稿散佚，故皮雷斯最早向欧洲人介绍中国的这一著作知者不多，影响不大。直到 1937 年 9 月在法国国立图书馆发现《东方诸国记》抄本，世人方知皮雷斯早于利玛窦向欧洲介绍了中国独特的“小木条餐具”——筷箸。

银筷子试毒不靠谱

银筷从唐代开始得宠上千年，除经久耐用、色泽秀美外，主要是民间认为它能防毒。当年一些皇亲贵族，怕有人在食品中投毒，纷纷使用银筷，以防万一。《红楼梦》中凤姐就有这方面的说法，她换给刘姥姥一双镶银筷说：“菜里要有毒，这银筷下去了就试得出来。”直到现在一提银筷，上了年纪的人还会说：“银筷好，能防毒。”

其实，以银筷测毒并不可靠。只有接触砒霜、氰化钾等硫化物时，银筷才会失去光泽而发黑，以示有毒。然而，如果接触皮蛋、臭腐乳、咸菜、蛋黄等无毒物，银筷也会变黑。而对于河豚毒、发芽的马铃薯中的龙葵素、变质青菜中的硝酸盐等，因不产生硫化物，即使银筷久久插入也不会发黑。所以，银筷验毒之说是不科学的。

商代青铜箸

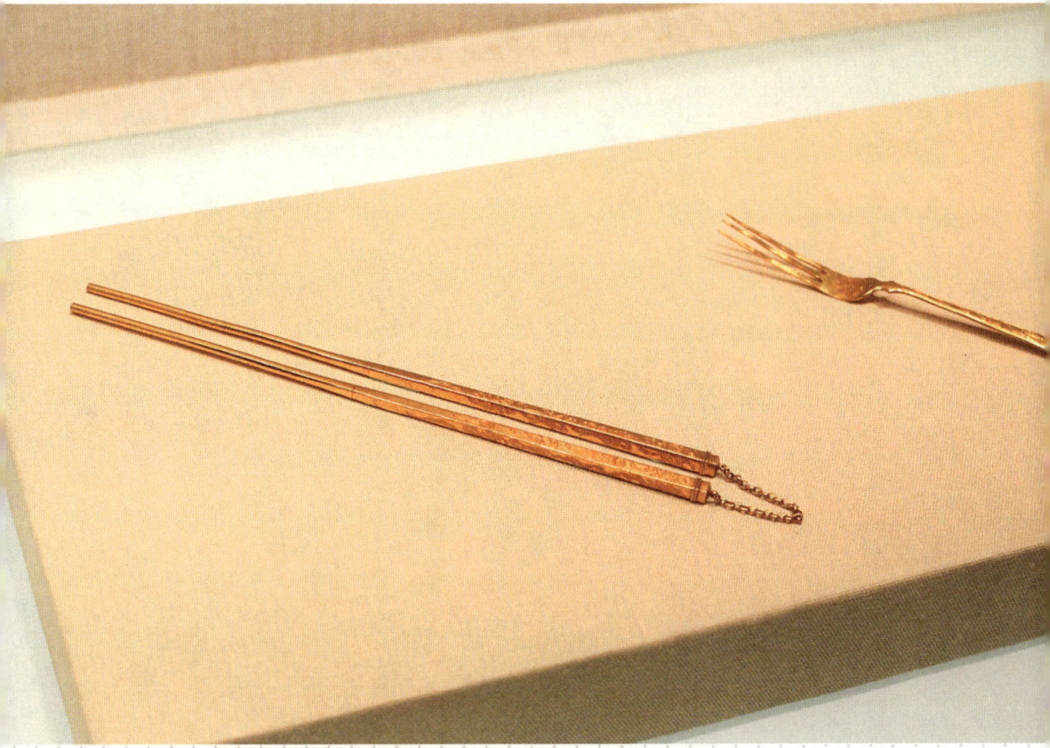

清代金錾八宝龙纹箸

扇子：终年无尽风

徐凯

随着空调、电风扇的普及，以往作为夏日生活必需品的扇子，也渐渐淡出了人们的生活。

然而，作为文化和历史的积淀，扇子并不会被人们遗忘。

最早的扇子

在中国，扇子最早从什么时候开始有的？

这个问题很难说得清楚了。不过，过去中国人有个习惯，就是把很多事物的创始，追溯到传说中的古代帝王那里去。

宋代扇面画作《柳汀放棹图》

扇子也不例外。晋代有个叫崔豹的学者，写了一本叫《古今注》的书，里面说道："舜广开视听，求贤人以自辅，作五明扇……"

而从考古资料方面来看，沈从文先生所著的《扇子史话》一书中写道："目前所见较早的扇子形象是东周、战国铜器上刻画的两件长柄大扇，以及江陵天星观楚墓出土的木柄羽扇残件。从使用方面看，由奴隶仆从执掌，为主人障风蔽日，象征权威的成分多于实际应用。"

在今天的古装戏剧中，还经常可以看到太监或宫女手持长柄羽扇，站在帝王后侧作遮护状的场面。这种扇子作为宫廷仪仗，十分富丽堂皇。在被誉为中国古代艺术宝库的敦煌壁画中，也有这样的写实画面。

竹扇与羽扇

最早的扇子是用什么制作的呢？

我们可以从文字的角度看到一些端倪。扇，在古代还有另一个叫法就是“箑”，从字形来看，“扇”字从羽，“箑”字从竹，似乎是在透露扇子有羽毛和竹子两种材质。

事实上，最早的扇子确实是用这两种材料制成的。饶泽民所著《扇苑古今——中国扇趣话》一书中写道，在古代，我国中部地区出现的扇子，似乎以竹扇为先，这可能与气候有关，当时黄河流域的年平均气温较现今高，盛产竹子，用作器物，远比今天方便，更遑论江南地区。最早的竹扇，形如半个“户”字，扇面呈长方形，扇柄偏于一侧，如半扇门，就称作“偏扇”或“单门扇”。

而春秋战国时代，被中原人视作“蛮荒”的江南地区，多湖泊港汊，野禽密布，用禽鸟翎羽制成的羽扇也发展起来。晋代陆机所写的《羽扇赋》中描述了这样一则故事，说当年楚襄王与各路诸侯会面的时候，楚大夫宋玉手持一柄用白鹤羽毛制成的扇子，被手执尘尾的各国大夫们讥笑，认为楚人粗鄙。宋玉就此发表了一番高论，折服了各国大夫，于是他们纷纷带着楚国的羽扇回到各自的国家。

而到了三国时代，诸葛孔明、周瑜等一干青年才俊，羽扇纶巾，早已成了流行的标准配置了。

四川成都武侯祠中诸葛亮持羽扇的形象

裁为合欢扇，团团似明月

"银烛秋光冷画屏，轻罗小扇扑流萤。天阶夜色凉如水，卧看牵牛织女星。"唐代大诗人杜牧脍炙人口的诗句，已经成为中华扇文化中最令人难忘的记忆。

而杜牧这里所说的"小扇"，既不是羽扇，也不是竹扇，而是纨扇了。

纨扇，亦称团扇，主要以竹木为骨架，制成种种形状，并用薄丝绸糊成。

作为文化和历史的积淀，扇子不会被人们遗忘。随着社会生产力的发展和纺织技术的进步，我国丝绢质量日益提高，人们开始用丝绢大量制作轻便雅致的纨扇。

赵成玉、皇甫姜所著《扇子趣话》一书中讲到，关于纨扇来历的传说出现于西汉成帝（公元前 32 年至前 7 年）时。当时有所谓"齐纨楚竹"之说，即指用山东绢做扇面、湖南竹做扇骨制成的扇子，坠以流苏，十分珍贵文雅。

唐代周昉所绘的挥扇仕女画（局部）

纨扇在唐宋时期最为流行，宋代大诗人陆游“吴中近事君知否，团扇家家画放翁”的诗句，虽不尽实，但从一个侧面反映了当时纨扇的行销使用盛况。

南北朝时，纨扇扇面较大，唐代早期还多作腰圆形，唐开元、天宝年以来才多用“圆如满月”式样。纨扇深得闺阁喜爱，古代诗词中多有反映，“团扇，团扇，美人病来遮面”，“团扇复团扇，奉君清暑殿，秋风入庭树，从此不相见。”借团扇刻画出少女种种情态或愁思，可见扇子的功能已大为扩展。

“芭蕉扇”是用什么制的

除了竹扇、羽扇、纨扇，较早使用、范围较广的扇子还有“芭蕉扇”。

芭蕉扇即蒲葵扇，许多人有一个误解，以为芭蕉扇是芭蕉叶所制，其实它是用盛产在我国南方诸省的蒲葵叶所制，蒲葵叶同芭蕉树叶十分相似，所以才有这样的误传。蒲扇特点是材料价廉，式样朴素，既可扇，又可垫坐或遮日挡雨。民间使用者甚众，在晋代就已成批生产。

《晋书》中记载，东晋名相谢安有盛名，许多人都很爱慕他。一次，有一位同乡要回家时去拜访他，他问同乡：“有回去的路费吗？”同乡回答说：“有蒲葵扇五万。”谢安便取其扇执于手中。谢安喜爱蒲葵扇的消息一传出，京师士庶争相购买，扇价激增数倍，此人返乡路费便解决了。从这个故事中的“五万蒲葵扇”，可知蒲葵扇历史悠久，使用者众。

明代唐寅《牡丹仕女图》，图中女子右手持纨扇，左手擎一枝牡丹

陈耀卿所著《中华扇史与扇文化》一书中讲到，蒲葵扇主要产于广东、福建，但遍及各地。生产工艺不很复杂。把绿色葵叶连柄摘下，晒干后水灌、火烘，使之色泽洁白。然后压平，剪成圆扇形，用篾丝镶边，丝线扎紧就成了。广东新会生产的蒲葵扇，扇面有漆画或烙画、刺绣的，格调雅致，很受欢迎。

蒲葵扇价廉好用，民间使用很普遍，到处可见。北宋画家张择端著名的《清明上河图》中，街道上执蒲葵扇者就不止一人，其中有举扇遮日者。有人以此证明此图画的并非清明时节的景象。传说中的济公和尚手里也拿把佛法无边的破蒲扇。

“摆臂清风至，迎来暑气消。文人娱纸绢，壮士爱芭蕉。”芭蕉扇深为劳动大众所喜爱。古时农人几乎一律使用蒲葵扇，在雍正《耕织图》中，皇帝本人自扮的老农也不例外。

数折聚清风，一捻生秋意

折扇，即折叠扇，亦称聚头扇或聚骨扇。折扇的出现，推动了手摇扇的重大革新，促进了我国扇文化的发展。第一，以前的羽扇、竹扇、纨扇，虽有方形、圆形、六角形以及梅花形、扁形等各种形状，但其扇面一般都是固定的，不能折叠。而折扇扇面可折叠，开合自如，需用时散开，不用时合拢。不仅方便使用，而且方便携带，也便于收藏。第二，扇面多用纸裱，更便于书画。尤其双面裱宣纸的扇面，可一面作书，一面作画。折扇两边的大骨（亦称扇柄），还可雕花刻字，扇头装饰的扇坠、流苏以及刺绣扇袋等，都是艺术品。这样，便拓宽了扇子的艺术领域。

折扇一般认为是北宋初从日本、高丽传入的，而高丽的折扇很可能也是来自日本。《宋史》记载，端拱元年（988 年）二月八日，日本僧侣嘉因觐见宋太宗时献上桧扇二十把、蝙蝠扇两把。而桧扇和蝙蝠扇都是折扇。

据江少虞《皇朝类苑》记载，在北宋熙宁末年首都开封的著名市场大相国寺里，就有人出售日本制的折扇，扇面绘有淡粉画风格的秋色山水，有披蓑乘舟垂钓的渔人，天际间还有薄云和飞鸟，“意思深远，笔势精细，中国之善画者，或不能也”。

当时，折扇在日本十分宝贵，数量不大，只有达官贵人才可使用。在明代中日贸易中，折扇同倭刀一样，是日本的重要货品，故明代人常将日本的刀、扇相提并论。那些主张实行海禁的官员甚至有“日本唯一刀一扇耳”之语。说法虽属片面，却也看出折扇在中日贸易中的地位。

我国宋代的匠师在学习日本、朝鲜折扇长处的同时，又结合我国盛产竹子、宣纸的特点以及雕刻、书画等传统艺术特色加以发展。在扇骨上，以名贵的湘妃竹、棕竹取代桧木、白松木；两旁的扇柄雕刻诗词字画，扇头下垂饰玉器扇坠或五彩丝线编结的流苏。同时，在洁白的宣纸扇面上题词作画，提高了折扇的艺术水平。到明清两代，折扇更成为书画、雕刻、刺绣、装裱、剪纸等艺术融于一体的手工艺品，充分发扬了我国民族传统艺术的特长。董其昌、文徵明等书画家在扇面上有不少佳作，使画坛上一时有小品胜于大品之说。

折扇兴于宋代，这是肯定的。但宋、元这段时间并非折扇的鼎盛时期。折扇的鼎盛时期在明代。明人陆深《春风堂随笔》中就说，折扇“永乐间始盛行于中国”。

明代官绅所用折扇用料考究，扇柄刻镂精致，除刻诗词字画

折扇扇面，明代文徵明所绘山水图

外，有的甚至镂空填以异香，柄下饰以玉坠流苏。同时也出现不少制扇名家。明代折扇不仅工艺水平高，而且具有鲜明的中国特色，当时已能大量出口日本，且传入欧洲。

小小扇面里的书画天地

给扇子施以书画，始于三国时代。在唐代张彦远《历代名画记》中就有“杨修与魏太祖画扇，误点成蝇”的记载。说的是汉桓帝刘志赠曹操一把“九华扇”，曹操请主簿杨修为他画扇，不料，杨修将扇面滴了一个黑点，他急中生智巧妙地将黑点画成欲飞的苍蝇，这才化险为夷。

东晋时，书圣王羲之为卖扇老媪题扇的故事广为流传。据说，王羲之在蕺山看见一个老妇人，拿着一把六角竹扇叫卖。王羲之就在老妇人的六角扇上每面各写了五个字。老妇人开始有些不高兴，王羲之对老妇人说：“只要说是王右军书写的，就可以卖得一百钱了。”老妇人照此一说，许多人都争着来买这把扇子。

扇面书画题材十分广泛，鱼虫走兽、人物肖像、田园山水都可入画，正、草、隶、篆皆能成书。由于扇面书画多为当时名士所作，所以十分名贵，价值连城。

历代书画名家也都精于题扇艺术。宋代的马远，明清时的沈周、陈洪绶、唐伯虎、任伯年等人的作品，到如今也不多见，十分珍贵。唐伯虎是明代有名的才子，能书善画，他的《山房客至》扇面远山朦胧，近处树木葱郁，几间草屋掩映其中，一幅田园佳景。上题一首诗：“红树黄芳野老家，日高小犬吠篱笆。合村会议无他事，定是人来借看花。”诗情画意，相映成趣。

四大名著中扇子故事数不胜数

扇子在古代人的日常生活中有重要作用，这一点也常常反映在古代文学作品中。我国的四大古典文学名著，也都有关于扇子的描写。

如前文所说，在《三国演义》中，诸葛亮、周瑜“羽扇纶巾”的形象早已深入人心，很难想象，在《空城计》等很多场景中，手里没有羽毛扇的诸葛亮会是个什么样子。

《水浒传》中写扇子相对最略，水浒一百单八将中，有一个“铁扇子宋清”，是宋江的弟弟，不过他在书中只是很次要的人物，着墨不多。然而，第十六回“智取生辰纲”一节中，作者还是借白日鼠白胜之口，留下了一首很著名的歌谣：“赤日炎炎似火烧，野田禾稻半枯焦。农夫心内如汤煮，公子王孙把扇摇。”

《西游记》中关于扇子的描写就多得多了。其中最著名的就是孙悟空三借芭蕉扇的故事。能熄八百里火焰山烈火的芭蕉扇，是产于昆仑山后的灵宝——太阴的精叶，可以一扇熄火，二扇生风，三扇下雨。唐僧师徒西天取经途中，要过火焰山，只好向铁扇公主求借芭蕉扇。由于孙悟空与铁扇公主一家恩恩怨怨，借扇转成索扇、骗扇、盗扇的曲折故事。

在四大名著成就最高的《红楼梦》中，作者曹雪芹用浓墨重彩写扇子的就有第三十回之“宝钗借扇机带双敲”，第三十一回之“撕扇子作千金一笑”，第四十八回“石呆子因扇遭祸”诸事，无不给人留下极深印象，全书中提到扇子之处更是数不胜数。其中，“宝钗扑蝶”“晴雯撕扇”等画面形象，都成了刻画人物性格的点睛之笔。

颐和园知春亭《红楼梦》彩绘“宝钗扑蝶”

明代仇英《贵妃晓妆图》

风筝：魏晋发明的最早飞行器

凌光

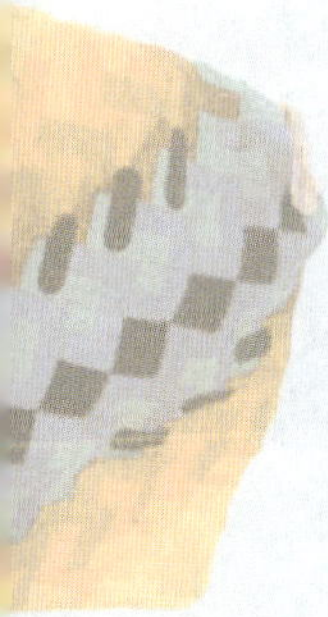

我国民间自古就有清明放飞风筝的习俗。据《清嘉录》记载：『春之风自下而上，纸鸢因之而起，故有「清明放断鹞」之谚。』

华盛顿美国国家航空博物馆中赫然写着：『人类最早的飞行器是中国的风筝和火箭。』而中国至今还流传着很多关于风筝的故事和传奇。

风筝起源曾存各种说法

风筝的名称很多，在不同国家、不同时期、不同地域有不同的称谓。在中国古代，纸鸢、纸鹞长期以来是风筝的主要名称。南方称风筝为“鹞”，北方叫风筝为“鸢”。“鹞”和“鸢”是同一种飞禽，即鹞鹰。这种鸟能长时间在空中平展双翅，盘旋不已，翅膀却一动不动，和风筝很相似，于是人们便把风筝称之为“鹞”或“鸢”。

“风筝”一名，始见于五代。清代至今，风筝一词最终成为现在统一的名字。

关于风筝的起源，各种说法不一。柴茂智所著《风筝史话》中记载道：有人认为春秋时的木鸢便是纸鸢的雏形；有人则认为纸鸢创始于汉初，发明者为韩信；还有人认为南北朝时“有羊车儿献策作纸鸢”是风筝的起源。有史料记载，春秋时期鲁国的公输般（鲁班）曾仿照高空盘旋的鹞鹰，制成木鸢，飞往宋城上空以侦察敌情。但又有墨子用三

各式各样的传统手工风筝

年时间造成木鸢起飞的传说。清代曹雪芹在《南鹞北鸢考工志》一书中讲到风筝的起源时，就认为这种木鸢是风筝的雏形。

还有一种传说称，楚汉相争时，项羽的楚军被围于垓下，为了瓦解楚军，韩信制造了一个牛皮大风筝，载善吹笛者飞临楚军上空，吹奏楚曲，引动楚军思乡之情，使江东八千子弟，军心涣散，尽皆散去。

而南北朝时“有羊车儿献策作纸鸢”，讲的是这样一则故事。据说南朝萧梁时，侯景叛乱，包围了京都建康，攻开了外城，皇帝百官都被困于台城内，与援军音讯隔绝。这时“有羊车儿献策作纸鸢”，在几十个风筝上题写求援信，借西北风放将

齐白石《春瑀纸鸢图》

出去。风筝上写明，有人拾到风筝并送给援军，可以得到一百两银子的报酬。梁太子萧纲亲自带人把风筝放了出去。

于培杰在所著《漫话风筝》一书中认为，前面两种说法并不可信，而南北朝时“有羊车儿献策作纸鸢”则很有可能。风筝最初被称为“纸鹞”“纸鸢”，其发明时间必定在造纸术已经产生并且纸张普及到一定程度之后。南北朝时梁太子萧纲放风筝求援军只是风筝在军事上的应用，风筝发明时间当在此之前。因此，可以推测风筝诞生的大致时间为魏晋时期。

唐宋年间风筝已十分流行

在北齐的历史上，还有用风筝杀人的耸人听闻记载。文宣帝高洋是个极其荒淫的暴君。他大规模地屠杀北魏拓跋氏和元氏两个家族。北朝时佛教盛行，高洋在参加庆祝佛教圣职授任的仪式时，想出了一种“放生”的杀人手段。“放生”的“活物”就是拓跋氏和元氏两个家族的人。高洋逼他们在身上绑上翅膀，做成风筝状，让他们从八丈高的台上（约二十六米）跳下去。结果可想而知，被“放生”者一个接一个地摔死了。据说，文宣帝在位的最后一年（559年），一位原魏国的王子又被送上“放生”台，他非常幸运，随风筝在空中飘游了几里远后，竟落到地上逃生了。

至迟在唐代，放风筝就已经成了相当普遍的活动，不论民间还是宫廷，都对风筝表现出浓厚的兴趣。唐开元元年（713年），唐玄宗李隆基就曾在山东蓬莱观看“八仙过海”

杨柳青年画《十美放风筝》

风筝的放飞。唐代风筝的制作水平很高，宫廷风筝有的还用丝绢扎制，不但可以白天放飞，而且晚上可把五彩灯笼挂在风筝上，放到空中去。

到宋代，风筝更为流行。宋徽宗赵佶就是一个风筝爱好者。他不但在“禁中放纸鸢”，而且据说还主持编写了一本《宣和风筝谱》，这是我国历史上已知的关于风筝的第一部专著。据说该书共两册，对风筝的绑扎、绘制技术及材料的选用等都有详细介绍。

明初人幻想用风筝、火箭飞行

1987年，吉林省怀德县毛城子乡许菜园子屯出土了一面金代放风筝的纹铜镜。这是迄今发现最早的一件我国古代风筝形象的实物资料。

明朝初年，有人在风筝上安装火药，点燃盘香放飞到敌营上空，盘香燃尽点燃引信，火药立即爆炸，这便是有名的“神火飞鸦”。

在外国人赫伯特·瑟姆所著的书中写道，14世纪末年（明太祖洪武年间），有一个叫王古的人（有的译作“万户”或“万虎”），在一把椅子上装上四十七支大火箭。人坐在椅子上，两手各拿一只大风筝。他设想同时点燃四十七支火箭就可以把他连同椅子一起送上天，然后再利用风筝飞向前方，平稳着陆，结果没有成功。为了纪念王古，国际天文联合会将月球上的一座环形山命名为“王古山”。

现代滑翔运动

“祈福”与“放晦气”

有些地区，放风筝时要举行隆重仪式，于村头摆案设香，村民一齐祈祝风调雨顺，五谷丰登。有些地方在风筝上画出神像，由“童男子”放飞，认为这样可以降魔除妖。当地人最忌风筝断线或摔落，他们认为这会把福气带走或毁灭；风筝如果落到别人家的房屋上或院子里，会给房主带来福音，叫作“吉祥临门”；而风筝的主人则要千方百计地向房主讨还风筝，以求取回福气；房主如实在留不住风筝，就在风筝上扎一个洞再还给失主，表示已将福气和吉祥留下了。

与这种风俗相反的是“放晦气”的风俗。放晦气又称“放公灾”，就是放飞者把自己的不幸、烦恼和灾难写在风筝上，风筝升空后有意扯断或剪断风筝线，让风筝飘走，这样也就把“晦气”放走了。风筝落入谁家，谁家便认为沾上了晦气，是不吉利的事。房主会将风筝扯乱烧毁，表示已经驱走晦气。

曹雪芹为风筝著书

很多文人墨客都喜欢风筝。古代很多诗词中也都提到风筝。明代大画家徐渭，在晚年常以风筝作为绘画的题材，他创作的三十七首咏风筝的题画诗，生动有趣，广为流传。而清代诗人高鼎的《村居》一诗大约是最有名的风筝诗：“草长莺飞二月天，拂堤杨柳醉春烟。儿童散学归来早，忙趁东风放纸鸢。”

不过要说到与风筝渊源最深，也最有名的文人，还是要算曹雪芹。

《红楼梦》中有关风筝的描写给很多人都留下了深刻的印象。很多人也知道，曹雪芹写过一本关于风筝的专著《南鹞北鸢考工志》，全面介绍了关于风筝制作的工艺技巧。尽管流传下来的书已残缺不全，但从扎绘风筝歌诀（包括附注）来看，曹雪芹在风筝制作方面所拥有的知识和技能，达到了相当高的水平。

而关于此书写作的缘起，还有一则故事。

据说有一年年关将近之际，曹雪芹的老朋友于景廉来访。于景廉从军服役期间脚受了伤，人们称呼他为“于瘸子”，平日只能靠卖画为生。二人见面叙谈家事，于景廉惨然说道：“我家已经断炊三天了，儿女年幼，每每啼饥号寒，这种状况简直叫人求死而不得啊！”

曹雪芹听了朋友的话十分难过，而当时雪芹自己也处在“举家食粥”的困窘境地。交谈中，于景廉偶然说道：“某公子购买风筝，一出手就是数十两银子，这些钱足够我家几个月的开支。”说完慨叹不已。说者无心，听者有意，雪芹立刻为于景廉扎了好几个风筝，次日让他带走了。

这年除夕，于景廉冒着大雪来到曹雪芹家，带来了很多酒肉蔬菜，并喜气洋洋地告诉曹雪芹：“没想到，三五个风筝竟卖了许多银两，所得酬金，自当共享。”

曹雪芹心中也感到一阵说不出的欣慰。他进一步想到，天下那些鳏寡孤独废疾的可怜人，倘若学到一点扎风筝的手艺，或者也能借此讨点生活，于是便动笔撰写了《南鹞北鸢考工志》，将风筝制作技巧传给世人。

天香
乙未
春日

伞：最浪漫的发明

夏天保

『撑着油纸伞，独自彷徨在悠长，悠长又寂寥的雨巷。
我希望逢着一个，丁香一样的，结着愁怨的姑娘。』

戴望舒的一首《雨巷》，造就了无数中国人对于油纸伞的浪漫想象。

和伞有关的浪漫，并不是从戴望舒那里才开始的。在许仙和白娘子的古老传说里，一把油纸伞，就是成就浪漫缘分不可或缺的道具。

当然，伞的发明绝不是为了浪漫，而是为了十分实用的目的。

南北朝时期新造了『伞』字

很多人都知道这样的传说，伞是春秋末年的能工巧匠鲁班发明的。

在小学语文教材中，有一篇叫《鲁班造伞》的课文是这样说的：有一天，鲁班和妹妹到西湖游玩。忽然下起了大雨，游人被淋得四处躲藏。鲁班想到，要是在湖边盖几个小亭子，人们坐在亭子里观赏风景，就不怕日晒雨淋了。可是妹妹说，坐在小亭子里，只能看见附近的景色，要是能有可以移动的亭子就好了。鲁班由此受到启发，又从小孩子在雨中嬉戏时头顶的荷叶得到灵感，从而发明了伞。

这个故事的另一个版本是，鲁班的妻子云氏发明了伞。

鲁班常在野外作业，如果遇到下雨，常被淋得浑身湿透。古籍上记载："云氏劈竹为条，蒙以兽皮，收拢如棍，张开如盖。"意思是说，鲁班妻子云氏想做一种能遮雨的东西，她就把竹子劈成细条，在细条上蒙上兽皮，

清代郎世宁等所绘《万树园赐宴图》（局部），图中乾隆皇帝头顶可见罗伞

样子像“亭子”，收拢如棍，张开如盖。这就是伞。

传说毕竟是传说，已经难以考证。而有确切依据的是，据专家考证，“伞（傘）”是南北朝时期始造的新字。这是个象形字，其字本身包含了“伞”的全部要素。当然，如果代表这个事物的文字都出现了，那么这个事物本身一定已经在社会上广泛存在了。

在南北朝的北魏时期，伞被用于官仪，老百姓将其称为“罗伞”。官阶大小高低不同，罗伞的大小和颜色也有所不同。皇帝出行要用黄色罗伞，以表示“荫庇百姓”，当然，这是一个冠冕堂皇的说法，最直接的目的还是为了自己遮阳、挡风、避雨。

油纸伞从唐朝开始盛行

唐朝的造纸业十分发达，社会用纸广泛。有的工匠在纸上涂桐油，制成能防雨的“油纸伞”，一时间，下雨人人举纸伞的情景，在长安各地随处可见。这一时期，由于专门用于书画的宣纸的出现，出现了专门用宣纸做伞面、书画家在伞面写字绘画的书画油纸伞。也是这一时期，油纸伞传播至日本、韩国、南洋、台湾等国家和地区。

宋代广泛使用“绿油伞”，颜色以绿色为主，在著名的《清明上河图》中，热闹的集市上人们用的就是这种“绿油伞”。文人诗句中也频频出现伞的字样。如北宋孔平仲“强登曹亭要远望，纸伞掣手不可操”，“狂风乱掣雨伞飞，瘦马屡拜油裳裂”。此中“油裳”也是指的油纸伞。

到了元代，由于棉布的发明，出现了棉布上油的油布伞。元代以后，油纸伞、油布伞一直是我国民间主要的雨具。

清代陈枚所绘《月曼清游图》（局部），图中右侧可见拿油纸伞的女子

明清时期，油纸伞在民间广泛使用，同时这一时期的书画家们也喜欢在伞上创作。2005 年 3 月，在美国的一次拍卖会上，文徵明创作的一把山水画油纸伞曾拍到九十八万美元的价格，可惜古代流传至今的名家创作的油纸伞很少很少。

清代以后一直到 20 世纪 70 年代，油纸伞一直是民间主要的雨具工具。

18世纪西方开始用雨伞

公元12世纪，英语才出现“umbrella”这个词。伞的英文umbrella来自拉丁文的umbra，有遮阳、阴影处的意思。西方的伞在最初发明时的主要目的，是用来阻挡阳光的。所以，西方一直只有“阳伞”。

1747年，英国商人汉威到中国广州办货。发现中国人打着油纸伞在雨中行走，雨停后把伞一收，随身携带，甚为方便，回国时便买了一把。回去后不久，正逢一个雨天，他便撑开带回去的那把雨伞在伦敦街头行走。当时英国的宗教传统认为：天上下雨是上帝的旨意，用伞遮住雨就是违反天意。汉威因此受到嘲骂和诅咒，甚至有些人向他投掷鸡蛋。汉威的行为还激怒了依靠下雨天抢生意的马车夫，他们对他进行威胁。此外，保守的宗教领导人也评论说：“假如不打算让雨把人们淋湿，上帝就不会送它来。用伞防雨是对上帝的亵渎。”

法国印象派画家莫奈《撑阳伞的女人》

但是，雨伞的好处却人人可见，终于在一片反对声中逐渐流行起来。几十年之后，罗马教皇也对伞发生了兴趣。他以上帝的名义为伞洗刷了不白之冤。

1874 年，一个名叫霍克斯的金属拉丝工取得了弧形钢质伞骨的专利权。有了这种伞骨，伞可以收紧，从此钢架布伞成为英国绅士常用的雨具。到 19 世纪中叶，雨伞成了英国人的生活必备品，而且用伞也成了英国人的一种时尚。

而现在人们最普遍使用的折叠伞，有人说是出自中国一位大学老教授的设计灵感。1957 年，北京师范大学教授老焱若从人体肘关节能屈能伸受到启发，他想：若能根据这个原理，发明一种像人的肘关节一样伸屈灵活的折叠伞，人们携带起来不就方便多了吗？于是，他对现行伞进行改进，设计出了图纸，亲手制定出加工工艺并设计模具，最后与北京一家机械加工厂——中孚工厂达成协议，由该厂承制并销售。1957 年第 6 期《人民画报》在“退休的老教授”专栏里，还刊登了他发明的折叠伞的照片。

右图为唐朝阎立本《步辇图》(局部)，可见图中右上方有一位宫人执红色罗伞

伞，除了遮阳防雨的功能之外，延伸出的最大一种功能，就是利用伞的特殊形状形成的空气阻力，使人或物体从空中缓慢降落，直至安全落地，这就是降落伞。而滑翔伞等等，从本质上来说，也是基于同样的原理。

帝王舜青年时代的逃生历险记

著名史学家司马迁在《史记》中描述了这样一个故事："使舜上涂廪，瞽叟从下纵火焚廪。舜乃以两笠自捍而下，去，得不死。"说的是公元前2250年左右，帝王虞舜的父亲瞽叟偏爱后妻生的儿子，而想害死舜。一次，瞽叟让舜上仓廪工作后，便在下面放起火来，想烧死舜。但舜却利用两个斗笠从仓廪上跳下，从而幸免于难。这是人类最早应用降落伞原理进行减速下降安全逃生的文字记载。

另一例记载是，相传在公元1308年前后，在元朝的一位皇帝登基大典上，宫廷里表演了这样一个节目：杂技艺人用纸质大伞，从很高的墙上一跃而下，由于空气阻力的作用，艺人飘飘然下落，安然无恙落地，这可以说是最早的“跳伞”实验了。

达·芬奇的设想和卢诺尔曼的实践

1495年，意大利的艺术大师达·芬奇曾画了一个形似金字塔的降落伞装置，并就该装置做了说明：“一个物体的阻力等于空气遇到的阻力。”但达·芬奇生前并没有公开他的构思，更没有去实际制作。

叶根弟在其撰写的《降落伞》一文中写到，真正设计降落伞并付诸应用的人，是法国人卢诺尔曼。卢诺尔曼从小就富于幻想，他想象自己有一天能像小鸟那样，张开翅膀在天空中飞翔，或者要求降低一些，也要像麻雀那样从家附近的塔上飞落到地面。

在卢诺尔曼成长的过程中，那个想“飞”的梦想始终萦绕在心中。经过反复的思考和研究，卢诺尔曼终于在1783年设计出了一种降落伞。为了安全起见，聪明的卢诺尔曼先是做了一个模拟实验，把一块和自己体重差不多的石头系在降落伞的绳子一端，然后把石头和降落伞一起从高塔上推出去。结果，降落伞张开了，石头缓缓地掉在了地上。

有了模拟实验，卢诺尔曼就有了信心。他站在塔顶，双手紧紧抓住降落伞的绳子下端，然后勇敢地跳离塔顶——他真的像鸟儿一样，悠悠地在空中飞翔着，最后轻轻地安全降落到地上。从此以后，“降落伞”一词被越来越多的世人所知晓。

和航空时代一起成熟成长

还是在法国，1797年10月的巴黎上空，一个名字叫加内林的人首次从飞行器上跳伞。所谓的飞行器就是氢气球，加内林先是乘氢气球上升到约一千米的高空，然后紧拉着伞绳跳离气球。由于伞面上没有孔，加内林的降落伞随气流晃动得非常厉害，虽然加内林最后安全着陆了，但却头晕目眩、恶心呕吐。但不管怎样，这一次跳伞，开创了人类真正从飞行器上从天而降的壮举。

随着世界上第一架飞机在1903年试飞成功，降落伞的研制和应用速度明显加快。1912年3月，美国的贝里上尉第一次使用有固定开伞索的降落伞从飞机上跳伞。同年秋天，美国人R.劳第一次使用自由开伞索从飞机上跳伞。这种具有开伞索的降落伞是现代降落伞的原型。

“一战”后成为飞行员标准装备

20世纪初期，带有背带系统和伞包、用固定拉绳开伞的降落伞，基本技术已经可以付诸实用。但由于传统的观念，很多飞行员担心降落伞从高速飞行的飞机中释放后，可能在阵风中破裂，或者被飞机的尾翼勾挂，加上种种宣扬降落伞危险的传闻在飞行员中广为流传，降落伞的推广使用困难重重。令人感到意外的是，在整个第一次世界大战中，尽管空战已经异常激烈，飞机的损失相当惨重，却没有一名协约国的飞行员曾经装备并使用过降落伞。

1917 年，一名法国飞行员把一架德国 Fokker 式飞机打得满是窟窿，迫使德国飞行员跳离飞机。当 Fokker 式飞机在火焰中坠落时，法国飞行员惊异地发现，德国人缓慢地穿过云层，他的身后扬起了一条白色的带子，随后绽开成一朵圆圆的伞花，舒缓地在空中飘荡。他身中数弹，终究活了下来，成为第一个用降落伞从飞机上应急逃生的人。

自此以后，许多国家都加强了对降落伞的科学研究，降落伞的重要性也逐渐被广大的飞行员和指挥官所认识。美国空军开始坚持飞行员必须携带降落伞飞行。从此，降落伞陆续开始为各国所接受，成为飞行员必不可少的一种个人装备。

棋：围棋是国粹，象棋是舶来品？

林山

『琴、棋、书、画』，历来是代表一个人素质和趣味的雅事。其实，中国人所说的『棋』，多半是指围棋，而同样很流行的中国象棋则更有可能是舶来品。

孔夫子对下围棋不支持也不反对

围棋是中国人的发明，关于这一点几乎没有什么争论。那么，围棋最早是怎么出现的？由什么人发明的？就很难加以考证了。

古人把围棋称之为“弈”。中国古籍中最早提到围棋的文字，出于春秋时期的《左传》，它还为我们提供了一个成语“举棋不定”，原句是“弈者举棋不定，不胜其耦”。

同样是春秋时期，在孔子的《论语》中也提到过围棋：“饱食终日，无所用心，难矣哉。不有博弈者乎？为之犹贤乎已。”意思是说：“整天吃饱了饭，对什么事都不用心，难啊。不是有玩博和弈的吗？做这种事也比什么都不做好。”这里面，“博”是指我国古代一种叫“六博”的游戏，而“弈”就是围棋了。

从这里可以看出，至少在春秋时期，围棋在我国就已经是一种很流行的游戏了。

到了战国时期，还出现了“弈秋”这样

五代周文矩《重屏会棋图》

最早的著名“国手”，而他的留名则靠了另一位大圣人孟子的著名比喻：“今夫弈之为数，小数也，不专心致志，则不得也。弈秋，通国之善弈者也。使弈秋诲二人弈，其一人专心致志，唯弈秋之为听；一人虽听之，一心以为有鸿鹄将至，思援弓缴而射之，虽与之俱学，弗若之矣。为是其智弗若与？曰：非然也。”

汉代皇帝首开为棋友赐官先例

汉代的开国皇帝刘邦是个著名的围棋爱好者，经常和宠妾戚夫人一起下围棋娱乐。戚夫人多才多艺，曾击筑，伴和刘邦唱《大风歌》，又擅歌舞，还会围棋，深得刘邦宠爱。为此招来了吕后的忌恨，刘邦死后，吕后便将戚夫人和她的儿子赵王如意害死了。

汉宣帝刘询也很喜欢下围棋。他没做皇帝的时候，同杜陵人陈遂十分要好，二人经常在一起下棋。陈遂棋艺略逊一筹，常常输棋，欠了刘询不少棋注。刘询当皇帝后，准备提拔陈遂为太原太守，还赐了他一封玺书说，太原太守官职不小，俸禄丰厚，这下可以偿还你当年输的棋注了。陈遂也仗着棋友之谊和皇帝开玩笑，说事情发生在元平元年（公元前 74 年）的大赦令以前。意思是，大赦令下来，连有罪的人都赦免了，那些赌债也该免了吧。不过玩笑归玩笑，陈遂深知为臣之道、今昔之别，不敢领此厚爱，婉言辞

明代仇英《汉宫春晓图》(局部)，图中右侧可见弈棋场景

谢了皇帝的任命。陈遂虽未受官，但此事算是历史上第一个因围棋而赐官的例子。

汉代历史上，关于围棋发展还有一件重要的事情，就是著名史学家、《汉书》的作者班固专门写了一篇叫《弈旨》的文章，第一次对围棋作了全面的论述，对围棋的特点多有发掘，是一篇划时代的围棋理论文章。

传说曹丕利用围棋谋杀兄弟

三国时期，曹操父子都是围棋爱好者。据说曹操与当时的围棋高手山子道、王九真、郭凯等都曾对局，而且棋力不相上下。

曹操的两个儿子曹丕和曹彰也喜好围棋。南朝刘义庆的《世说新语》中说，曹彰骁勇善战，曹丕为此而忌恨他，想害死他。曹丕在一些枣子的蒂部放了毒药，然后把它们和一些没有放毒的枣子混在一起。他邀请曹彰到卞太后屋里下围棋，命人把枣子端来，一边下棋一边吃枣子。因为曹丕知道哪些枣子有毒，所以就专挑没毒的吃。曹彰则摸到就吃，有毒的和没毒的都吃了不少。曹彰中了毒，卞太后要救他，需要水。但曹丕已预先让人把盛水的器皿都打碎了。太后急了，连鞋都没来得及穿就向井边跑，跑到井边却找不到能打水的器皿。由于抢救不及时，曹彰不长时间就死了。此事真实与否虽难以考证，却是历史传说中第一起利用围棋的谋杀案。

唐代阎立本《历代帝王图》（局部），图中人物为魏文帝曹丕

唐代的一场『中日围棋擂台赛』

唐代的帝王，如唐高祖李渊、唐太宗李世民、唐玄宗李隆基等都是围棋的爱好者。而唐代一改旧制，设立了“棋待诏”和“棋博士”的官职。棋待诏是随时等待召唤、专门陪皇帝下棋的官员；棋博士是在宫内教授内廷人员下棋的官员。唐代著名的棋待诏有王积薪、王叔文、顾师言、滑能等。

至少在西汉时期，日本就受到中国文化的影响。公元 7 世纪末到 8 世纪初，围棋在日本已相当流行。《旧唐书 · 宣宗纪》记载，大中二年（848 年）三月，日本王子来朝。王子爱下围棋，宣宗特命棋待诏顾师言与之对局。唐朝人苏鹗的《杜阳杂编》中详细记载了对局过程。据说，顾师言和日本王子对局，两个人都下得十分认真，当下到第三十三手时，顾师言发现自己有两片棋都受到对方的攻击。顾师言拿起一颗子，反复思考，迟迟不落子，手上都出了冷汗。最后，顾师言终

新疆吐鲁番出土的唐代仕女弈棋绢画

唐代紫檀围棋盘

于下了第三十四颗子，一举解除了两片棋的威胁。这一着儿被称为“镇神头”。

日本王子对此无计可施，后来中盘认输了。日本王子问礼宾官说：“顾待诏是贵国第几棋手？”礼宾官不假思索地回答说：“第三手。”而实际上，顾师言是第一国手。礼宾官为了摆大国的架子撒了谎。

日本王子被唬住了，无可奈何感叹道：“小国的第一名不如大国的第三名，看来确实如此啊。”

『当湖十局』——古代围棋巅峰之战

熟悉围棋的人都知道，要说中国古代围棋的顶峰，当属清代雍正、乾隆年间的范西屏、施襄夏两位棋士。

范西屏、施襄夏二人都是浙江海宁人。范西屏三岁时，看父亲与别人下棋，就在一旁咿咿呀呀、指指画画，好像看出了门道。稍微大些后，范西屏拜在围棋名家俞长侯门下学围棋。十二岁左右他与俞长侯对弈七局，连战皆胜。从此，俞长侯自知非他之敌，师徒间便再也不下棋了。

施襄夏（字定庵）比范西屏小一岁，没有范西屏那样聪明，喜欢安静，而且体弱多病。施襄夏也拜到俞长侯门下学棋，尽管天资不太高，由于他刻苦努力，仍取得很大进步。在十五六岁时，两个人都先后成为国手。

关于范西屏、施襄夏有很多传说。一则故事是，扬州有个叫胡肇麟的很有钱的盐商，喜欢下围棋，而且经常与人赌输赢。一天，他同范西屏下棋，下到一半时，他的棋遇到了危机，他假装有病，要求范西屏中盘封棋。当时施襄夏在江苏东台，胡肇麟赶紧派人跑到东台求援。施襄夏看了来人带来的棋谱，找出了应对的办法。两天以后，派往东台的人回来了，胡肇麟这才提出要同范西屏下完那局棋。于是，胡肇麟按照施定庵教给的着法下了一子。范西屏一看这一着棋，立刻就明白了，笑着说：“定庵人没到这里，棋倒是先到了。”

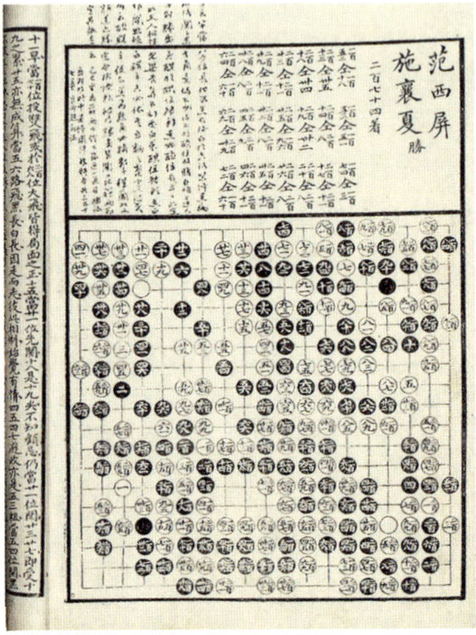

“当湖十局”棋谱

范西屏和施定庵是中国古代棋坛的奇才。乾隆四年（1739年）时，二人受浙江不湖（又名当湖）缙绅张永年邀请，前往对弈。在张家他们下了十三局棋，留存下来十一谱，人称“当湖十局”。这次对弈二人都正当壮龄，精力充沛，技艺老成，过程十分精彩。整个对弈过程谋算深远、杀法精紧、扣人心弦，其结果胜负相当、难分轩轾。这是他们一生中最精妙的艺术杰作，也是有清一代和整个古代围棋中的登峰造极之作。

邓元鑣曾评道：“西屏奇妙高远，如神龙变化，莫测首尾。定庵邃密精严，如老骥驰骋，不失步骤。论者方之诗中李杜，洵为至当。”

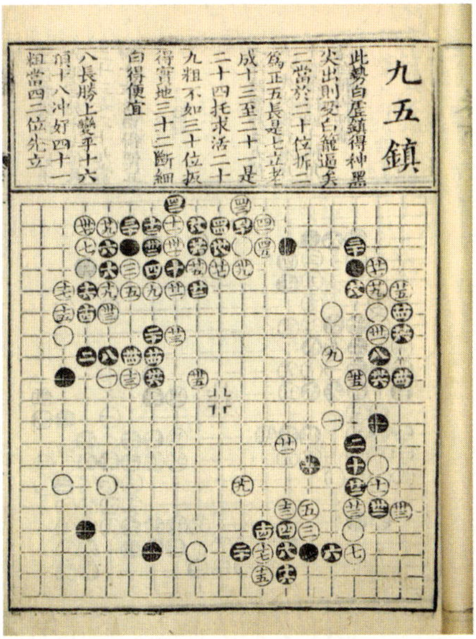

清乾隆刻本《桃花泉奕谱》，范西屏著

象棋或起源于印度

而在中国，一提起下棋，除了围棋那就是象棋了。围棋与象棋是我国流行的两大棋类。

象棋的起源是一个非常复杂难解的问题，原因是象棋在定型之前，经历过多次演变的过程。

在马诤先生所著的《话说围棋》一书中提到，近代以来很多学者指出，中国的象棋是由印度传入演化而成。例如，英国威廉·琼斯认为：中西象棋大体相同，其源必无异。中国古代不产象，印度则是产象国。中国既名象棋，且棋中有象，这就是由印度传入的证据。

法、苏的学者进一步指出，中国唐代称象棋为“象戏”，而“象戏”一名始于北周武帝天和四年（569 年），因而印度象棋可能在这一期间传入中国。

中国象戏（象棋）的出现，从史料记载看是很“突然”的。一种新的盘戏，无论棋盘、棋子还是胜负规则，都与中国传统的几种盘戏有本质的差别，在没有任何征兆的情况下，“突然”地出现在北周的朝廷中，并且引起了不小的轰动。

如前所述，“象戏”一词最早出现于北周武帝天和四年（569年），据《周书·本纪》记载：“天和四年，五月乙丑，帝制《象经》成，集百寮讲说。”这在北周的朝廷上被视为一件盛事，着实热闹了一番。大臣王褒为《象经》作序，受到周武帝称赏。著名文学家庾信作了一篇《象戏经赋》献给周武帝，奏称：“臣伏读圣制《象经》，并观象戏，私心踊跃，不胜忭舞。”

由于天和四年（569年）以前，象戏不见于记载，所以也有人将象戏的发明权赠予周武帝宇文邕。但显然是不准确的，因为周武帝只是根据象戏而制《象经》，意欲在朝臣中大力倡导。这也说明象戏必然是一种新出现的盘戏，否则周武帝也没有必要“集百寮讲说”，而庾信也不会看到象戏就“私心踊跃，不胜忭舞”。

说明象戏是一种新出现的盘戏，还能举出一些例证。如《旧唐书·吕才传》载：“太宗尝览周武帝所撰之局《象经》，不晓其旨。太子洗马蔡元恭年少时尝为此戏，太宗召问，亦废而不通。”

唐太宗贞观时期与北周天和年间相去不远，说明象戏在社会上还流传未广，它的规制也与传统盘戏围棋、六博有较大差异，所以唐太宗等人不仅对象戏感到陌生，甚至连《象经》也看不懂。

北周天和年间的象戏是什么样子呢？史料中没有留下记载。一般认为即是唐代流行的八八象棋（又名宝应象棋）。

唐代象棋的棋盘系六十四格，因此称“八八象棋”。《玄怪录》一书中描写了八八象棋棋子的形制、排列、走法等，都与今天的国际象棋非常相似。

相对于北周、唐初时，阿拉伯世界正在流行一种“沙特朗兹”象棋，棋子完全象形，与国际象棋步法相似。国外的学者大都认为，“沙特朗兹”象棋乃是现代国际象棋的前身。而“沙特朗兹”象棋则来源于古印度的“恰图兰格”象棋。

这样，就发生了一个有趣的现象，7 世纪左右，在中国和阿拉伯世界，同时流行两种内容相似的象棋：八八象棋和“沙特朗兹”象棋。比较合乎逻辑的解释是：八八象棋与“沙特朗兹”象棋必有某种连带关系。

从南北朝乃至隋唐时期中国与印度、西域、阿拉伯世界的频繁交往来看，“沙特朗兹”象棋传入中国也是完全可能的。合乎逻辑的推测是，八八象棋大致来源于阿拉伯世界的“沙特朗兹”象棋，传入的时间约在 6 世纪末期。这种象棋在社会上流传一

宋代景德镇白瓷象棋陶模

段时间以后，以北周天和四年武帝宇文邕制《象经》为标志，得到上层社会的承认而加以推广。而在唐代则成为社会各阶层普遍喜爱的一种盘戏。

当然，象棋传入中国以后，经过了“中国化”的改造，但是这种改造并没有从根本上动摇它的基础，象棋原有的风貌和特点基本保存下来。对八八象棋的改造工作，大约在唐代就已经开始，而到北宋时期则达到了高潮。至北宋末年，象棋逐步趋于定型。

象棋定型以后，由于它趣味浓厚、变化比较简单、便于携带，迅速赢得广大群众，尤其是平民百姓的喜爱。自南宋开始，象棋在城乡广为普及，成为家喻户晓的娱乐活动之一。

第四编

牌坊：明清时代社会导向标

王斌

曾经在建筑中被广泛使用、甚至在海外成了中国人聚集地标志的牌坊，早已积淀在了中国人的文化里。从很多俚语中不难看出，牌坊是一件代表荣耀的事物。

时至今日，那个牌坊代表荣耀的年代已经远去了，我们只能从历史遗迹和记载传说中回想旧日的时光。在传统文化重新得到重视的今天，人们更多是使用牌坊作为一种地理区域的标志。

从『坊门』演化来的『牌坊』

牌坊，也叫牌楼。但从严格的意义上来说，二者是有区别的。牌坊没有“楼”的构造，即没有斗拱和屋顶。但牌楼有屋顶，它有更大的烘托气氛功能。由于二者功能相近，所以“牌坊”和“牌楼”就成了对一种事物的两个不同的叫法。

有一种流行的说法，认为“牌坊起于宋而盛于清”。虽然可以到更久远的过去来寻找牌坊的历史渊源，但这个说法基本还是准确的。

我国从春秋战国至唐代，城市都采用里坊制。特别是到隋唐时期，随着城市经济的高度繁荣，城市中里坊更为盛行。城内被纵横交错的棋盘式道路划分成若干块方形居民区。这些居民区，在隋代称为“里”，唐代称为“坊”。唐代大诗人白居易的《登观音台望城》一诗，曾对此作过十分生动形象的描绘：“百千家似围棋局，十二街如种菜畦。”

这些坊是居民居住区规划的基本单位，

“坊”与“坊”之间隔有高约三米左右的夯土坊墙。坊墙中央设有门，以便通行，称为“坊门”。因坊有大小，因此，一个坊有二至八座坊门。每个坊的坊门上都写有某某坊之名。如唐长安城有“安兴坊”“永兴坊”“长兴坊”等等。各坊内居住的人各不相同，有一定的贵贱之别和行业之分。如永兴坊住的是宰相魏征等人，道政坊住的是酿酒工人，平康坊居住的则多为风尘女子。

各坊实行每天按时启闭坊门的制度。每年中，除规定的几个节日坊门可以昼夜开放外，其余的日子均实行宵禁。坊门除了具有加强治安、防止犯罪的功能外，还有一个作用，那就是官府如有什么事情需告示坊中居民，或如果居住在坊里的居民中有人在伦理道德上、在科举方面有什么值得表彰的地方，官府便张榜于该坊坊门上，或悬牌于门柱上。

到北宋中叶时，随着商品经济的繁荣发展，城市里原先封闭式的里坊制越来越不合时宜，迫使政府在一些商业发达的城市改革坊市管理体制，允许市民不用到专门指定的坊市中去进行商业交易，可以临街开设店铺。此禁一开，原先坊与坊之间的隔墙纷纷被打开拆除，封闭的里坊制逐渐被开放的街巷制所取代。

清西陵石牌坊

坊墙虽被拆除，但位于干道上的坊门，却作为一种地名标志被保留了下来，只是因为原先安装在坊门上的门扇因已无任何实际用处也被拆除掉了，从而使原先的坊门变成了既不连墙体也没有门扇的跨街独立、自成一体的牌坊。

由于这种自成一体的独立牌坊既有标识作用又有装饰作用，后来除了被建筑于坊的干道以外，还被越来越多地建造于庙宇、陵墓、祠堂、衙署和园林的入口处，成为它们的有机组成部分。

明清立牌坊要皇帝恩准

明洪武二十一年（1388年），明太祖朱元璋下令修建状元坊，以表彰在科举考试中取得优异成绩的考生，此举开创了由政府批准修建牌坊的先例。从这时候开始，牌坊这一特殊的建筑形式就和封建礼教、帝王恩宠紧密地联系到了一起。

明清以来，从修筑牌坊的目的来看，主要有以下几类：

功名牌坊 大多是为了褒奖抵御外敌入侵、平讨叛逆、征战四方，在守卫边疆中军功显赫的武将，以及在朝廷辅佐皇帝、勤政为民，在治理国家和整顿地方上政绩卓著的文臣而修建的。

道德牌坊 主要是表彰在传统的封建道德忠孝节义等方面有良好表现的孝子贞妇，是统治者维护封建伦理纲常的主要手段之一。其中，以表彰贞节烈妇和孝子贤孙的最多。

标志牌坊　主要建立在重要的宫殿寺庙前，具有大门的作用和彰显旌表的功能。因为此类牌坊一般都建在入口的显眼处，所以逐渐成为所在主体的标志性建筑。

陵墓牌坊　主要是帝王皇家陵寝，为了显示皇家尊贵的身份和帝王的权威，增加陵墓的肃穆庄严气氛，非常重视陵墓外部的装饰，而牌坊是其中重要的组成部分。

在当时等级制度森严的封建社会里，立牌坊是一件极为庄严、隆重和荣耀的事情，当时的人们都把被立牌坊，视作非常光荣和值得炫耀的事。获此待遇的人更会名誉、身价倍增，社会地位会有很大的提高，甚至整个家族的人都会觉得无限荣光。

牌坊的建立，绝非易事，在牌坊发展最为鼎盛的明清时期，要想立牌坊必须得到皇帝的恩准。从明代开始，就已经由政府负责牌坊的审核批准和统一管理。申请人提出建立牌坊的申请，获得地方官府的批准后，还要由地方政府上报到中央政府（朝廷），由皇帝亲准才可以兴建，最后由官方出资建立功名坊。

立牌坊表面上看是对个人的一种表彰，但实际上往往牵扯到整个家族的利益。一些地方的豪强宗族，都倾向采用这种方式扩大本家族在地方上的影响力，他们需要来自朝廷的褒奖来提升其在当地的政治地位。所以，往往会通过各种方式和途径买通当地的官员来获得推荐资格。

明清两代是建坊比较多的朝代，尽管如此，能够有幸获准

安徽歙县八角牌坊，是中国现存的唯一一座八角牌坊

立牌坊的，仍然是极少数。通常情况下，身为万民之主、一国之君的皇帝，是没有闲情逸致去关注这些民间琐事的。所谓的“亲准”“御批”，都只是借用皇帝的名义而已，实际上都是由礼部“批发”的。

道德牌坊成了管理社会的重要手段

明清之际，随着封建统治的强化，对人们思想文化上的控制更为严密和专制，这在道德牌坊上表现得最为充分。

明清时期，受当时的风气影响，寡妇自杀殉夫已成为一种习俗。“从夫于地下”在明代被认为是最崇高的行为。类似的悲剧到了清朝初年仍大量存在。

到了清朝雍正六年（1728 年），雍正皇帝颁布圣谕，批评寡妇殉节是逃避圣人所教导的家庭责任的卑怯行为，认为真正的节妇应该继续活下去，并为夫家恪守妇道。尽管这并没有消除寡妇自杀的现象，但此后自杀的人数确是显著减少了。18 世纪以后，甘愿过着青灯孤影寂寞生活的寡妇远远多于自杀者。我国大地上所立的贞节牌坊，大多属于这一类型。

而道德牌坊的极致，要算棠樾鲍氏牌坊群。

棠樾鲍氏牌坊群是中国现存的规模最大的牌坊群，位于安徽省歙县郑村镇棠樾村东大道上。共有七座，其中明代三座，清代四座，包括两座“忠”字坊，两座“孝”字坊，两座“节”字坊和一座“义”字坊。一个家族能获得七座牌坊，这简直是难以想象的事情。

鲍氏家族为立牌坊精心筹谋了数百年，这是经历两个朝代、由几十代人共同努力完成的巨大“事业”。

七座牌坊中最早的一座为西边第二座，建于明永乐十八年（1420年）。此坊的建立却是为了旌表前朝人。

宋末当地盗乱，村人鲍宗岩在山谷躲避，被强盗抓住绑在树上准备杀死。他的儿子鲍寿孙前去乞求强盗放了父亲，由自己代死。父亲说：“我老了，就这一个儿子传宗接代，哪能杀他？我愿意自己死。”两人互相争死不已，强盗心中有所感动，把两个人都放了。

父子俩的事情在村中传为佳话，以孝义相标榜，被官府笔录上报，后来在元人脱脱主持修编《宋史》时，把它收入《孝义传》里。到了明朝永乐十八年（1420年），皇帝朱棣读史读到了这件事，大加赞赏，为之赋诗二首，并敕令在村中建牌坊一座，赠额“慈孝里”。从此，棠樾村东头有了一座庄严巍峨的牌坊。

棠樾鲍氏牌坊群中年代最近的一座牌坊，是建于清朝嘉庆二十五年（1820年）时的“义”字坊。在这之前，鲍氏家族已先后获得两座“忠”字坊、两座“孝”字坊、两座“节”字坊。然而按封建伦理应该是“忠孝节义”齐全，才能算得上是一个“完人”。现在“忠”“孝”“节”字坊都已有了，就独缺“义”字坊了。

据说，鲍氏祖先早就立志，要维护封建伦理道德，建“忠孝节义”牌坊，所以按“忠孝节义”的次序竖牌坊，而不是按年份的先后排列。比如最早的一座“孝”字坊，为第二座，后来立于明嘉靖初年的“忠”字坊却置于第一座的位置上。六座牌坊的排列顺序是：忠、孝、节，节、孝、忠，很显然，在节与节之间有一块空白，这就是专为“义”字坊留的空地，以便将来补上去。

为了使所竖的牌坊与封建道德体系一致，清朝嘉庆年间任两淮盐运使官的鲍家子孙鲍漱芳和他的儿子鲍均，便挑起了这副“重担”。他们父子两代人先后不惜散财破家，鲍漱芳将做官的俸禄全部耗光了，儿子鲍均更是将祖产变卖，通过捐米捐粮、救济贫困、兴建水利、修桥筑路、创办学校等不计其数的义举，终于在清嘉庆二十五年（1820年），获得皇上恩准，特赐“乐善好施”，即“义”字坊一座，从而完成了鲍家人世代的宿愿。

安徽歙县棠樾牌坊群

六座牌坊中间的空白被填补了，于是形成了今天所见到的牌坊群排列顺序，即“忠”“孝”“节”“义”“节”“孝”“忠”编排组建，使人们无论从进村方向看，还是从出村方向看，所看到的都是“忠、孝、节、义”的顺序！

（本文写作参考金其桢著《中国牌坊》、宿巍著《牌坊》等，特此致谢）

中轴：皇帝的龙椅坐歪了吗？

王鸿良

提到北京中轴线，一位叫夔中羽的老学者曾在多年前曝过一场『公案』，但对其中细节，知道的读者并不多。

如果要问，北京中轴线的方位指向是什么？你很可能会不假思索地回答，是正南正北呗。

的确，你的想法是很有道理的。

现存的北京中轴线，是当年建造元大都的时候就确定下来的，后来历经明清两代都城未曾改变。当年的元朝重臣刘秉忠在规划设计元大都时，首先就确定了中轴线的位置，那就是今天的永定门、正阳门、天安门、端门、午门、太和殿、神武门、地安门鼓楼、钟楼正门的门缝连接线。

在中国古代建筑中，“中正”的观点一直贯穿其中。更何况，这条中轴线非同小可，故宫就是以此中轴线的位置次第铺展建造的。换句话说，元、明、清三代历朝皇帝的龙椅就摆在这条中轴线上。如果中轴线的指向不是正南正北，岂不是说，皇帝的龙椅都坐歪了吗？

还有一条依据可以支持你的判断。

20 世纪 50 年代北京的一次施工中，工作人员曾在中轴线的两个不同的地方分别挖出一只石鼠和一匹石马。在中国古代的天干地支中，子为鼠，午为马，这也就暗示着中轴线实际就是沿着子午线的方向。

这里我们要稍微做一点科普了。什么是子午线呢？用现代科学的术语来讲，子午线就是地球的经线，是代表一个地方正南正北的方向。中国古代没有经纬度的说法，只是将周天分成十二份，用十二地支来代表。正北方用“子”来代表，正南方用“午”来代表。不管站在什么地方，凡是由正北到正南的中正线都称子午线。因为古代建房乃至建造皇宫署衙多为坐北朝南，所以风水术语上便叫作子山午向。

所以，恭喜你，你认为中轴线的指向是正南正北应该是正确的。

但是，有一个叫夔中羽的老先生，却在七八年前发现事情有点儿不太对劲儿。

夔中羽的姓很特别，记者也是查字典才确定了它的读音，念“奎”。他今年已经七十三岁了。这位老先生不简单，退休前是中国测绘科学研究院研究员，国务院特殊津贴获得者，在“两弹一星”工程中都做出过贡献。

2004 年的时候，夔中羽为了设计航空拍摄北京中轴线建筑的准确飞行路线，拿了巨幅的《北京卫星影像图》和《北京航空影像图》仔细观察。后来他回忆说，当他的目光沿着中轴线一

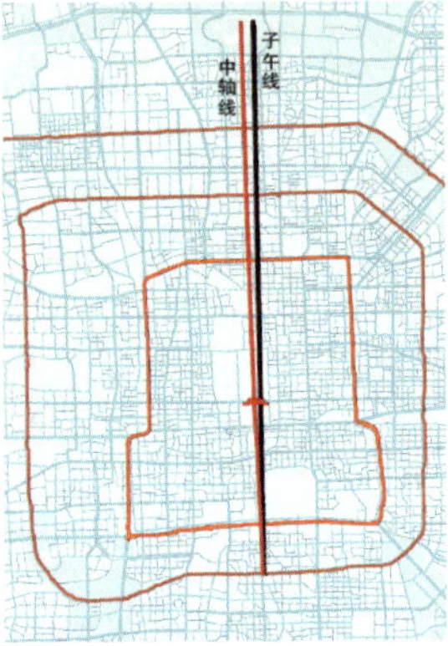

北京城的中轴线与子午线有所偏离

路北上时，“不知不觉地，脑袋有点儿向左歪。”

对于有着多年丰富测量工作经验的夔中羽来说，这一点偏离逃不过他的眼睛。他说：“因为卫星和航空影像图都是严格按照测绘精确的经纬地理坐标绘制的，中轴线却与子午线有偏离，很难相信这是由于绘图的误差造成的。”

在多年科研工作中养成了严谨作风的夔中羽特意找到了中国地图出版社的负责人。那位负责人告诉夔中羽，其实早在20世纪50年代，北京的规划部门在测量中就发现了中轴线偏离子午线的事实。由于偏离得不太多，一般市民根本感觉不出来，这个事也没有对外说。

但是夔中羽是个爱“较真儿”的人，他把这个事放在了心上，总想把其中缘故弄个明白。

夔中羽说，对于普通读者来说，要发现中轴线偏移的事也不是很困难。您可以买一张中国地图出版社出版的《北京交通游览图》。图的上、下边线是纬线。您把地图上、下边对齐，左右折一下，折线要通过永定门桥，再把地图展开。或者，您用一个大一些的三角板，通过永定门桥，画一条垂直于上、下边线的直线。这条折痕线或这条直线就是永定门桥的经线，也叫子午线。这时您会发现，北京中轴线与子午线不重合，而是偏西北方向。

会不会是地图不准确呢？夔中羽说，不会。因为《北京交通游览图》是根据北京实测地图编制的，也有很高的精度。

夔中羽找来了大比例尺北京地形图。在地图上选择了北京中轴线上的南端永定门桥、北端钟楼和中间的地安门十字路口中心等几个点，进行量测。经地图上量测作业得知：地安门在永定门北六千多米，钟楼在永定门北七千多米；地安门向西偏离永定门子午线两百多米，钟楼向西偏离永定门子午线近三百米。因此，北京中轴线与子午线的夹角为两度十几分。

光是地图上测量毕竟是二手资料，也许说服力还不够。夔中羽特意在永定门城楼下向北的甬路上，做了一次“立竿见影”试验。

他们在甬路中央设立了一根两米长的杆子。由杆子的下面，延甬路中心线向北，粘上一条长六米的黑胶带，代表中轴线的指向。当太阳经过永定门上中天时，杆子的影子就是永定门子午线。而太阳经过上中天的时间，是在电台播出“北京时间中午十二点”的时号上，加上当地时差和当日时差改正后得到的。当然，这里面涉及一些天文地理上的专业问题，如时区、真太阳时、平太阳时等等，我们不必深究，只需了解这个结果就可以了。

结果是，子午线影子与中轴线黑胶带之间确实有一个夹角，这个夹角也是两度十几分！

中轴线和子午线为什么逆时针偏移了两度十几分之多？为了搞清这个问题，夔中羽还特意研究起了北京建城史。

北京内城西城墙和东城墙均是在元大都土城基础上，包砌城砖筑成。西直门—阜成门—复兴门一线是西城墙；东直门—朝阳门—建国门一线是东城墙。东、西两城墙均不是正南正北，均与北京中轴线平行。因此可以判定，北京中轴线偏离子午线是元朝建元大都时铸成。北京现有的中轴线是沿用元大都时的中轴线。明朝将城南移，但中轴线方向未动；清沿用明城，中轴线也未改动。至今已有七百多年历史。

正如我们前面所说，担任元大都“监筑”之职的是忽必烈的重臣刘秉忠。一般认为，元代中轴线是由刘和他的学生郭守敬二人主持兴建的，二人皆为河北邢台人。大都从 1267 年开始修建，到 1285 年完成，总共用了十八年时间。

一个很自然的想法是，中轴线偏离子午线，是否因为七百多年前测量技术水平不高，将子午线测偏了？

夔中羽说，这不可能。如果你没听说过刘秉忠，你至少该听说过郭守敬，他们可都是当时第一流的天文、数学和大地测量家。早在中国唐代，就有著名学者一行大师，为测量纬线长度而在河南很准确地测量了四个点的子午线。在河南考古复原的宋代皇城里，笔直的中轴线完全符合子午线。而同样由刘秉忠主持修建的元上都，完全符合正南正北走向。上都建成后，大都晚了好几年才开始修建，还是由那个刘秉忠监筑，却将大都的中轴线测算偏离了子午线两度多，这是绝对不可能的。

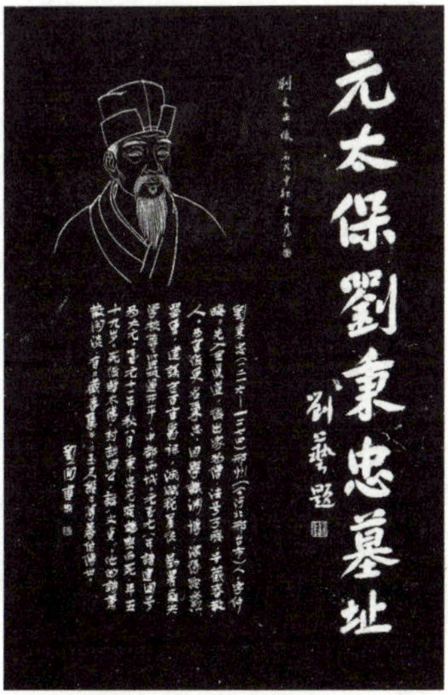

刘秉忠墓址碑

还有人提出这样的假设，北京中轴线由建成至今已经七百多年，是否在这七百多年中，地球自然状态变化，比如岁差、极移、磁偏等等，引起了北京中轴线偏离子午线？

天文学家对此也给出了回答：不会的。地轴的变化极其微小，短短七百多年时间更不会有两到三度的变化。退一万步说，即便有变化，地球是个整体，为什么大都的中轴线偏离了，相隔仅两百七十多公里的上都中轴线却没变化呢？

是惊人巧合还是有意为之？中轴线指向忽必烈发迹老家元上都！

如果不是测算错误、地理变化等自然原因造成的，会不会是建造者有意为之？

夔中羽在心里一直惦记着这个事情的答案。有一次他和同事聊天时，偶然提起古代建筑的方向有时与远方的地物有关。这让夔中羽心中一亮，他想到，元起源于蒙古。北京中轴线向北、向蒙古延伸，会不会指向元的什么地方？

夔中羽立刻找来有关的九张大比例尺地形图。经过连续测算，他惊奇地发现：北京中轴线往北延伸，它的延长线直指古开平。而古开平不是一般的地方，它正是元世祖忽必烈的发祥地，元上都的所在地！

具体的测算结果是这样：北京永定门纬度线至古开平中心纬度线距离约两百七十多公里。古开平往西偏离北京子午线约十七公里。北京至古开平连线与北京子午线的夹角为两至三度。这与北京中轴线偏离北京子午线的方向一致，偏离角度几乎吻合。这说明：当初建元大都时，中轴线是采取了开平（上都）与大都的连线作为基准线的！

为了证实这一点，2004 年 11 月，夔中羽来到现称“兆奈曼苏默”的古开平元上都遗址实地测量。

在元上都东郊，夔中羽用 GPS 卫星定位仪，使自己站到由北京向北引过来的延伸线上。向西望去，可以清楚地看到上都用石头砌的东城墙。这说明：北京南北中轴线向北的延伸线，经过两百七十多公里的长途跋涉，很靠近上都城，由上都东关厢旁通过。

当然，如果北京中轴线和元上都遗址中轴线完全重合就更好了。但现在看来还是有几公里的误差。但元代的测量技术不可能有现在这么精确，在这么远的距离内，这点误差大约完全可以由当时的技术局限来解释了。

发现这一点的时候，夔中羽说，他的心情真的是很激动。

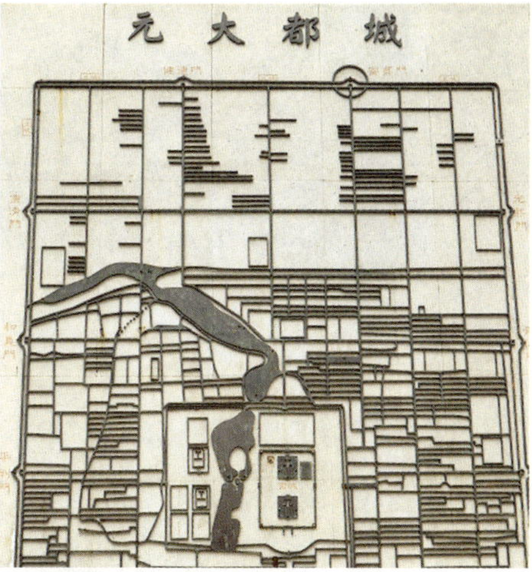

元大都城垣遗址公园墙壁上的“元大都城”图

他认为，他终于得到了北京中轴线偏离之谜的答案！

翻翻历史书就知道，当年忽必烈就是从元上都迁都到元大都（今北京）的。而事实上，元世祖忽必烈实行“两都巡幸制”：冬天在元大都办公，元大都就是所谓的“冬都”；夏天在元上都办公，元上都即是“夏都”。

夔中羽说，知道了这一点就可以理解，在建元大都前的堪舆工作中，很可能按当时皇帝忽必烈的意愿，为体现上都、大都的两都统一，而采用上都、大都连线作为大都中轴线的基准线！

这会是解答北京中轴线偏移之谜的最终答案吗？我们还不得而知。但至少，这是一个非常有趣的答案，您觉得呢？

北京正阳门中轴线罗盘地标，上面刻有“距天安门 908 米”

汉人刘秉忠故意弄歪中轴线?

北京中轴线偏离子午线的事实被披露出来以后，有一种影响很大的说法是，当时的元大都设计者是汉人，因为不满蒙古人的等级制度而故意不让元朝皇帝坐在中正线上。

如果要考证一下这样的说法是否有依据，就一定要了解元大都的设计者到底是什么样的人。而说起来，这位设计师还真的是一个充满了传奇色彩的人物。

刘秉忠，字仲晦，1216年出生于邢州（今河北邢台）一个官宦人家。刘秉忠小时不仅长得好看，而且很聪明。他八岁入学，“日诵数百页”。十七岁时，当了个邢台节度使府令史。刘秉忠不安心于令史这份做文案的工作，整天郁郁寡欢，终于有一天跑到武安山出家当了和尚，取法名子聪。

元世祖忽必烈未当皇帝时，召海云禅师。海云禅师听说刘秉忠博学多才，便邀他一道去见忽必烈。刘秉忠虽隐居山中，却留心时事，因此，和忽必烈谈论起天下事来，了如指掌。刘秉忠以自己的博学，获得了忽必烈的敬重和喜爱，海云禅师南还，刘秉忠就留在了忽必烈身边。

刘秉忠给忽必烈多次上书，为未来的元帝国建设从政治、典章、法度、礼乐、教育诸方面绘制了一幅完整的蓝图。忽必烈听了这些建议后，非常高兴，而他登基后也确实是照此蓝图行事的。刘秉忠曾经建议忽必烈，取《易经》“大哉乾元”之意，将蒙古更名为“大元”，忽必烈也采纳了，这就是元王朝命名的由来。

刘秉忠跟随忽必烈左右，因已出家，因而穿的仍是和尚服，他法名子聪，又为忽必烈掌管文案，所以人们都叫他“聪书记”。直到1264年，忽必烈才拜刘秉忠为光禄大夫，位太保，参领中书省事，达到位极人臣的地位。

刘秉忠不但是政治家，还是当时第一流的学者、科学家、诗人。曾与他同在邢台西南磁州紫金山学习的张文谦、王恂、郭守敬，都称自己从秉忠而学。王恂是太子真金的老师，早以算术闻名，后王恂和郭守敬日夜测验推步，创制《授时历》。刘秉忠在算数、天文、历法、水利上的造诣可见一斑。他的作品为卢前收入《元曲三百首》：“南高峰，北高峰，惨淡烟霞洞。宋高宗，一场空，吴山依旧酒旗风。两度江南梦。”

刘秉忠除帮助忽必烈设计了建国的蓝图外，他还是元朝两座都城即上都和大都的设计者，在中国乃至世界的城市建设史上，留下了世人惊叹的极其辉煌的成果。其中元大都始建于1267

年，1285年完工，历时十八年。

1274年，刘秉忠跟随忽必烈幸上都，八月，端坐无疾而终，享年五十九岁。忽必烈听到他辞世的消息时大惊，对群臣说："秉忠追随我三十多年，小心缜密，不避风险，言无隐情，他精通于阴阳术数，很多事情他都预先知道，详情只有我清楚，其他人是不了解的。"

从刘秉忠与忽必烈亲密的君臣关系来看，说刘秉忠故意弄歪中轴线，显然并无根据。有人通过刘秉忠精通"阴阳术数"的特点做了这样的推测：太阳当顶的时候，古人并不认为它是最好的时候，因为它马上要倒斜了。而如果离最高峰还有一点距离，那么就还有上升的空间。这样说来，中轴线逆时针方向稍稍偏离子午线，是不是也是留下上升空间的"术数"含义呢？

『样式雷』：清代二百年的建筑传奇

吴颖鸿

谁都知道北京是著名的文化古都，谁都知道清代皇家建筑是北京文化遗存中十分重要的一部分。但却很少有人知道，圆明园、颐和园、景山、天坛、北海、中南海，乃至京外的避暑山庄、清东陵、清西陵，这些多数成为世界文化遗产的著名建筑设计，竟出自一个家族之手。

这个家族占据清朝皇家建筑师席位达二百余年之久，创造了中国历史上一段空前绝后的建筑传奇。这个家族就是『样式雷』。

第二代雷金玉技艺超群 获康熙格外青睐

"样式雷"是清代一个著名建筑世家的总称，因长期执掌"样式房"而得名，他们专门负责给皇家建造房子。从第一代雷发达直至第八代雷献彩，雷家八代都是皇家御用建筑师。

样式雷家族祖籍江西南康府建昌县（今永修县）。康熙二十二年（1683年），雷发达与堂弟雷发宣以南方匠人的身份，到北京为朝廷供役。研究样式雷最早的学者朱启钤，曾在他所著《样式雷考》中，记录了这样一段传奇。

据说，康熙时期要重修太和殿。"上梁"仪式那天，康熙皇帝亲临太和殿。可能是上梁的官员木工技术不好，把脊檩往上安了半天，榫铆总是合对不上。当时主持仪式的工部官员急坏了，因为这要是不成功，可能就要有人被杀头。最后，雷发达自告奋勇要上去装梁，但是他只是小小一个工匠，上去干这个活儿起码也要有七品官职，于是，他就换上七品官的衣服，袖子里装着小斧头，爬上去啪啪几斧头，很轻松就把梁装上了。康熙看了之后非常欣赏，当场就封七品官，让雷发达当了样式房的掌案。

历史记录中，太和殿的确曾有过两次重建，但第一次发生于康熙八年（1669 年），此时雷家尚未来北京，第二次发生于康熙三十四年（1695 年），此时距雷发达去世已有两年。也就是说，雷发达不可能参与太和殿的重建工作。研究者们经过考证，发现这个传说是移花接木的结果，事件的主角不是雷发达，而是他的儿子雷金玉。

康熙二十几年，开始修建畅春园。修这个园子的时候，雷发达的儿子雷金玉作为一个木匠的头儿参与其间。在上梁时，康熙发现雷金玉很年轻，技艺超群，就召见他，言谈当中发现他才思敏捷，正好两个人年龄也相当，康熙非常欣赏他，马上封他为七品官，并且让他掌管皇家的建筑设计机构，就是样式房。

至今，在雷金玉的碑文中还如实地记录着这个故事。而且康熙的御制诗里，写到畅春园记的时候，还专门为此写了一段话，意思是说工匠里面有一位技艺非凡，我今天还非常挂念他。

故宫太和殿内景

六夫人张氏携子力争延续雷家样式房职位

雍正即位后，大规模扩建圆明园，年逾六旬的雷金玉，应召充任圆明园样式房掌案，主持修建圆明园。雷金玉将江南的圆润秀美与北方的朴实简洁融入圆明园三十景中，赢得了雍正的赏识。施工过程中，正逢雷金玉七旬正寿，雍正皇帝给予特殊的褒奖：命皇子弘历（即后来的乾隆皇帝）亲笔书写“古稀”二字匾额，赐予雷金玉。

雍正七年（1729年）末，雷金玉去世，雍正除恩赏金银外，还下旨令皇家驿站沿途照料运送灵柩返回南京安葬。

随着雷金玉的去世，雷氏家族失去了样式房掌案职位并举家南迁。就在雷金玉苦苦开创的事业即将夭折时，雷氏家族史上一位至关重要的女性开始了对命运的抗争。她便是雷金玉的第六位妻子张氏。

雷金玉去世后，张氏并没有随家族南迁，而是带着三个月大的幼子雷声澂独自留在了

样式雷烫样

京城。她怀抱幼子在工部泣诉，据理力争，为雷家争得幼子成年后重掌样式房的资格。为此，雷氏后人在同治年间为张氏撰写碑志，褒扬了她在家族史中不可磨灭的功德。

雷声澂的三个儿子雷家玮、雷家玺和雷家瑞都很有魄力，他们接过父亲手里的样式房工作，将处于低潮的雷氏祖业重新发扬光大。其中雷声澂的第二个儿子雷家玺接任了样式房掌案职位。

据说，乾隆中后期的几次南巡，三兄弟都随驾同行。钟情于江南园林的乾隆，让样式雷在圆明园内重现江南奇景。他们回来后为乾隆设计了多处行宫，包括乾隆花园、海淀三山五园并扩建了承德避暑山庄。

第五代雷景修心思缜密 留藏『样式雷图档』

道光五年（1825 年），雷家玺在生命的最后时刻留下遗嘱，说虽然我的儿子雷景修十几岁就开始学建筑，功力也相当非凡，但觉得承担掌案还不成熟，决定把掌案交给一个叫郭九的建筑师。

道光二十九年（1849 年），也就是二十多年后，这个原来被父亲认为不成熟的雷景修又把掌案争了回来，这次，他完全是靠自己的实力。从这件事情可以看出，雷家对子女的要求非常严，没有能力胜任的时候，掌案一职绝不世袭。而且最重要的是，他的子孙还能通过自身的努力和追赶，再凭借实力把掌案夺回来，这就更不容易了。

样式雷第五代传人雷景修主要生活在道光、咸丰年间，清廷内忧外患，国势衰微，没有能力规划建设新的园囿，圆明园中只有圆明园殿、九洲清晏、上下天光、四宜书屋、同乐园等处有一些小的修缮和搭建。而咸丰十年（1860 年）英法联军焚烧圆明园后，雷景修也因此而少有用武之地。

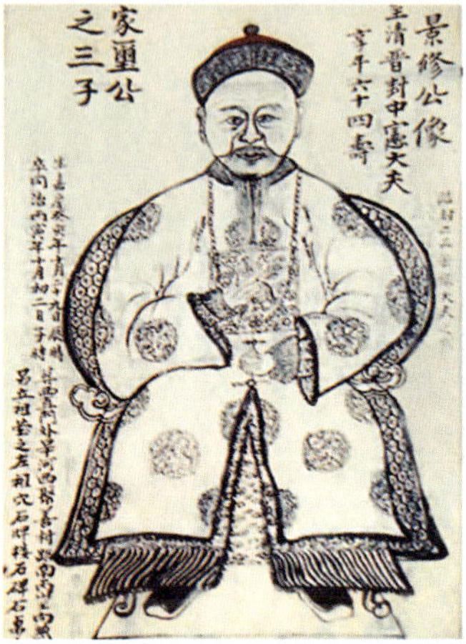

雷景修画像

但在雷氏世家中，雷景修仍是一位十分了得的人物，他为家族，甚至为中华民族做出了巨大贡献，就是开始了样式雷图档的收集保存。

为了在激烈的竞争中传承手艺，雷景修开始把祖上传下来和自己工作中留下来的设计图样（包括各个历史阶段的草图、正式图）、烫样模型专门收集起来，用三间房子存在家里，使这些珍贵的资料因此能够保留至今，成为我国建筑史上被称作“样式雷图档”的国宝。英法联军焚烧圆明园时，雷景修又从样式房携图纸和烫样，从祖居老屋迁至西直门内观音寺和阜内水车胡同居住。而这个做法，被后来的雷家传人代代继承。也许雷家没有想到，这个原本为了延续家族辉煌历史的本意，却为中华民族留下了宝贵的文化遗产。

为皇家修陵寝，祸福难测如履薄冰

在样式雷家族的设计作品当中，陵寝也是其中重要的组成部分。

据传，当年为慈禧、慈安两位皇太后修建陵寝时，雷家第六代传人雷思起按照祖先的规制做出设计，两位太后各用一个地宫，共用一套祭殿。谁知两位太后不肯接受，不得已，雷思起改变方案，重新设计两个各自独立、配殿和祭殿齐全的定东陵。这才得到了两位太后的首肯。

当时醇亲王、恭亲王千叮咛万嘱咐，一定要把两个陵墓的细节修建得一模一样，因为无论得罪哪一位太后都是杀头之罪。最后，工程好不容易完工了，而慈安太后已经去世，慈禧开始独揽大权。为了体现自己的身份和地位高于慈安，她竟然下令将已经修建好的陵墓内部全部重新修缮，让雷思起重新为她的陵墓进行装修。因此外表看来两个一模一样的陵墓，内部却有着天壤之别。为了让慈

样式雷所设计的慈禧太后的轿子图样

禧太后满意，雷思起几次更改设计，耗尽心血，最后劳累而死。

有专家称，慈禧墓的体制跟慈安的基本上是一模一样的，包括建筑的规格尺寸都是一致的。但在具体建造的时候，使用的材料有很大区别。慈禧的大木结构用的是非常名贵的黄花梨木材，至今仍然保持着木头的本色，纹理非常细腻，非常坚固。此外，慈禧陵寝内的许多装饰，大量使用贴金，豪华异常，这在整个清帝陵中也仅此一例。

清朝覆灭，『样式雷』辉煌随之终结

让样式雷家族荣耀达到顶峰的是其第七代传人雷廷昌，雷廷昌在接任样式房掌案时，主持重建了天坛祈年殿、紫禁城太和门以及慈禧太后万寿庆典的点景楼台等。他被朝廷封为二品官。

辛亥革命后，清王朝退出历史舞台，皇家建筑设计和样式房差务也随之消失。

据雷氏族谱记载及雷家后裔口述，样式雷的第八代也是最后一代传人雷献彩曾先后两娶，却皆“无出”，他在失业的忧愁和没有子嗣的悲哀中默默地告别了人世。延续了八代的样式雷传承就此终结。

在接踵而至的乱世中，雷氏家道迅速败落，家族后人为生活所迫，开始瓜分和变卖家中的图档收藏。

由于样式雷声名显赫，这些图档在市面上十分抢手，甚至在书市地摊上都可买到，并开始流至海外。幸而，样式雷图档在市面上

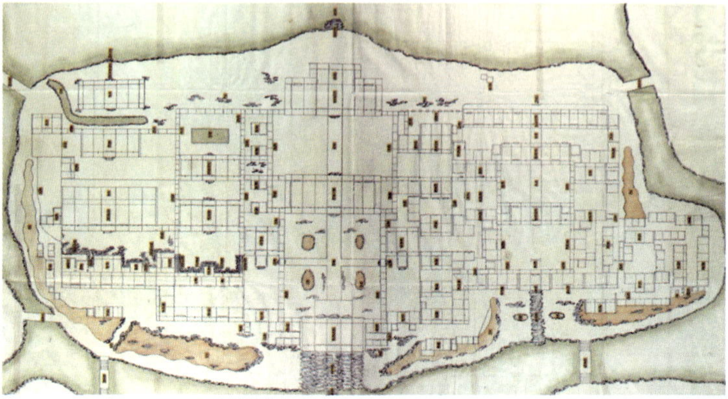

样式雷图档之一，颐和园排云殿佛香阁地盘图

的流传很快引起了有识之士的注意，尤其是以朱启钤先生为首的营造学社，发动文人及相关机构将大量图纸和烫样收购回来。

1930 年，样式雷后人以四千五百块银圆的价格将大部分图档卖给了当时的北平图书馆，使它们进入了一个相对安全的收藏环境。据说当时拉走的图纸和烫样足足装满了十卡车。然而，此时仍有部分图档分散在雷氏后人手里。

三十多年过去，时间已是 1964 年底。就在一场浩劫爆发前夕，两位雷氏后人出现在北京市文物局。他们带来了一平板三轮车的样式雷画样。有关领导请他们吃了一顿炖肉烙饼，开了一张收据，随后还寄出了奖状。“文革”开始后，剩下的图纸和烫样被雷氏后人偷偷烧掉，灰烬被抛洒在护城河里。

样式雷图档列入《世界记忆名录》

雷氏建筑世家不但为清代皇家建筑立下了汗马功劳，也留下了不计其数、极为珍贵的建筑史料，被称作“样式雷图档”，现分别收存于北京故宫博物院、中国国家图书馆、中国第一历史档案馆、清华大学建筑学院资料室，以及首都图书馆、北京大学图书馆、社科院图书馆等，也有一部分已流失国外。

长久以来，由于史料的缺乏，没有人能够说清楚中国古代建筑究竟是怎么从设计到施工，一步步最后完成的。甚至很多国外专家一直认为，中国古代建筑完全是靠工匠的经验修建起来的，不需要设计图，更不需要施工图。样式雷图档的留存，不仅彻底推翻了这种说法，而且也证明中国古代的建筑水平已远远超越了时代。

虽然中国古代的建筑设计，从汉朝初期就已有图样，到公元7世纪初的隋朝出现了使用1%比例尺的图样和模型，但是长久以来，史料却十分缺乏，以到目前的发现为止，样式雷图档很可能是中国古代建筑史上仅有的档案类的史料。

样式雷图档包括的内容十分丰富，数量最大的是各个阶段的设计图纸，还有相当于施工设计说明的《工程做法》、随工日记等，它们涵盖了清代皇家建筑规划、设计和施工各个阶段的详细情况，是中国古代建筑史上最翔实、最直观的资料。2007 年 6 月 20 日，样式雷图档所遗存的两万多张图纸被联合国教科文组织列入《世界记忆名录》。

“烫样”绝技今已失传

被称作“烫样”的建筑设计模型是流传至今的样式雷图档中的一大组成部分。故宫收藏的八十三件烫样由于在当时主要是为呈给皇帝审阅而制作，因而形象逼真，数据准确，具有极高的历史价值。

烫样是按一定比例制作的建筑模型，以纸板、秫秸和木头为原材料，用剪子、毛笔、蜡版、小烙铁制样熨烫成型，所以称为烫样。烫样实际上是一个建筑模型实物图，从里到外一目了然。烫样既可以自由拆卸，也能够灵活组装。

遗留至今的样式雷烫样，从内容上看，主要有圆明园、万春园、颐和园、北海、中南海、紫禁城、景山、天坛、清东陵等处，其中以同治年间重修圆明园时所做的烫样为数最多，其中有我们熟悉的圆明园中的“勤政殿”“万方安和”“廓然大公”等。

这些烫样都按比例制作，如五分样、寸样、二寸样、四寸样至五寸样等，即与建筑尺寸比例分别属1∶200、1∶100、1∶50、1∶25、1∶20等。比例根据需要选择，细致到房瓦、廊柱、门窗甚至室内陈设的桌椅屏风等，以便皇帝审样时一看就明白，也方便建筑时按比例原样放大。烫样的神奇也在于它的层叠性和灵活性，结构之间互不影响，各个建筑细部有所联系又不失独立。

令人遗憾的是，烫样工艺也随着雷家的衰落而失传。

第五编

民乐：古老声音的流变

徐凯

民族音乐是中华文明中不可分割的一部分。两千多年前的孔子就十分重视『乐教』的作用，甚至认为，人之学应『兴于诗，立于礼，成于乐』，把音乐作为人格修养的最高境界。

其实，自古以来，中华文明就不是一种与世隔绝的文明，它也是在与其他文明文化的交流中不断发展起来的。回顾一下今天我们最常用的那些民族乐器的历史，就可以发现，它们大多数也都和其他文明有关。

笛子

源起：八九千年前河南贾湖遗址中出土骨笛。

流变：西汉张骞出使西域后，中国笛子在形制上受到羌笛影响。

笛子是我国最古老的传统民族乐器之一，从新石器时代的骨笛开始，一直发展到今天的竹笛，已有八九千年的历史。

考古工作者在河南贾湖遗址中出土的一批精致竖吹骨笛（用鸟禽肢骨制成），与中国音调完全一致，仍可用其吹奏民间乐曲《小白菜》，经专家考证距今已有八九千年的历史，并认定是世界上最早的吹奏乐器，分为贾湖早、中、晚三期的二十多支五孔、六孔乃至七孔、八孔骨笛，已具备了四声、五声、六声和七声音阶。据专家称，其精确度不超过五音分，这充分反映了我国远古时代的人类在音律测定和制作工艺方面的聪明才智和高

河南贾湖遗址中出土的骨笛

超技艺。

据资料记载，至迟到殷周时代就有了音节完整的竹制笛子，距今已有四五千年的历史。

笛在汉代前多指竖吹笛，秦汉以来，笛已成为竖吹的箫和横吹的笛的共同名称，并延续了很长时期。汉武帝时，张骞通西域后传入横笛，亦称“横吹”。它在汉代的鼓吹乐中占有相当重要的地位。湖南长沙马王堆三号汉墓出土的两支竹笛，都属横吹类的笛乐器。

隋唐时期，关于笛子已有大横吹、小横吹的记载。唐代的刘系作七星管，蒙膜助声，这是关于笛子贴膜的最早记载。宋元以后，戏曲盛行，竹笛成了重要的伴奏乐器，伴奏北方梆子戏的称为梆笛，伴奏南方昆曲的称为曲笛。

到了明清时代，笛子在民间音乐中应用更加广泛，笛子已成为民间音乐中不可替代的重要乐器，如在江南丝竹乐、西安鼓乐、十番锣鼓等乐种及在戏曲、说唱伴奏中发挥着重要作用，并不断发展着它的演奏技巧。

中国笛子具有强烈的民族特色，发音动人、婉转。古人谓“荡涤之声”，故笛子原名为“涤”，日本至今还保留有“涤笛”。

顾闳中《韩熙载夜宴图》（局部）

二胡

源起： 唐代由中国北方游牧民族传入中原。

流变： 20 世纪 20 年代音乐家刘天华先生的大胆革新，让二胡登上大雅之堂。

二胡是我国影响最大、流传最广、最具代表性和最具中国气质和韵味的拉弦乐器。作为胡琴家族中的主要成员，二胡在全国各地区的使用达到了相当普及的程度，在民乐团中是主要的旋律乐器。

胡琴类乐器的鼻祖是奚琴，它是隋唐时期居于今河北省北部一带少数民族奚部落所使用的一种乐器，奚琴也因此而得名。唐代奚琴传入中原，当时称为嵇琴。唐宋时期的奚琴有弹弦和轧弦并存的演奏方式，后来逐渐演变发展成为用马尾毛制成琴弓来拉奏的胡琴。“胡”是中原人对游牧民族的泛称，同时表明这种乐器源于草原，后来汉族又根据胡

元代王振鹏《伯牙鼓琴图》（局部）

琴的两弦称之为二胡。

北宋时，二胡已有了相当高的演奏技巧。宋朝大学者沈括《梦溪笔谈》中曾经记载过这样一件事：在一次宫宴上，一位名叫徐衍的“伶人”为皇帝大臣们演奏“嵇琴”。因徐衍感情太投入，用力过猛，竟然就把一根弦拉断了。在这种场合，拉断弦是不吉利的。徐衍急中生智，面不改色，手中的弓不停，指不乱，竟然在剩下的一根单弦上继续拉着，直到把曲子演奏完。皇帝见他演奏技巧如此高超，反而重重奖励了他。

二胡在清中期曾遭禁止。清嘉庆皇帝继位后，尊乾隆帝为太上皇，一时朝廷形成二皇共政之局面。于是有关这“二皇”的事物、名目皆遭忌讳。而二胡上的两根弦——老弦、子弦亦在犯禁之列。更有甚者，若是在演奏二胡的过程断了老弦或者子弦，那简直是要遭杀头的大祸。于是，在很长一段时期内，二胡被禁止。

20 世纪初，民间音乐家周少梅先生开始了对二胡从一个把位到三个把位的演奏探索。而到 20 年代，著名民族音乐家刘天华先生更是将二胡的演奏做了大胆创新，他所创作的二胡练习曲和十首二胡独奏曲，把二胡的音域扩大到四个、五个把位，创造了四把位、五把位的演奏手法，并吸收了西洋弦乐器的某些演奏手法，使二胡的性能得到了充分的发挥，大大提高和丰富了二胡的表现力。从此，二胡摆脱了原来仅处于伴奏、合奏的地位，而成了一件具有特殊韵味的独奏乐器。在刘天华先生等一批音乐家的努力下，二胡艺术在 30 年代开始登上高等学校的大雅之堂。在这以后，出现了华彦钧（阿炳）等一大批民族民间二胡演奏家，他们的演奏更是为民众所欢迎。

琵琶

源起：两千年前秦汉时期出现了琵琶的雏形。

流变：公元5世纪至6世纪从西域传入一种曲项琵琶。唐代后期，琵琶从演奏技法到制作构造上都有重大革新。

历史上的所谓琵琶，并不仅指具有梨形共鸣箱的曲项琵琶，而是指多种弹拨乐器，形状类似，大小有别，像现在的柳琴、月琴、阮等，都可说是琵琶类乐器。

“琵琶”之名是古人巧妙地结合音、形、意的造字手法产生出来的，为汉语中特有，并非外来词。其最初是对所有类似的弹拨乐器的指称。琵琶又称“批把”，有关它的记载最早出现在两千年前，东汉年间学者刘熙在《释名》一书中写道：“推手前曰批，引手却曰把。”意即向前弹出称作批，向后挑进称作把；根据它演奏的特点而命名为“批把”。但当时的琵琶形状与现在的不同，其形状为直颈，圆形音箱，音位和弦数不固定。弦数为四、五、六条不等。这种琵琶当时被称作“秦琵琶”或“秦汉子”。实际上它就是今天我国民乐器中阮的前身，其名字来源于晋代竹林七贤中的阮咸。阮咸以善弹这种琵琶而著称，后人就把这种乐器称作“阮咸”，简称为阮。而琵琶之名让给了后来的曲项琵琶。

到了公元 5 世纪至 6 世纪，随着中国与国外民族文化交流的加强，从西域即中亚地区传入一种曲项琵琶，当时称作“胡琵琶”。其形状为曲颈，梨形音箱，有四柱四弦。横抱琵琶用拨子演奏。

琵琶发展到公元 7 世纪至 8 世纪即中国隋唐时代出现了一个高峰。当时上至宫廷乐队，下至民间演唱都少不了它，成为当时非常盛行的乐器，而且在乐队处于领奏地位。这种情况在我国古代诗词中有大量的记载。例如唐代诗人白居易在他的著名诗篇《琵琶行》中，非常形象地对琵琶演奏及其音响效果这样描述：“大弦嘈嘈如急雨，小弦切切如私语。嘈嘈切切错杂弹，大珠小珠落玉盘”。

公元 8 世纪（唐代后期）之后琵琶从演奏技法到制作构造上

敦煌壁画中著名的反弹琵琶形象

都得到了很大的发展。在演奏技法上最突出的改革是由横抱演奏变为竖抱演奏，由手指直接演奏取代了用拨子演奏。

到了公元15世纪左右，琵琶已拥有一批以《十面埋伏》和《霸王卸甲》为代表的武曲，以及以《月儿高》《思春》和《昭君怨》为代表的文曲。所谓武曲，其特点是以写实和运用右手技法为主；所谓文曲，其特点是以抒情和运用左手技法为主。这些乐曲已经成为中华民族音乐的瑰宝、琵琶艺术的珍品。

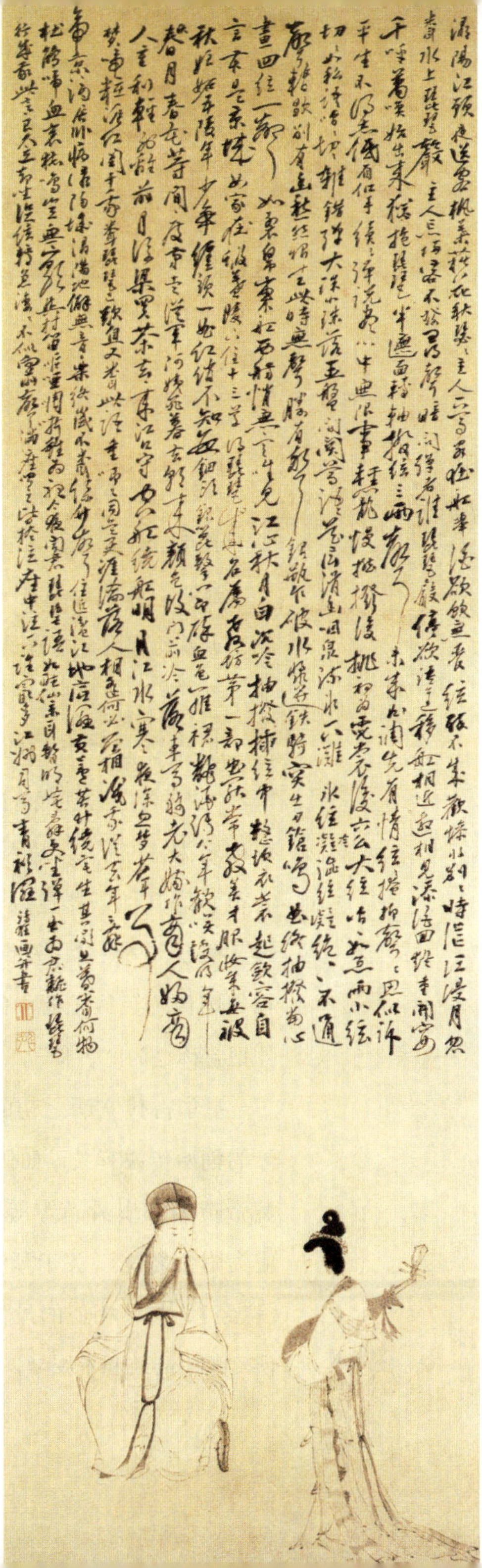

明代郭诩《琵琶行》，图中人物形象为端坐的白居易和抱琵琶侧立的商女

古琴

源起：中华民族最古老的弹拨乐器，具有三千多年悠久历史。

流变：汉魏时期是古琴曲创作的鼎盛时期，古琴的形制也基本稳定。

古琴是土生土长的华夏乐器，原名为“琴”，“古琴”是现代人的称法。现代人之所以称之为“古琴”，是因为在古琴产生之后，有很多的其他乐器也以“琴”字冠名（如胡琴、扬琴、马头琴以及钢琴等），为了严肃它在中国传统民族乐器中的正宗地位，现在人才把它称之为“古琴”。

中华古代文明之初的各个氏族领袖都与琴的创始传说有关，如伏羲造琴、神农造琴、黄帝造琴和虞舜造琴等等，但无考古支持，应为附会之说。关于琴的最早文字记载见于《诗经》，与琴相似的最古实物是战国时期曾侯乙墓中的筑和十弦琴。

曾侯乙墓中出土的十弦琴

在古代，琴棋书画是文人骚客修身养性所必须掌握的技能，而琴棋书画中又以琴为尊。古琴除了用于消遣娱乐之外，更重要的是，古琴还是历代士大夫和文人骚客们身份的标志。因古琴的韵蕴、意境与儒家所倡导的思想大体一致，故在几千年的华夏文明中，古琴一直伴随着儒家文化走到今天。

春秋战国时期，古琴的独奏音乐已具有一定的艺术表现能力，如伯牙弹琴子期善听的传说。当时有名的琴师有卫国的师涓、晋国的师旷、郑国的师文、鲁国的师襄等；著名的琴曲如《高山》《流水》《雉朝飞》《阳春》《白雪》等，均已载入史册。

古琴又名七弦琴，而最初的琴只有五根琴弦，故称五弦琴。汉魏时期，是古琴曲创作的鼎盛时期，古琴在此时期也得到了重大的发展，形制也基本稳定，后代所用的古琴皆以此为本。

古琴结构复杂，琴曲的记录也相当麻烦。故从古琴产生到以后的很长一段时间，琴曲全靠口传心授，琴曲传播速度极为缓慢。随着汉魏时期琴曲创作鼎盛时期的到来，人们越来越重视琴曲的记录和传播，琴曲的记录也慢慢得到发展，由此创造了最初的文字谱记谱方式。隋唐时期，一种较文字谱更为简化、方便的记谱方式——减字谱应运而生。

古琴结构和记谱方式的复杂性决定古琴的指法和演奏方式也必定复杂化。古琴演奏指法十分复杂，这就要求习琴者拥有超凡的毅力和良好的手指协调能力，没有几年时间的练习无法掌握。古琴的结构、记谱和演奏方式的复杂性，严重影响了古琴这一古老乐器的普及。

宋徽宗赵佶《听琴图》（局部）

古筝

源起：最早出现在战国时代的秦国，又称秦筝。

流变：最早为五弦，到清代增为十六弦。从南北朝时起传入朝鲜、日本、蒙古、越南等国。

早在战国时代，古筝便在秦国一带流行，所以又有秦筝之称。到了东汉，刘熙在其《释名》中解释，筝是因其声响效果而得此名。

秦代李斯的《谏逐客书》中，提到关于筝的演奏情景："夫击瓮叩缶，弹筝搏髀，而歌呼呜呜快耳者，真秦之声也。"这篇文章后来被司马迁收进《史记》而保存了下来。通过这段文字，使我们看到了早在两千多年前，古筝已是秦国的一件有代表性的民间乐器，并展示了当时的古筝，是在村夫们敲击瓦罐，拍打大腿，咿哩哇啦唱着俚歌的同时弹奏的

明代杜堇所绘仕女图卷（局部），图中出现了多种乐器

实况，可以说，古筝在产生之初是一种乡间民俗乐器。

直至东汉末，古筝才逐渐登上大雅之堂，开始得到社会的广泛承认和推崇。

从南北朝时起，古筝又开始走出了国门。它先后传入朝鲜、日本、蒙古、越南、缅甸等国。1840年后，随着广州福建同胞下南洋，古筝艺术又传入了新加坡、马来西亚、印度尼西亚等国。它与当地的生活和音乐融合后又成为了具有这个国家特色的民族乐器。

战国时代最初的古筝是一种竹制的五弦乐器，逐渐发展为秦汉时代的十二弦，唐宋时代的十三弦，元明时代的十四弦和清代的十六弦等。到20世纪60年代，筝的弦数又由十六弦逐渐增加到十八弦、二十一弦、二十三弦直至二十六弦；到70年代，又出现了转调古筝，筝弦也由丝弦改为钢丝弦、尼龙缠弦等，这样一来，古筝的音域和表现力就更加宽广和丰富了。

现在各地常用筝为十三弦和十六弦两种。

很多人弄不清古筝与古琴的区别。古琴是我国历史最悠久的弹拨类乐器，形成于三千多年前，传说为“伏羲”“神农”所造；古筝则晚得多，形成于秦代。古琴琴身以独木所成，琴面系有七根弦，属弹拨乐类的“无马乐器”；古筝则由框板、面板和底板构成。每根弦均由人字形的弦马支起，属于弹拨乐类的“有马乐器”。古琴虽只有七根弦，但一弦多音；而古筝基本上是一弦一至两个音。

唢呐

源起：最早流传于波斯、阿拉伯一带的乐器，大约公元 3 世纪在中国出现。

流变：七百多年前的金、元时代，传到中原地区。明清时期广泛流传于民间。

最初的唢呐是流传于波斯、阿拉伯一带的乐器，就连唢呐这个名称，也是古代波斯语 Surn ā 的音译。唢呐大约公元 3 世纪在中国出现，新疆拜城克孜尔石窟第三十八窟中的伎乐壁画已有吹奏唢呐形象。在七百多年前的金、元时代，唢呐传到中国中原地区。

明清时期，唢呐广泛流传于民间，多用于婚丧喜事的吹打乐队中，也用作民间歌舞和戏曲的伴奏乐器。

到了明代，古籍中始有唢呐的记载。明代武将戚继光曾把唢呐用于军乐之中。在他《纪效新书·武备志》中说："凡掌号笛，即是吹唢呐。"明代王磐的《朝天子·咏喇叭》

则是描述唢呐最好的文章："喇叭，唢呐，曲儿小，腔儿大。来往官船乱如麻，全仗你抬身价。军听了军愁，民听了民怕，哪里去辨什么真共假？眼见得吹翻了这家，吹伤了那家，只吹得水尽鹅飞罢。"

唢呐

明代后期，唢呐已在戏曲音乐中占有重要地位，用以伴奏唱腔、吹奏过场曲牌。而在以戏曲音乐为基础的民间器乐中，唢呐也成为离不开的乐器。

到了清代，唢呐称为"苏尔奈"，被编进宫廷的《回部乐》中。今天唢呐已成为中国各族人民使用颇广的乐器之一。

唢呐是中国历史悠久、流行广泛、技巧丰富、表现力较强的民间吹管乐器。它发音开朗豪放，高亢嘹亮，刚中有柔，柔中有刚，是深受广大人民喜爱和欢迎的民族乐器之一，广泛应用于民间的婚、丧、嫁、娶、礼、乐、典、祭及秧歌会等仪式伴奏。

佛

『大圣』：俺老孙来也

凌光

说起猴，中国最著名的猴子要算『大圣』孙悟空了。在小说《西游记》中，孙猴子是从石缝中蹦出来的，然而《西游记》作者吴承恩塑造的孙悟空形象，却源自民间流传了数百年的传说，有着复杂的原型背景。

南宋时出现最早的取经故事

自从 1923 年鲁迅《中国小说史略》出版后，明代吴承恩作为《西游记》作者的判断逐步被肯定。

不过，吴承恩写《西游记》和曹雪芹写《红楼梦》可不是一回事。后者是个人的独立构思、独立创作，前者却是在几百年民间流传的神话和传说的基础上加工、创造出来的。作为《西游记》的一号男主角，孙悟空这个形象也有一个演变过程。

南宋时刊印的《大唐三藏取经诗话》，是我们今天能够看到的最早以取经故事为题材的文学作品。其中的猴行者形象，就是《西游记》中孙行者的前身。

流传下来的《诗话》只是说话人的提纲，文字十分简略，共一万六千多字，分上、中、下三卷，第一节、第十七节缺失，所以不知它是怎样描写唐僧出身和西行缘起的。从第二节开始，猴行者就参加进来了。此后，一行七人，经过十几个国度，历尽艰难险阻，取回佛经。

猴行者自称是“花果山紫云洞八万四千铜头铁额猕猴王”，他化身为白衣秀士，主动前来帮助三藏法师取经，神通广大，有胆有识，在取经故事中，一直充当主人公，在取经路上灭白虎精、伏九馗龙。由于他的参加，取经才得以圆满完成。

在第十一节中，猴行者自述来历：他在二万七千年前曾偷吃蟠桃，“被王母捉下，左肋判八百，右肋判三千铁棒，配在花果山紫云洞”。南宋时民间艺人们刻画的猴行者，明显地表现出两个重要特点：一是有一定的反叛性，敢于偷王母的蟠桃；二是很有神通，能够降妖灭怪。

在《诗话》中，猴行者的形象更多地像一个宗教使徒。猴行者参与取经，是主动行为；到了西天后，因为如来佛住的鸡足山阻山隔水，无法前往，由此猴行者提出，全体取经人望山跪下，虔心祷告，“齐声恸哭”，以致经自天下。而且，猴行者在谈及偷王母蟠桃的事情时，说自己“至今犹怕”，再“不敢偷吃”。路经王母池，吓得要唐僧等“不要高声”。作品中关于猴行者的经历（偷蟠桃—配在花果山—参加取经—上天成佛）的叙述，已经为后来孙悟空的故事奠定了基础。

元代到明初孙悟空形象渐渐清晰

元代到明初，关于孙行者的民间神话和传说有了很大的发展。可惜的是，这方面的材料流传下来的不多。

在中国古代，小说与戏曲是相伴而生的姊妹艺术。关于取经故事的戏曲，金代有院本《唐三藏》，元代有吴昌龄的《唐三藏西天取经》，可惜都已不存。在“西游戏”中，最重要的是元末明初杨景贤的《西游记杂剧》，这是现存最早的一部完整的取经题材作品。它从唐僧出生遭父难写起，经由观音安排西天取经，先后收服龙马，率孙行者、沙和尚、猪八戒西行，经过女王逼配、过火焰山等磨难，取回真经。

《西游记杂剧》确立了取经队伍的基本人物。在《取经诗话》中，共有师徒七人，而实写的只有玄奘和猴行者二人。而杂剧中的取经人物是唐僧师徒四人和龙马，阵容与小说描写完全一致。

在《西游记杂剧》中，孙猴子已经基本上脱去了宗教使徒的气质，他的反抗精神、斗争性格与神通都增强到原型远远不可企及的程度。孙行者是只非常神异的猴子，上场就自述来历："一自开天辟地，两仪便有吾身。曾教三界费精神。四方神道怕，五岳鬼兵嗔。""盗了太上老君炼就金丹，九转炼得铜筋铁骨。"

《西游记平话》产生于元代。"平话"相当于今天曲艺中的"评书"。可惜《西游记平话》已散佚，无法窥知其全貌。在《西游记平话》中，孙悟空的形象更加生动、丰富，同百回本小说也更加接近，而同在此之前的有关故事及传说中的孙猴子形象明显地区别开来，基本上完成了几百年演变过程中的质变。从《永乐大典》残卷中保存的片段和朝鲜古代汉语教科书中的有关材料看，"平话"与小说内容差不多，只不过平话的叙述比小说的描写简略些而已。很多人认为，百回本《西游记》中的重要情节，在《西游记平话》里大体上都有了。

《西游记平话》中的孙猴子是西域花果山水帘洞的一个老猴精，"神变无测，闹乱天宫"。作者把大闹天宫作为独立的故事给予叙述。据史料记载，《西游记平话》中讲到的取经途中降魔灭怪的故事原文大致是："法师往西天时，初到师陀国界遇猛虎

清代西游记题材年画《孙悟空三盗芭蕉扇》

毒蛇之害，次遇黑熊精、黄风怪、地涌夫人、蜘蛛精、狮子怪、多目怪、红孩儿怪，几死仅免，又过棘钓洞、火炎山、薄屎洞、女人国，及诸恶山险水怪害，患苦不知其几。”“在路降妖去怪，救师脱难，皆是孙行者神通之力也。”显然，在《西游记平话》中，孙悟空的形象已经具备了线条清晰的轮廓，百回本中的齐天大圣主要是以它为基础的。

鲁迅和胡适的『国货说』和『舶来说』

关于孙悟空形象的演变，虽然很多材料缺失，但线索、脉络是清楚的，也没有什么争议。但关于孙悟空的“原型”问题，却难以得到统一的认识，至今仍争论不已。

这个问题最早是由鲁迅在《中国小说史略》中提出的。在此之前，鲁迅就曾给胡适写信，提到了这个观点，即认为孙悟空的人物形象，是受到中国民间传说的启发，具体地说，是受到《太平广记》中的怪兽无支祁的启发。

无支祁的故事是这样的：大禹治水时，淮扬一带有一个水神名叫无支祁，他兴风作浪，无恶不作，肆无忌惮地残害百姓。他形似猿猴，缩鼻高额，白首青躯，金目雪牙，脖子一伸可达百尺，且力大无穷，能敌九只大象。他行动敏捷，灵活地出入于水中，不易被擒获。他凶猛而狡猾，只要吹口气，就遍地洪水，淹没庄稼，冲毁房屋，使百姓流离失所。

大禹为了制服他，先后派了童律、乌木由出战，但都没能取胜。后来，大禹请来掌管时间的天神庚辰，庚辰紧追无支祁不放，无支祁想潜水逃窜，庚辰用手中大戟向他掷去，无支祁终于受伤就擒。大禹下令把无支祁的脖颈上锁上绳索，鼻子用一个大金铃穿住，镇压在淮水下游的龟山之下。

更有传说称，孙悟空使用的金箍棒是大禹治水时测定江海深浅之物。

有明确的证据表明，吴承恩对无支祁的传说是十分熟悉的。因此鲁迅认为，孙悟空的原型应是无支祁。

鲁迅的这个研究引起了胡适的兴趣，但他却不赞同鲁迅的说法，而提出了一个完全不同的意见。他在1923年出版的《西游记考证》里说："我总疑心这个神通广大的猴子不是国货，乃是一件从印度进口的。"

胡适认为，孙悟空的形象塑造应从印度最古的纪事诗《罗摩衍那》中去找线索。这首诗中有一个重要的神话人物，即猴子国中的神猴大将，叫作哈奴曼。

在《西游记考证》里，胡适举了关于哈奴曼这样几条描写：

哈奴曼是天风的儿子，有绝大神通，能在空中飞行，他一跳就可从印度跳到楞伽。他能把喜马拉雅山拔起背着走。他的身体大如大山，高如高塔，眼放金光，尾长无比。

有一次，哈奴曼飞向楞伽时，途中被一个老魔怪一口吞下去了。哈奴曼在这个老魔的肚子里，心生一计，把身子变得非常之高大；那老魔也就不能不把自己的身子变大，后来越变越大，那妖怪的嘴张开竟有好几百里阔了；哈奴曼趁老魔身子变得极大时，忽然把自己身子缩成拇指一般小，从肚里跳上来，不从嘴里出去，却从老魔的右耳朵孔里出去了。

印度教庙宇中的哈奴曼形象

哈奴曼有一次同拉凡纳决斗，被拉凡纳用计把油涂在他的猴尾巴上，点起火来，那其长无比的尾巴就烧起来了。然而哈奴曼神通广大，不但没有被烧死，反而借刀杀人，用尾巴上的大火把敌人的都城楞伽烧完了。

这不就是活生生的孙悟空原型吗？

不同观点各有支持者

然而，鲁迅并不同意胡适的意见，在随后写作的《中国小说的历史变迁》一文中，他写道："我认为《西游记》中的孙悟空正类无支祁。但北大教授胡适之先生则以为是从印度传来的；俄国人钢和泰教授也曾说过印度也有这样的故事。可是由我看去：1. 作《西游记》的人，并未看过佛经；2. 中国所译的印度经论中，没有和这相类的话；3. 作者——吴承恩——熟于唐人小说，《西游记》中受唐人小说影响的地方很不少。所以我还以为孙悟空是袭取无支祁的。"

有很多人支持鲁迅的看法。比如吴晓铃先生就认为，在古代，中国人虽然知道《罗摩衍那》，但为数并不很多；而且，对于《罗摩衍那》故事内容的了解是远远不够的。因此吴晓铃认为，吴承恩及吴承恩之前的西游记故事写作者，是不可能太多了解哈奴曼的故事的，也不可能从这里得到孙悟空形象的灵感。

但同样也有很多人支持胡适的观点。比如季羡林先生认为，孙悟空同《罗摩衍那》里的哈奴曼太相似了，不可能想象他们之间没有渊源的关系。至于孙悟空跟杨二郎斗法，跟其他的妖怪斗法，这一些东西是中国古代没有的，但是在佛经里面却大量存在。连猪八戒这个人物形象都可以在佛典里找到副本。至于说，《罗摩衍那》没有汉文译本，无从借鉴，这是一种误会。一个国家的人民口头创作，不必等到写成定本，有了翻译，才能向外传播。人民口头创作，也口头传播，国界在这里是难以起到阻拦作用的。

或许，孙悟空原型的“国货说”和“舶来说”，都有各自的道理，也许他们都在孙悟空的诞生中起到了某种作用吧？

万物说

孙悟空第一位师父是佛还是道?

美猴王出世后，占据花果山水帘洞，与群猴在此享受人间快乐。忽一日，悟出人生短暂、世事无常之苦，便萌发了外出求道之念。他漂洋过海，历尽千辛万苦，终于来到了西牛贺洲的神仙洞府。这里“烟霞散彩，日月摇光”，“时闻仙鹤吹，每见凤凰翔”，完全是一派道家气象。然而主人却很奇怪，道号菩提，又是一个佛教的称谓。不仅如此，他给美猴王取名，也兼容二教。那个“孙”字，“乃是个子系。子者，儿男也；系者，婴细也。正合婴儿之本论”。这自是道教的理论；而“悟空”二字又明显带有浓厚的佛教意味。

不仅如此，这位菩提祖师开出的“课程目录”大半是道教货色，什么请仙扶鸾、采阴补阳等，而最后传授的“长生之妙道”更属纯粹的道教理论。但是，书中形容祖师说法，却是“天花乱坠、地涌金莲。妙演三乘教，精微万法全”，一派我佛灵山法会的气象。

很显然，作者之所以塑造出这一个兼有二教特质的人物来做孙悟空的第一位师父，是有意而为之的，并非说明他佛教知识的缺乏。

须菩提是释迦牟尼十大弟子之一，最善讲解“空”义，因此被称为“解空第一”，这就不难理解为什么作者将“悟空”的命名权安排到“解空第一”的须菩提手中。作者选定须菩提作为孙悟空的启蒙师父，可能是旧有的“悟空”之名引发了他的联想，这样的师父为徒弟命名为“悟空”便顺理成章。

从创作构思上看，作者在小说中似包含有扬佛抑道的思想倾向。书中的佛门人物如来、观音、文殊、弥勒等无不神通广大，令道教诸神玉帝、老君等神仙个个相形见绌。取经过程也就是五众“脱胎换骨”“改邪归正”的心路历程。以孙悟空为例，如果他得道之初便已入佛门，受的是佛祖弟子须菩提的佛理真解，那么后来大闹天宫之类的“不法”之举便不好解释。

于是，就出现了小说中这样一个矛盾，孙悟空的师父既出身于佛门，则不能不带有几分佛光；但由于上述原因，又必须给猴子安排一个道教的出身。因此，作者便借助于“二教合一”的理论，巧妙地给猴子安排了一个半佛半道的师父。

（据宁稼雨、冯雅静所著《〈西游记〉趣谈与索解》）

“弼马温”到底是个什么官?

孙悟空夺东海龙王“如意金箍棒”，又大闹阎罗殿，私改生死簿，使玉帝大为震惊。玉帝便依太白金星之言，降了一道招安圣旨，封他为“弼马温”，希望以此来约束美猴王。那么，历史上到底有没有“弼马温”这个官职呢?

明代设御马监，始于太祖朱元璋洪武年间，执事者全由太监担任。这些掌御马监事的太监，官职为正四品，从四品或正五品，并非不入流。但他们若饲养不力，致马死亡，便要受罚治罪，与《西游记》中天上御马监众监官所说“如稍有些尫羸，还要见责。再十分伤损，还要罚赎问罪”的情景相同。不过，“弼马温”这个官职却是从来没有过的。

据一些玄怪笔记记载，东晋大将赵国的马快死了，有人用一只猿猴样的动物救活了这匹马，所以后人便常在马厩中放一只猴子，认为这可以使马不得瘟疫。我国传统医学也有这种看法，北魏人贾思勰撰写的《齐民要术》一书中，就说“常系猕猴于马坊，令马不畏避恶，息百病也”。明朝李时珍《本草纲目》也有“马厩畜母猴避马瘟疫”之说。

明代更有人明确记叙，母猴每月来的月经，流到马的草料上，马吃了，就可以避马瘟!

“弼马温”与“避马瘟”同音，所以，玉帝天宫里便设了个“弼马温”的官儿，专等孙悟空来补缺。这当然是对美猴王的极大戏弄和羞辱。

孙悟空知道了事情的真相后，也对此表现出了极大的愤怒，这也成了他心头的一块伤疤。参加取经后，他最恼的还是别人叫他“弼马温”。如果哪个妖精不知趣地揭了这个底，他便会以加倍的仇恨去对付他们。

中国传统剪纸艺术中的大圣形象

国服：穿过岁月的华裳

栗月静

纵观历史，不同文化的国家礼服多有不同，即使同一国家，凝聚历史文化底蕴的国服也不可能一成不变，必然经历了无数次的演变和进化。

黄帝开启『上衣下裳』形制

中国历史上首次出现有文字记载的具有国服意义的衣饰是在黄帝时期，黄帝也是中国长达四千多年古代社会服装形制的创造者。据《尚书大传·略说》记载：“黄帝始……垂衣裳。”唐代著名学者孔颖达做注解释说：“黄帝制其初，尧舜成其末，垂衣裳者，以前衣皮，其制短小，今衣丝麻布帛，所制衣裳其制长大，故云垂衣裳也。”

因为在黄帝那个时代以前，人类的衣物十分简单，衣服没有袖子，不分男女老少，都是披着兽皮制作的如同斗篷一样的贯头衣，腰间束一根草绳。人们衣衫褴褛，远远看去，像一群没有开化的野兽。黄帝于是教人把裹身的衣物分成两部分、由上下分开的衣和裳组成。上身的“衣”，是缝制袖子、前开式的衣装，下身的“裳”，前后各有一片起遮障作用的东西，看上去类似现在的裙子，所以下裳也叫裙裳。裳强调了衣饰的遮羞功能。

上衣下裳的衣饰形制，是中国上古时期服装形制的发端。古代学者认为这是以衣服的有无，作为区别夷夏即野蛮与文明的重要标准，所谓“中国有礼仪之大，故称夏，有服章之美，故称华。”（《左传·定公十年》）

战国人物帛画中的云纹绣衣

随后，黄帝还进一步创造出服饰的社会政治功能——用衣裳来建立阶级制度。《白虎通义·衣裳》说：“圣人所以制衣服何？以为蔽形，表德劝善，别尊卑也。”黄帝将衣服的发明和使用与天尊地卑的形象联系起来，使服饰服务于社会政治，进而改变了原有的服饰观念。所谓别尊卑，表贵贱，标志不同人的社会地位。也是在这一时期，黄帝创造出龙这一形象，并应用到首领的衣饰上。

黄帝还是冠冕的发明者，《尚书大传·略说》说："黄帝始制冠冕。"《风俗通义·皇霸篇》："黄帝始制冠冕。"《世本》说："黄帝作旃冕。"冠冕也是社会地位的象征。可见黄帝在用衣服区别尊卑时，不局限在衣服本身，而且包括了冠冕以及其他装饰品。黄帝发明服饰还往往象征性地表达其他一些观念，如《世本》说："黄帝作冕。垂旒，目不邪视也；充纩，耳不听谗言也。"

至此完整形制的衣饰要件已经全部具备，随后夏商周在此基础上进一步完善，建立了一套完整、森严的社会阶级服饰制度。按照规定天子着冕服，主要由冠、衣、裳、蔽膝、大带、舄（礼鞋）等要件所组成。冕服的主体是玄（黑色）衣、纁（黄赤色）裳、冕冠，衣裳上面绘绣有章纹，冕冠上则有旒。

天子在举行各种祭祀时，要根据典礼的轻重，分别穿六种不同风格的冕服，总称六冕，天子在最隆重的典礼上，穿十二章纹冕服，戴十二旒冕冠，冕服上的章纹数与冕冠上的旒数是相对应的。下身前有蔽膝，天子的蔽膝为朱色，诸侯为黄朱色。

公元前221年，秦始皇建立秦朝，他在衣裳形制上并没有做出重大改动，但是推翻了周朝对于朱色、明黄这两种颜色的推崇，因为秦始皇根据五行相生相克之说，认为周代以火德立国，颜色尚红；秦能灭周，应是以水德立国，取水能克火之义。水色为黑，故天子服饰尚黑。甚至有研究显示该举直接影响了当时的高丽国王的服饰，高丽也崇尚黑色。

隋代则兴起了“肩挑日月，背负星辰”，此后成为历代帝王冕服的既定款式，对后世影响深远。并且规定天子、百官的官服用颜色来区分等级，用花纹表示官阶。隋代朝服尚赤，戎服尚黄，常服杂色。

唐朝的贡献则是形成了天子服饰为明黄、太子淡黄，其他人使用黄色就是谋反的明确制度，并一直延续到封建帝制结束。

唐太宗李世民

融入政治抱负的『中山装』

20 世纪初，中国结束帝制，进入近代史，服装上仍沿用着传统的长袍、马褂、瓜皮帽等式样，但已经开始受到外国服饰的影响，出现了一些改变。1912 年中华民国成立，时任国民大总统的孙中山先生看到当时革命党人服装繁杂，有的西装革履，有的长袍马褂，遂委托当时非常有名的裁剪师黄隆生设计制作新式服装，要求既要有中华民族的传统特点，又要适合世界潮流。

黄隆生以当时日本流行的学生制服为基样，设计制作了一套新式服装，即今天所见到的中山装的基本样式。孙中山赞扬“这种服装好看、实用、方便、省钱”。并把自己的政治抱负融于服装之中，给予中山装设计以特有含义。

中山装前襟的四个口袋象征国之四维，即“礼、义、廉、耻”；其左上口袋倒写“山”字形留有插钢笔的位置，象征以“文”治国；

孙中山

对襟有五粒纽扣，象征“行政、立法、司法、考试、监察”五权分立，以及中华民族的道德准则“仁、义、礼、智、信”；其衣袋上的四粒纽扣，象征人民有“选举、创制、罢免、复决”四项民主权利；左右袖口的三粒纽扣则分别表示三民主义（民族、民权、民生）和共和的理念（平等、自由、博爱），衣领为翻领封闭式，表示严谨的治国理念；中山装背部不缝缝，表示国家和平统一不容分裂。

孙中山做临时大总统时常穿这套样式的服装出席各种场所，为世人所瞩目，故称中山装。当时的革命党人也以身着中山装为荣。

中山装能够受到如此的欢迎和好评，大概也因为它所蕴含的意义符合了大众的民意。选择相同做法的还有美国第一任总统乔治·华盛顿，他在总统就职典礼上，穿了一件公民服，美国制造，深棕色，总统选择这么简朴的服饰自有深意，表现出在新的共和国里，注重美德而不是出身的自觉意识，体现出了美国制造的自信心，展现了美国是一个独立国家，完全可以不依靠英国人，独立自主、自力更生。

旗袍：『九翘三弯』经典不衰

杨林

『三绺梳头，两截穿衣。』这是中国古代女子的代名词。民国旗袍的出现，将中国等级森严的冠服制度抛于脑后。同时，旗袍首次将中华女性身体的曲线张扬于外：头、肩、胸、颈、腰、腿、臂及手足『九翘』，配之以领、衣襟、衣角的『三弯』，尽显体态的曲线之美。

此旗袍非彼旗袍，民国旗袍终结冠服制度

还记得《琵琶行》中的名句“江州司马青衫湿”吗？江州司马为什么穿的是青衫？原来，唐贞观四年（630年）和上元元年（674年）唐王朝两次下诏颁布服饰颜色和佩带的规定，江州司马这一低品级官职，只能穿着青衫。

朱熹在《朱子语类》卷九一中说：“衣服无章，上下混淆。”中国的冠服制度，首先是等级的符号。“白衣”“苞头”“皂隶”“绯紫”“黄袍”“乌纱帽”“红顶子”等，都是历朝历代代表某种地位和身份的名词。

据文献记载和出土文物分析，冠服制度初步建立于夏商时期，到周代已趋于完善，春秋战国之交被纳入礼治。《中国历代服饰》一书记载：秦汉巾帻色“庶民为黑，车夫为红，丧服为白，轿夫为黄，厨人为绿，官奴、农人为青”。封建时代最后一个朝代——清朝，则将服饰的等级之别细分到了极致，雍正皇

帝赐死年羹尧，就有擅用鹅黄荷包、穿四衩衣服、纵容家人穿补服的罪状。那时，长袍的开衩数量是官吏士庶开两衩，皇族宗室开四衩。而同样是黄色，皇太子用杏黄色，皇子只能用金黄色。

清朝旗女的旗袍，仍被桎梏在传统的冠服制度中。旗女所穿的长袍，等级分明，制度浩繁。袍里面穿裤，礼服袍还要加马蹄袖和繁复的装饰与附件。在清朝统治阶级“男从女不从”的高压政策下，汉人女子仍沿袭上千年的“两截穿衣”。“两截穿衣”最早可追溯至秦汉时代。当时，中国的服装就形成了两个体系，一是上衣下裳（或裤），二是“深衣”，亦即所谓袍服。袍服多为上层阶级采用，下层民众则多采用上袄下裤。

当时，清代汉族女裙种类繁多，如百褶裙、凤尾裙、月华裙、马面裙、裥干裙等。作家张爱玲在《更衣记》中曾对此记述道：“发源于满洲的旗装自从旗人入关之后一直与中土的服装并行着的，各不相犯，旗下的妇女嫌她们的旗袍缺乏女性美，也想改穿较妩媚的袄裤，然而皇帝下诏，严厉禁止了。”

辛亥革命废除帝制，创立民国，剪辫发、易服色，把冠服等级制度送进了历史博物馆。20世纪20年代，女人穿上了长袍，且颇有些男人长袍马褂的味道。《更衣记》中说道：“五族共和之后，全国妇女突然一致采用旗袍，倒不是为了效忠于清朝，提倡复辟运动，而是因为女子蓄意要模仿男子……初兴的旗袍是严冷方正的，具有清教徒的风格。”

满族红绸刺绣菊花旗袍

首都博物馆展出的民国时期的短袖纱旗袍

「有伤风化」与「推陈出新」

古代服装多用平面裁剪，其裁制一直采用直线，胸、肩、腰、臀完全平直，并不强调人的身体曲线及性别特征。而古人的审美观中，美不美主要是脸，人体曲线的肩、胸、腰、臀等被压在层层的衣衫底下。

20世纪20年代，西方思潮涌入中国，西方的审美情趣中的曲线之美，引发了旗袍式样的变革。旗袍在长短、开衩高低以及袖长袖短、领高领低等方面展开“较量”。

旗袍“九翘三弯”，渐成一种社会流行符号。

到1929年，长短适中的旗袍开始变短，下摆上缩至膝盖，袖口变短变小。后来又有校服式旗袍，下摆缩至膝盖以上3.33厘米。1931年后旗袍又流行变长，下摆下垂。一度，旗袍长度发展到极点，袍底落地遮住双脚，称为“扫地旗袍”。

袖子，原先能遮住手腕的旗袍袖子缩短至

肘部。以后袖长越来越短，缩至肩下两寸，1936 年后几乎无袖。

高耸及耳的领子也逐渐变矮，后来竟有了无领旗袍。

旗袍开衩也越来越高。起初，旗袍悄悄地在左边开了低衩。后来衩越开越高，渐渐高及膝部，高到大腿。1933 年后流行大开衩旗袍。开衩也以 1934 年为最高，乃至到达臀部，而后又逐渐降低了。

旗袍开衩越来越高，勇敢地向大腿和臀部挺进。同时，袖口也逐渐缩小，露出皓皓玉腕。时髦女子走起路来，凹凸分明，再配上高跟鞋，极富诱惑力和挑逗性，这引起了一些人的不安。20 世纪 20 年代中期，当时的东南五省联军总司令孙传芳以“有伤风化”为由，下令禁止妇女穿旗袍和美术界画人体模特。他认为那种衣服“太勾男人的眼珠儿，且女人露臂袒膀有伤风化，易招（男）人想入非非”。有时，他在街头看到年轻女子穿旗袍或裙子，便会紧皱眉头，双眼紧闭，甚至双手掩目，转过身去，以示自己“非礼勿视”。孙传芳的姨太太却不吃这一套。有一次她去杭州灵隐寺烧香拜菩萨，竟堂而皇之地穿着旗袍。孙传芳知道后也无可奈何，只好摇头叹息道：“内人难驯，实无良策。”

民国广告画中身着旗袍的时髦女子

旗袍的风波也引发了社会的广泛争议。鲁迅先生在《朝花夕拾·五猖会》中讽刺道："赛会虽然不像现在上海的旗袍、北京的谈国事，为当局所禁止，然而妇孺们是不许看的。"

在社会争议中，旗袍长短肥瘦在20世纪30年代年年更新换代，时髦女性稍不留神便会落伍。也就在这个时期，旗袍的"九翘三弯"几成定型，中华女性身材的曲线终于全部显露出来。

旗袍逐渐成了各年龄段、各阶层都能接受的主流服饰。夏衍先生在1942年所作的戏剧《法西斯细菌》第三幕中写道："静子，三十一岁，穿着质素的旗袍，已经完全是一个中年的中国主妇了。"

电影明星引领风尚 旗袍风吹入西方

旗袍渐渐成为一种社会流行符号。

上世纪二三十年代，中国电影进入商业阶段，许多人开始重视电影的商业价值。当时，中国的电影明星胡蝶、阮玲玉、陈燕燕、林楚楚等人，不仅扮演的角色穿旗袍，在日常生活中也十分喜爱旗袍。电影明星胡蝶喜欢穿短旗袍，她在短旗袍的下摆上缀上三四寸长的蝴蝶褶衣边，短袖口上也相应缀上这种蝴蝶褶。而旗袍的长度缩短到膝盖下，袖子也缩短到肘上，整个小腿和小臂袒露无余。因为“蝴蝶”与“胡蝶”谐音，胡蝶穿的这身旗袍，时人称之为“胡蝶旗袍”。

另一位电影明星顾兰君因在《貂蝉》中出色地塑造了貂蝉这一艺术形象，被誉为“活貂蝉”而声名大噪于海内外。顾兰君拍片之余，总是守在家里看护小孩子和设计裁制新式服装。她设计的新式旗袍和“脚踏车装”都很快在市场上流行。“顾兰君式”的新潮旗

民国电影演员阮玲玉旗袍照

袍，大胆在旗袍的左侧开长衩至大腿深处，同时又在袖口开了半尺长的大衩，立即成了沪上赶时髦女性的仿效对象。

当时的报纸杂志则为服饰流行推波助澜。1914年到1915年上海的热门期刊就多有涉及娱乐、服饰方面的内容。此后，许多报纸杂志辟有妇女与装饰的栏目，内容往往涉及旗袍。如创刊于1925年的《紫罗兰》半月刊，在1926年曾辟过"旗袍专栏"。沪上文人谈及旗袍，大多用赞同或欣赏的口吻，周瘦鹃写过《我不反对旗袍》、朱鸳写过《旗袍》、江红蕉写过《云想衣裳记旗袍》、冯王蕴嘉写过《玫瑰花旗袍》。

旗袍美女无疑是民国广告中最光鲜的画面。上海的商业月份牌在1930年前后趋于鼎盛，作为当时最流行的服装，旗袍得以大量地出现在这些具有广告效应的月份牌里。北京御生堂出版的《老旗袍》一书，配以320幅老照片和中国历代旗袍图片，从旗袍的始源不断演变至今，都做了比较详细的介绍，也为中国服饰的研究提供了珍贵资料。其中，美丽的女子们穿着各式旗袍向人们推销香烟、肥皂、花露水、婴儿代乳粉等当时的时髦品，就连可口可乐当年的广告，也是用旗袍女子作为吸引眼球的营销手段。

西方的丝袜、高跟皮鞋和东方的旗袍，成为摩登女郎的新行头，引领当时风潮，也成了当时一个时代的标记。

在西方，旗袍也是好莱坞当红明星的行头。格蕾丝·凯利、伊丽莎白·泰勒、伊莎贝尔·朱尔、英格丽·褒曼、简·拉塞尔、艾娃·嘉德纳、金·诺瓦克等纷纷穿上旗袍，展现迷人身姿。2006年，英国《新女性》杂志选出古今百名美女，格蕾丝·凯利位列第二位。格蕾丝在1956年嫁给摩纳哥大公，1982年在一场车祸中去世。当年，这位好莱坞明星穿旗袍出席金像奖的迷人身姿，已经成为万千影迷的永远记忆。

著名国画家谢之光设计的广告画，画中是穿旗袍的少女形象

民国阴丹士林广告画中穿旗袍的女子

有餘

年画：历史风物跃然纸上

凌光

中国人过年曾有很多习俗，其中很多都已离我们渐行渐远，成为了一种记忆，甚至是一种传说。贴年画或许就是其中之一。然而，传统是不会死去的，即便它不再彰显，也仍然会作为一种基因，渗透在我们的血液里。

“年画”一词流行于民国初年

年画是我国民间艺术中的瑰宝，很多的民间习俗、传说、思想等等，都可以从年画中了解到。

“年画”这个词是什么时候开始出现的？

据王树村先生所著的《中国年画发展史》一书考证，最早出现“年画”这个词，是在清代道光二十九年（1849年）李光庭所著的《乡言解颐》一书中，其中有“新年十事”一节，在“年画”事里说：“帚舍之后，便贴年画，稚子之戏耳。然如《孝顺图》《庄稼忙》，令小儿看之，为之解说，未尝非养正之一端也。”

李光庭为直隶（河北）宝坻县人，他所见的年画是指前人所说的“卫画”，即杨柳青作坊刻印的《二十四孝》《大庆丰年》之类。

李光庭最早提出了“年画”的说法，但这一称谓并没有被人们统一采用，直到清光绪年间，年画还常被人们称作“画片”或“纸

杨柳青年画《莲年有余》

画”，这仍然是沿袭了宋代人的说法。

年画在不同地方还有不同的称谓，如过去北京人常称年画叫“卫画”。因北京销售的年画出自杨柳青，杨柳青距离天津卫十余公里，故叫“卫画”。

民国初年，“年画”一词连同部分年画作品刊载于北京《京话日报》上。大致与此同时，上海阴阳合历的石印画亦被约定俗成称为“月份牌年画”。从此，“年画”一词才被普遍使用。

宋代世俗文化里年画真正形成

“年画”的名称是民国初年才被普遍使用的，那么，这个事物是什么时候开始出现的呢?

比较一致的看法是，年画最早是以门神的形式出现的，如果追溯年画的起源，可以上溯到汉代甚至秦代，然而年画的真正形成是在宋代。

按王树村先生的说法，年画艺术的形成有两个标志：其一，年画作品已由宗教崇拜物变为世俗商品，并通过木版刷印广为流播；其二，以描写和反映世俗生活为主的年画艺术已发展成一门独立的画种。年画艺术发展到宋代，则具备了上述两个标志。

宋代初期，太祖赵匡胤采取“杯酒释兵权”的策略巩固中央集权，同时鼓励开国功臣等在歌舞相伴的安逸享乐中度过晚年，这刺激了以瓦舍为代表的世俗生活的发展。瓦舍也称瓦肆，是宋代开封城里劳动大众的游乐场所，娱乐方式丰富多样，民间说唱歌舞、傀儡杂戏等皆集中于此。宽松的社会环境也为手工业、商业的繁荣提供了保障。市民对世俗文化的需求逐渐增大，年画等年节点缀之物广受市民欢迎。谭红丽、唐家路所著的《年画》对此有很多描述。

宋代文人画、风俗画艺术的发展，也是年画形成与发展的重要条件。由于宋太祖不喜欢收藏名画，许多历代名画流落市井，这为民间艺人学习传统文人画技法提供了很好的条件。

宋代的年画泛称“纸画”，有版印和手绘两种。版印年画主要题材有门神及门画、灶王马、钟馗、桃符、春牌等。这类年画在使用上都是一年一换。而且粘贴在居室的固定位置上，其艺术形象基本定型。而北宋时雕版印刷技术达到新的高度，也是年画流行的一个十分重要的条件。手工绘制的年画内容主要是描写乡村世俗生活，着重反映农家喜庆丰收、合家欢乐或村童嬉戏的场面。由于这类作品深受欢迎而绘制速度较慢，于是，刘宗道等民间艺人便创造出“底样”摹拓法，用一份手稿摹拓数百份画，上市出售。这种底样摹拓技法，直到清末在苏州、绵竹、杨柳青画坊里，仍一直流传着。

明朝官场文化让年画重喜庆题材

明朝建立以后，人们对驱魔逐鬼的门神、钟馗信仰渐渐淡化，而盼望百福临门、五谷丰收、子孙昌盛、长生不老的思想日渐浓厚，因而，寓意吉庆祥瑞题材的绘画有了较大发展，从而也促进了年画的发展。

据史料记载，明朝宫廷中常将《耕织图》《三月韶光》等风俗画，以及明太祖朱元璋起家征战之事的绘画悬挂于宫中，以教化皇亲国戚以及宫中贵人。这类绘画选材与年画十分近似。如朱元璋“身所经历艰难起家”在现代年画中仍有表现。

另外，明代年画中喜庆题材的作品较多，与当时官场权贵之间请客送礼、贺喜庆寿之风也不无关系。明代中期严嵩被诛抄家后，书画目录中有许多颂扬喜庆题材的绘画，这也从侧面反映了寓意喜庆吉利、迎福纳祥内容的年画在明代越来越多。

吉祥年画经过几千年历史的积淀，在民间

桃花坞年画《一团和气》

艺术中定格为最有普遍意义的福、禄、寿、喜四者。其中尤以前三者为甚。明代以来，福禄寿三星画借助了木版年画的传播媒介和讲求祝寿奢华之风尚，在社会广泛流行开来。

明朝是小说传奇及戏曲杂剧等民间流行读物繁盛的时代，而且所刊之剧本、通俗小说几乎无一不附插图，这些对年画艺术也产生了很大影响。

据史料记载和考证，天津杨柳青、山东潍坊杨家埠、苏州桃花坞年画均为明代开始兴起。

明代木刻《西厢记》插图

清初年画人物仍穿汉服

清代年画艺术的高度发展，是以往任何一个朝代都无法比拟的。

清王朝在完成全国统一之后，采取了一系列经济政策奖励垦荒，招集流亡，减轻赋役，发展农业生产。所以康熙年间的《耕织图》甚多，这点也反映在民间年画中，如杨柳青的《庄稼忙》《渔樵耕读》《五谷丰登》《闲忙图》，福建漳州的《纺织图》，以及苏州的立幅《耕织图》等。此外以描写家庭欢乐、儿童嬉戏，反映社会安定、乾坤清泰的题材也很多。

清初民间年画除题材特征之外，还有形式上一大特色，即画面上的人物衣着无论男女老少，皆非清朝服饰，而是清以前的汉族服饰，反映了当时汉族文化优越感和对异族统治强烈不满的情绪。

就尚存的清初天津杨柳青和苏州桃花坞等地印绘的年画来看，画面上无论是属于历史小说或描绘现实生活中的人物，都还未发现发垂长辫、衣穿对襟式马褂短衣者。这一特点可作鉴定康熙年间刻印的年画依据之一。

古籍《康熙耕织图》(局部)

清晚期年画题材『很政治』

乾隆初期的年画作品在刻绘技艺方面别开生面。它模仿西方铜版画之技法，人物衣着有明暗光泽，屋宇城楼有向阳背阴立体之感。这一画法是当时宫廷画院中崇尚的外来西洋画法，在当时被民间画工所吸收，称为“泰西笔法”。如苏州、北京等地画工绘制的“西湖景”，皆采用西方焦点透视法，“令人几欲走进”。杨柳青年画更多受其影响，唯明暗阴影常用彩笔晕染，别有意趣。

嘉庆、道光以后，是清朝统治急剧衰败的时期。随着鸦片战争的结束和中英《南京条约》的签订，中国已开始沦为半殖民地半封建社会。数十年间社会动荡，人民生活日益穷困。民间年画艺术的发展速度相应有所减慢。但另一方面，年画作坊迫于竞争，不得不刻制人们急于闻见的反映社会现状的新样，其题材开始广泛而深刻地与政治时事结合起来。

杨柳青年画《爱国大扑满》，内容体现了清朝末年在振兴中华、抵御外侮思潮的影响下，一位青年人在街头发表爱国演说

其中，既有唾骂清朝政府腐败的，又有歌颂清军反帝得胜的；既有描绘太平天国兴兵反清的，又有刻画曾国藩广西剿粤匪的。还有画卖国贼借洋枪队屠杀自己同胞、义和团拼死反击八国联军侵略，以及宣传爱国图强、练武习文以御外侮，称赞西方科学发达、介绍现代新鲜事物等。

此一时期之年画，反映了半殖民地半封建社会里错综复杂的时代现象，带有参政议政的新思想，体现了封建社会已近末日，人民民主思想意识的萌芽和成长。

民国时期西方技艺渗入年画

近代印刷术由国外传入，给木版年画带来了相当的冲击，由此首先兴起的是石印年画。石印年画最早产地为上海和天津，其中以天津历史最长，上海后来则集中出版胶版印刷的月份牌年画。

清末兴起的以石印机器印制的年画，逐渐占领了苏州桃花坞、天津杨柳青这南北两大木版年画市场。到了辛亥革命后，两地木版年画虽然尚有新题材的画样刻印，但已寥寥无几，屈指可数了。往后，除了四川、湖南、湖北、福建、陕西、山东、山西等地年画作坊仍能维持刷印木版年画外，天津杨柳青、苏州桃花坞和上海小校场等年画作坊，都以刷印门神、灶君、天地众神等为主。这是因为百姓们皆认为木版刻印者才是神灵所附，故尚能维持下来。

黄雅峰《年画》一书中讲到，清末兴起的月份牌年画在民国初年的上海得到发展。上海原有的小校场木版年画逐渐被新崛起的月份牌画所取代。月份牌画成为年画中异军突起的一个新品种。

月份牌画源于西方的经济文化渗入。随着中外交流的增加，为解决用公历计算日月时间的问题，开始出现阴阳合历的月份牌历画。月份牌画开始用石印制作，画面除了商品宣传外，表现的大都是中国传统题材的形象，或传统山水，或仕女人物，或戏曲故事。

月份牌画创作采用擦笔淡彩画法是一大突破。在此艺术风格形成时，郑曼陀首先摸索创造此法，开创了月份牌的新画风。1914 年，他采用此法创作了第一幅月份牌画《晚妆图》，其作品造型准确，手法细腻，色彩明快，为月份牌画独特风格的形成奠定了基础。1915 年，他绘制月份牌画《贵妃出浴》，这是月份牌画中最早出现的裸体画，其立体感强，色彩明丽，使人耳目一新，受到社会广泛欢迎。

月份牌画是年画艺术的新突破，在后来的新年画艺术发展中也占据着重要地位，然而在当时，由于受到地域和时代的局限性，其作品中所透露出的奢靡的气息过于浓重，反映了那个时代的特点。

郑曼陀《晚妆图》

目 录

第一编

钱荒：困扰千年的治国难题

母冰

钱荒指的是由于流通领域内货币相对不足而引发的一种金融危机。事实上，钱荒在我国早已存在了几千年，成为困扰南朝、唐宋、明清等封建统治者的大难题。

中国是世界上最早使用铸币的国家。距今三千年前殷商晚期墓葬出土了不少『无文铜贝』，这是最原始的金属货币。到了春秋战国时期，已经逐渐确立了布币、刀币、蚁鼻钱、环钱四大货币体系，它们分别由刀、铲、纺轮等劳动生产工具演化而来。

秦统一中国后，秦始皇统一了货币。规定以『黄金』为上币，以镒（二十两）为单位，以圆形方孔铜钱为下币，以半两为单位。

汉始『劣币驱逐良币』

秦统一六国后收天下兵器铸十二金人，这势必影响铜钱的铸量。因铜价较高，故“秦半两”钱价值很高。汉承秦制沿用半两钱，但当时国家很穷，改铸了许多小钱，尤其是一种“小半两”，形似榆树果实而称“榆荚半两”，重不足一克，直径不足一厘米，结果当时就出现了“奸钱日繁，正钱日亡”。但是这只是“劣币驱逐良币”现象，真正的“钱荒”还尚未出现。

东汉末年，黄巾起义爆发，此后的四百多年间，北方政局动荡，北方人口、财富、生产技术大量南迁，东晋和南朝统治时期的江南地区经济取得了一定程度发展，铜钱的流通范围扩大。而从司马氏建立了统一的西晋政权，到东晋南渡，都一直未铸新钱，再加上铜料短缺，铜钱被大量储积，造成钱币严重匮乏。钱币匮乏，导致物贱伤农，国库空虚。

为了解决钱荒问题，南朝政府铸造小钱，小钱重量不及旧钱，却规定与旧钱有同等购买力，人们纷纷剪凿旧钱以铸小钱。南朝政府还将库存的大量钱币用以购买农产品，防止农产品价格下跌，缓和社会上的货币不足。南朝齐武帝永明六年（488年），政府举行过一次大规模的和买，“出上库钱五千万，予京师市米、罗、丝、绵、纹、绢、布。”但社会货币总量的匮乏不可能由政府一次放出资金就得以解决，况且政府放出的货币又会以各种税目回收，因此钱荒现象数度出现。

圆形方孔铜钱

无文铜贝

蚁鼻钱

唐朝重税收致『钱重物轻』

唐朝前期曾经发生“钱重物轻”现象。在租庸调制下，农民交纳的主要是实物，所以物价变动对农民生活的影响是不明显的。随着土地兼并愈演愈烈，均田制的瓦解使租庸调制无法维持下去。唐建中元年（780年），宰相杨炎建议推行“资产为宗”的两税法来取代租庸调制。实施伊始，“岁敛钱二千五十余万缗，米四百万斛，以供外；钱九百五十余万缗，米千六百余万斛，以供京师”，此后税收日益苛重，终于导致唐贞元三年（787年）年末出现“钱重物轻”现象，此后钱荒就一直困扰着大唐王朝的统治者。

为了解决钱荒，唐政府采取一系列管制办法，除了禁止私铸外，还禁止销毁钱币，禁止钱币外流，禁止过量储藏钱币；奖励采铜，收购民间铜器用作铸钱原料，武宗甚至将佛像和法器用作铸钱；同时强令使用布帛等实物货币，并将杂税“除陌”合法化。然而，直至唐亡，钱荒问题始终未获得解决，民间及政府一直使用短陌钱，而且除陌数额日趋增多。

钱荒到了宋代更为严重，尽管宋代铸造的钱币数量多得惊人，整个两宋时期足有几亿贯的钱币铸出来，最多的年份甚至可铸五百万贯。宋人总结钱荒的原因主要有四个方面：鼓铸不登（铜钱产量不高）、渗漏不赀（铜钱外流）、销钱铸器、私家藏匿。其中鼓铸不登是北宋时期所没有的，它只出现于南宋，北宋时期年铸钱数额在一般年份都远远超过百万贯，“自渡江后，岁铸才八万缗”。渗漏不赀、销钱铸器自北宋初期就已存在，而且屡禁不止。

包恢在《禁铜钱申省状》中提到，南宋后期，日本商船每年有四五十艘到庆元，“所酷好者，铜钱而已”，“一船可载数万贯文而去”，至于“台城一日之间，忽绝无一文小钱在市行用”。而且，因为铜钱能够保值，宋朝的富家普遍有积贮铜钱的习惯。两宋时已发行纸币，但贬值厉害，而铜本身的价值却是稳定的。此外，销钱铸器能够获得巨额利润，“江浙之民，销毁钱宝，习以成风”。“销熔十两得精铜一两，造作器用，获利五倍”。

元代只铸行了少量铜钱，货币主要流通纸币。元代的纸币

宋代纸币

称为钞。纸钞发行量有严格限制，但元末政治腐败，政府只好靠滥发纸币来弥补财政，引起物价飞涨。加上黄河改道泛滥，天灾人祸，从而导致王朝灭亡，故称“开河变钞祸根源”。

鸦片输入酿『银荒』危机

唐宋的“钱荒”也可以称之为“铜荒”，那为什么金银没有成为货币呢？从史书上看，金银在唐宋大抵只是上层官僚财富贮藏的手段，或者是地方豪强折抵徭役的对价，始终没有成为主要币材。明清时代开始使用白银作为货币，这一期间“钱荒”就变成了“银荒”。

明朝开国之初，统治者出于垄断财富的需要，推行纸钞，禁用金银，但实际上一直禁而不止。早在洪武十七年（1384年），明政府就将部分税粮折为白银征取；正统元年（1436年），十万两“金花银”的征收更成为与明朝相始终的定例。到了万历时期，“一条鞭法”令白银的法定货币地位正式确立了。

白银的广泛使用，一定程度上使得明中期社会繁荣，商品价格稳定，资本主义萌芽也慢慢产生了。然而赋税折银加重了老百姓的负担，顾炎武曾亲历陕西的“银荒”：陕

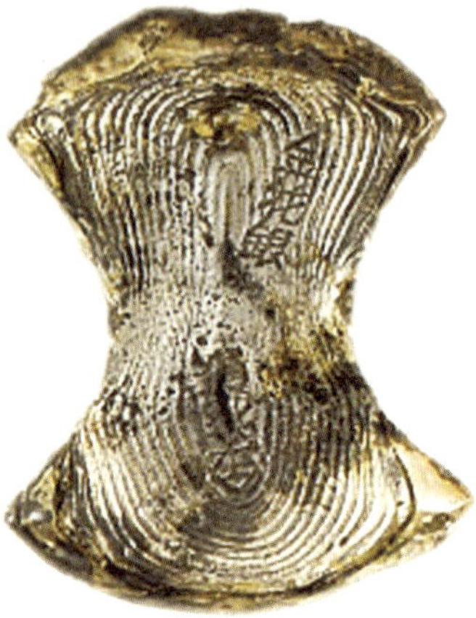

“金花银”十两银锭

西当时虽然大丰收，却出现了“民且相率卖其妻子”的现象，原因便是民众无法集纳所需的白银赋额。再加上中国不是产银大国，白银依赖海外进口，一旦海外供给不稳定，势必会陷入沉重的经济和财政危机当中。明末之际，由于海外白银通道相继中断，辽东战事耗银巨大，国库逐渐空虚，因此不得不把危机转嫁到百姓身上，加上天灾和人祸不断，从而导致明朝的灭亡。

清代前期，由于市场白银量不足，“银荒”现象非常严重，“四海之内，日益困穷”，“至于今，银日益少，不充世用”。清朝能迅速恢复元气，与统治者采取了较为开明的工商政策是大有关系的。

康熙二十三年（1684 年），康熙在海疆敌对势力的威胁解除后开放了海禁。据《清朝文献通考·市籴二》记载，康熙南巡至苏州时，见该地“每年造船出海贸易者多至千余，回来者不过十之五六，其余悉卖在海外，赍银而归”。西方人同中国人交易的主要货物就是北美生产的白银。

清代王翚等所绘《康熙南巡图》（局部）

到了19世纪上半叶，英国为争夺白银财富将大量鸦片输入中国，中国白银大量外流，导致中国发生“银荒”危机。1845年，湖南有些地区，因“银价日昂，银复艰得，农者以庸钱粪直为苦”。道光末年，四川有些地区“连年丰稔，谷贱伤农，每岁所得，不敷工本”。

“银荒”危机发生后，全国十八省一千五百多个州县普遍存在严重的农民流亡问题，造成了社会的急剧动荡。面对内忧外患的严重局势，清政府试图通过铸造大钱、发行票钞的通货膨胀政策解困，却使得“银荒”危机严重恶化，经济和社会危机进一步加深，最终导致了清王朝的灭亡。

万物说

宋金争夺铜钱的“货币战争”

在古代生产条件和冶炼技术比较落后的情况下，铜来之不易，因此为了维护国家对铸币权的垄断，就必须对铜实施管制，严禁铜越界外流。1141 年宋金议和，但双方处于对峙阶段，当时两国就曾经爆发了一场争夺铜钱的“货币战争”。

金国处于中国北部，大型铜矿较少。为了能够得到更多的铜钱，金国对于铜钱的输入采取鼓励的措施。金国仿宋交子在河南发行交钞，目的是为了收兑散在民间的北宋铜钱，并全部运到北方女真统治的大本营。在淮北用“短陌吸引宋钱”，宋朝一百枚铜钱一串，到金国六十枚就算一满串。同时“压低物价，套购宋钱”，金国向南宋以成本价售盐，但宋人必须用铜钱买。金国产绢，同样质量，绢价比南宋低将近一半，金国一匹绢价一贯钱，而南宋至少要三贯。以上举措一方面可以在榷场贸易中吸引南宋商客过界，多得课税；另一方面为南宋铜钱运输者带来丰厚的利益，刺激他们携带铜钱与金国贸易。

为了遏制铜钱外流，南宋采取措施严厉查处携带铜钱出关的人，查处措施包括：没收铜钱、加倍罚款、革职、断荫赎。其中断荫赎最狠，就是说从能查到的祖宗开始，死人、活人官职一起罢免。查处虽然很严厉，但弄铜钱到金国能挣很多钱。“法禁虽严，奸巧愈密，商人贪利而贸迁，黠吏受赇而纵释，其弊卒不可禁。”总之，在诱人的巨大利益驱动下，法令虽严，但其结果是屡禁不止。这场铜钱争夺战，南宋一败涂地。

短陌——与钱荒如影随形

短陌是指以不足一百实数的钱当作一百钱使用的现象。百文钱为“陌”，十足的百文钱称为“足陌”，不足百文钱的称为“短陌”。这种离奇的货币计量方式，世界各国是没有的，却在我国存在了一千五百余年，历史上每次的“短陌”现象总是伴随着“钱荒”的存在而出现。

关于“短陌”的由来，最早记载于魏晋南北朝时期。东晋著名炼丹家葛洪在《抱朴子·微旨》中说：“取人长钱，还人短陌。”当时这种做法只是少数人占人便宜的做法，为人所不齿，《抱朴子》甚至视其为会折寿的行为之一。合理不合法的“短陌”现象突出地发生在南朝萧梁后期。《隋书·食货志》中记载，梁武帝萧衍时期，诏令规定，“自破岭以东，以八十为百，名曰东钱；江郢以上，以七十为百，名曰西钱；京师则以九十为百，名曰长钱。中大同元年，天子乃诏通用足陌。诏下而人不从，钱陌益少。至于末年，遂以三十五为百云。”

唐朝中后期，由于钱重货轻，“短陌”又一次出现。长庆元年（821年），穆宗敕，“从今以后宜每贯一例除垫八十，以九百二十成贯，不待更有除及陌内少欠”。这标志着唐中央政府不得不承认这一因货币流通规律所致的“陌内欠钱”现象，并做出统一的“除陌”规定。

北宋时期，宋太宗赵光义规定一律以七十七文为一陌，七百七十文为一贯，称为“省陌”。到了后来的明清时期，据《畿辅通志·钱币》记载：“京师用钱以五百为一千，名曰京钱；宣郡以三百三十三为一千，名曰宣钱；通州以东至山海关，以一百六十六为一千，名曰东钱。不知起于何时，相传前明兵饷不足，以故减短之数因地而异。”

“短陌”法可以节约铜钱及铜料，并且在不增加铸币数量的前提下，满足货币支付的需要，维持社会的稳定。但是贵族和豪商往往会在放债时按“短陌”法付钱，“足陌”收钱，以此盘剥农民。广东一带盛行的“九出十三归”的借贷方式，就是“短陌”法的继续。

右图为北宋张择端《清明上河图》（局部），反映了北宋时期繁荣的经济状况

腊赐：汉代始有年终奖

母冰

每当年关将近，辛苦一年的职场人将目光聚焦在『年终奖』这个大红包上。那么，年终奖究竟经历了怎样的历史变迁？

年终奖从何时兴：汉代『腊赐』相当厚

年终奖在我国很早就有。在东汉时期，一到腊月，皇帝就开始给文武百官发年终奖。《汉官仪》中记载“腊赐”一项为：大将军、三公各钱二十万、牛肉二百斤、粳米二百斛，特进、侯十五万，卿十万，校尉五万，尚书三万，侍中、将、大夫各二万，千石、六百石各七千，虎贲郎、羽林郎二人共三千。据说当时三公和大将军的月薪只有一万七千五百钱，领这一回年终奖，相当于一年的工资了。

宋代官员的俸禄包括正俸（钱）、禄粟（米）、职钱、公用钱、职田、茶汤钱、给卷（差旅费）、厨料、薪炭等许多令人眼花缭乱的名目，工资虽然很高，但年终奖却很少。每年冬至，皇帝给高级官员们发年终奖，宰相、枢密使以及曾经封王的大臣，每人只有五只羊、五石面、两石米、两坛子黄酒而已。

清朝皇帝年底多用荷包赏赐大臣。《啸亭续录》载：乾嘉时期“岁暮时诸王公大臣皆

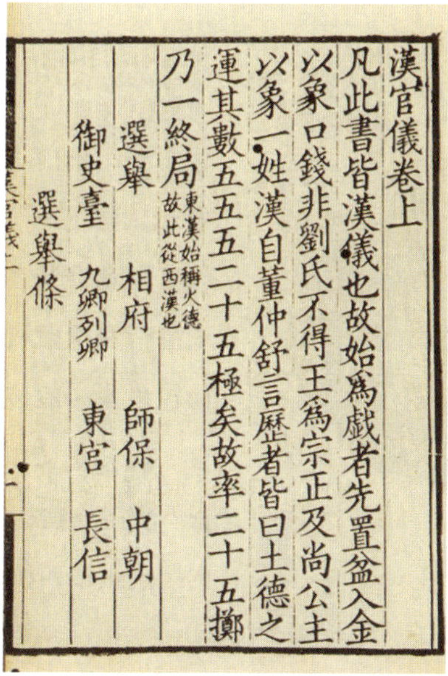

漢官儀卷上

凡此書皆漢儀也故始爲戲者先置盆入金以象口錢非劉氏不得王爲宗正及尚公主以象一姓漢自董仲舒言歷者皆曰土德之運其數五五五二十五極矣故率二十五擲乃一終局東漢始稱火德故此從西漢也

選舉　相府　師保　中朝

御史臺　九卿列卿　東宮　長信

選舉條

古籍《汉官仪》书影

首都博物馆所展出的民国荷包

民国大洋

有赐予；御前大臣皆赐‘岁岁平安’荷包一”。这赏赐的荷包里究竟会装着多少钱呢？岁末皇帝赐给蒙古亲王的那对大荷包里，一般装有各色玉石八宝一份；小荷包四对，内装金银八宝各一份；又小荷包一个，内装金银钱四枚，金银锞四枚，这也算是挺丰厚的“年终奖”了。

民国时期，商店的伙计、公司的职员一般也都有年终奖。年终奖有多有少，掌柜或者经理可能有个上千块或者几百块大洋的年终奖，伙计和普通工人有个几十块或者几块大洋的年终奖已经很不错了。商铺和作坊都有一批学徒，学徒一般是没有工钱的，可是却有年终奖。大方的老板会给个二三十块大洋的红包，小气的老板会管学徒一顿好饭，这顿好饭也可以算是年终奖。那时候一年三百六十日（阴历），地主家的长工吃肉的日子大概有二十多天。这些日子多数集中在正月，地主家给长工吃肉则是一种拉拢鼓励的表示，而正月没有给长工加肉的东家，会蒙上悭吝的恶名。这吃肉也可算是长工的年终奖了。

新中国成立后，计划经济时代的工厂和机关单位实行实物发放的福利制度，快过年的时候不发年终奖金，而是发食物或者票券，最典型的是冻带鱼、大块的冻肉，或者让大家排队轮流获得

粮票

自行车票、缝纫机票。因为发了钱也没用，大家有钱没票买不了什么好东西。大家的年终收获取决于单位是不是“利害部门”，厂长或者局长有没有“本事”和“魄力”。随着改革开放的深入，市场上商品极大丰富，实物奖励逐渐取消，单位开始在年底发放年终奖金了。

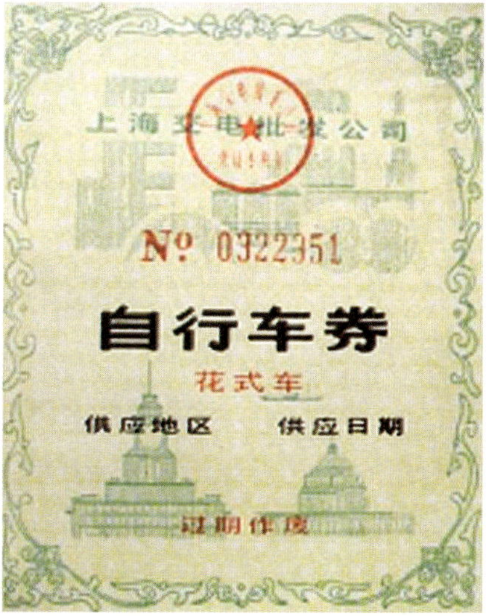

自行车券

年终奖从哪里来 创收方式各不同

在我国古代，高级官员的年终奖由朝廷发放，小官和小吏的年终奖则需要他们自己想办法创收。

秦汉魏晋时期，公文写在竹简上，公文传达过程中，用口袋把公文装起来，再糊上胶泥，盖上公章。另一个部门收到这个口袋，剥掉胶泥，把公文倒出来，装公文的这个口袋就成了废品。那时候装竹简的口袋有皮质的、有丝织的，也有麻布的，都能卖钱。攒的口袋多了，到年底运到市场上卖掉，年终奖就有了。

唐朝和宋朝有一段时间允许各州府衙门向民间放高利贷。高利贷的本金，有朝廷拨付的“本钱”和“公用钱”，也有官员们自己凑的集资款。获得的利润，国家财政抽小头，地方留大头，大部分利息都存进了小金库，其中一些钱用以岁尾发年货、发红包。

明清时期官员的俸禄很低，京官的年终奖

爱新觉罗·载涛，清宣统帝
爱新觉罗·溥仪的叔叔

金不是朝廷发，而是来自地方官员。当时地方官员来钱渠道多，而京官就比较穷困一些。地方官员为获取信息和得到京官的照应，每当冬日降临，往往以为京官购置取暖木炭为名，向六部司官孝敬钱财，此谓“炭敬”。有诗证曰：“瑞雪逍遥下九重，行衙吏部挂彩灯。频叩朱门献暖炉，玉做火塘熔炭红。”

实际上，炭敬就是春节过节费，在地方上叫节敬。炭敬是“馈岁”（新年礼物）的意思，所以地方官员赠送所附的信里一般不直接说数目，而以梅花诗八韵、十韵或数十韵来代替，如果是四十两银子就说是“四十贤人”，三百两就说“毛诗一部”，显得很儒雅。有人送贝勒载涛一千两银子，信封上写的是“千佛名经”四个字，可是这个花花公子连这个意思都不懂，还拿给别人看，后来拆开，才发现里面是一千两的银票。

假日：国人休假始于秦汉

母冰

我国休假制度起源于官员休假，初多与节令、时令日庆贺活动有关，后渐出独立休假制度。

汉官平日居舍中 五日一休沐

休假制度，早在我国的秦汉时期就已有之。《史记·高祖本纪》记载：刘邦担任亭长职务时，就“常告归之田”。“告”是什么呢？三国孟康《汉书注》：“古者名吏休假曰告。”西汉时期，休假制度基本形成，汉代官吏供职期间，一般居住在官府修建的舍中，不与家人同住。因此《汉律》规定：“吏员五日一休沐。”《汉书》也记载：“每五日洗沐归谒亲。”对于“休沐”，唐朝《初学记》解释得很清楚：“休假亦曰休沐。汉律，吏五日得一休沐，言休息以洗沐也。”

除了类似周末的休假外，汉代政府还规定了节庆的假日。《后汉书》记载：“冬至前后，君子安身静体，百官绝事，不听政，择吉辰而后省事。”也就是说从冬至日起，百官都要放长假休息，假期休完另选吉日开衙办公。

元代全年节假日仅十六天

魏晋南北朝时期，开始出现官吏间互相“轮休”。轮休制度，因为符合人性化管理，开始被各个朝代采用。从唐代开始，不在官府值班的官员下午以后就可以回家。由于大部分官员和他们的家人住在一起，因此没有必要每五天作一次短期的休假。唐代《假宁

清代黄慎所绘《蹴鞠图》，蹴鞠活动于宋朝达到鼎盛，画中反映了闲暇时间的娱乐场景

令》规定，休假制度从五日休一天改为十日休一天，称“旬假”，即每月第十天、二十和最后一天，各休假一天。宋代休假制度基本沿袭唐代，但是比唐朝宽松一些。那时候的休假，提前要“告假”，假期满后要“销假”，否则便会罚俸甚至罢官。

宋代法常所绘老子像

唐宋时期除了这几天一休的“旬假”以外，还有许多的节庆假日。在唐代，有五十三个各类节庆假日，学生有专门的田假和授衣假。宋代有五十四个各类节庆假日，但只有十八个节假日官员可自由活动，其余三十六个可能要出席相应节假日庆典活动。

唐代重要人物的生日也要放假，重要人物主要有三个人：老子、释迦牟尼和皇帝。老子诞辰、佛诞放假一天，皇帝诞辰放假三天。到了宋代，老子诞辰、佛诞的假日取消了，只剩下皇帝一人。除了以上这样的假日外，如果皇帝哪天心情好或者遇上喜得贵子等高兴的事情，也会放假。

宋代过于宽松的休假制度造成了吏政涣散，元朝为了防止重蹈覆辙，假日大幅减少。在元朝统治者看来，生命在于运动，工作就是休息，官吏们全年的节假日减少到十六天。

清朝时『匿丧不报者，革职』

明清时期，许多假期被完全免掉了，除了父母去世的三年“丁忧假”外，少有的假日也要皇帝特批才能获得。这段时期全年只有三个节庆，即春节、冬至与皇帝的诞辰，这种改变显示了个人对皇帝和父母义务的强调。有人为了头上的乌纱，敢冒天下之大不韪，对“丁忧”隐匿不报。朝廷对此的态度是绝不姑息，清政府规定“匿丧不报者，革职”。

同时，出于维护孝道的需要，如果你是家中独子，向上级说父母生病了，就可以休假。正如太平天国时期在中国的英国外交官密迪乐于其《中国人及其叛乱》中所说：“政府即使明知官员是在逃避公务上的困难，也不敢拒绝身为独子的官员以照顾母亲为由告假；但是另一方面，官员却从来不敢因为照顾病痛中的妻子而告假。”

国子监学生有田假和授衣假

国子监的学生也经常放假，甚至有专门的田假和授衣假。《新唐书·选举志上》说："每岁五月有田假，九月有授衣假。"田假是专门为农忙时节而放的假，此时出身于农家的学生都会赶回家里帮忙；授衣假意为九月天气变冷的时候，专门放假让学生回家准备过冬的衣服。

古时的国子监因为设在京城首府，国子监的监生都是从全国各地选拔而来，有的路途很近，有的却很遥远，为了方便学生回家，田假和授衣假假期都比较长，时间有一个月。更为可取的是，这一个月的假期是不包括学生来回奔波的时间的。明朝时太学生待遇十分优厚，每月不仅可以补六斗米，还能获得鱼肉奖励，甚至每月还可以领取一些俸禄，但学生要穿御定的学生服，如果想回家得皇帝批准才行。

西方人带来了星期天

鸦片战争以后，西方人大量进入中国，他们每星期休假一天，一开始国人对此非常反感，认为星期日休息是一种精神和钱财的极大浪费。但是随着来华的外国人日益增多，生活共处耳闻目睹，国人也开始慢慢了解了星期日公休的意义，逐渐认为这是一种良风美俗。

首次见到中央政府关于实行星期制休假的规定，还是在中国近代第一个由国家颁布的、史称“壬寅学制”的文件里。1902 年 8 月 15 日，朝廷颁布《钦定中学堂章程》《钦定高等学堂章程》，其中规定全国的中等、高等学堂，一律实行星期制，逢星期天休息。不出四年，星期制就走出校门，在京城的中央机关，先采取星期制的是与学堂有关联的学部，之后是分管经济和外交的商部和外务部，到后来，被视为最保守的礼部和吏部也采用了星期制。

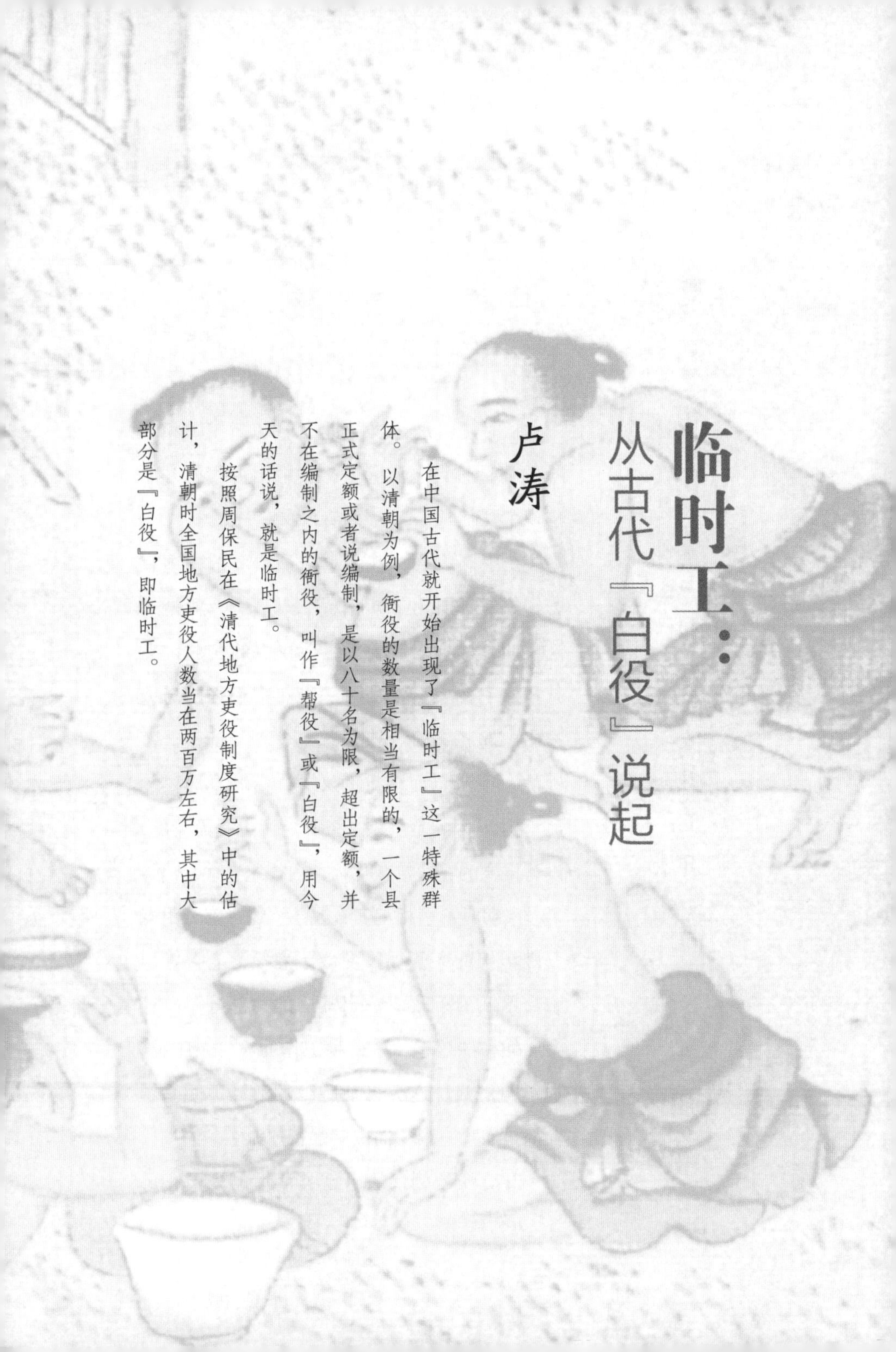

临时工：从古代『白役』说起

卢涛

在中国古代就开始出现了『临时工』这一特殊群体。以清朝为例，衙役的数量是相当有限的，一个县正式定额或者说编制，是以八十名为限，超出定额，并不在编制之内的衙役，叫作『帮役』或『白役』，用今天的话说，就是临时工。

按照周保民在《清代地方吏役制度研究》中的估计，清朝时全国地方吏役人数当在两百万左右，其中大部分是『白役』，即临时工。

中国古代临时工称『白役』

临时工，是与“长期工”“正式工”相对应的一种称谓，实际上，在中国古代就开始出现了“临时工”这一特殊群体。

在中国古代，基层政府最重要的两项权力，一项是收税，叫作“钱粮”；一项是司法，叫作“刑名”。这两项权力的实施，尤其司法和治安，都需要一批年富力强的男人去出力跑腿。而早期时候，这种活计是老百姓的一项法定而沉重的义务，由城乡居民轮流承担。因为是一项义务，所以也是无偿的，没有报酬的，通常被称为“白役”。

宋朝时，宰相王安石改革，将一部分由老百姓承担的无偿徭役变成了雇役，老百姓出钱交给政府，政府拿出其中的一部分，向社会雇佣一些乐于从事此种工作的人打杂跑腿。到了明清时，这类打杂跑腿的活计，便基本上都是雇役，很少向民间强行摊派了。

以清朝为例，从事这类活计的人员，最

主要的叫作衙役，分为四班：皂班、快班、民壮和捕班。此外，还有门卫、狱卒、看守、法医等人员。按照清朝的规定，这些衙役的数量是相当有限的，一个县正式定额或者说编制，是以八十名为限，当然有的地方的在册衙役达到一百来人，而实际人数远远超过定额。超出定额，并不在编制之内的衙役，叫作“帮役”或“白役”，用今天的话说，就是临时工。

那么清朝的衙役中有多少是临时工呢？史料载，明末清初的侯方域曾说，一些州县仅“白役”就有上千人。曾在四川巴县当过官的刘衡也说，巴县原有衙役七千人，他上任一年后，“役等无所食，退散六千七百八十人，存者寥寥数百人耳”。嘉庆二十二年（1817年），监察御史程伯銮奏川省积弊说各州县粮快（即收税和抓捕犯人的）两班多至千人。道光时，御史王玮庆奏请裁革州县“白役”，指出山东州县差役，多至一千多名。光绪初，御史李郁华奏称，新华县遇有命案，往验时衙役动辄至数百人，无名“白役”不下一二千人。按照周保民在《清代地方吏役制度研究》中的估计，清朝时全国地方吏役人数当在两百万左右，其中大部分是“白役”，即临时工。

“白役”没报酬，有陋规收入

为什么古代官府会有这么多的临时工呢？原来，随着经济社会的发展，确实需要有更多从事社会管理的人员。一个数万人到数十万人的县，如果从事治安司法征税的人员仅仅数十人，必然无法满足需要，在编制被定死的情况下，招收临时工是不得已的选择。但最为关键的是，从事衙役这类被认为是贱役的工作，实际上有很多实在的好处，不少人争做衙役，编制容不下，就宁做临时工。

按照规定，不在编制的“白役”没有正式报酬。另外，从社会地位来讲，自明朝朱元璋时即将衙役们的地位定为“贱民”，本人和后代都不许参加科举考试，不许当官。但即使是这样，仍然有很多人愿意去做“白役”，甚至一些家道不错的人家也要做挂名衙役。所谓挂名衙役，就是在政府挂个名，实际上并不亲自去上班，这些挂名衙役还必须每年向州县交纳二到四两银子，才能保住这

《康熙南巡图》（局部）中展现了大量官兵的场景

个挂名。

没有什么正式经济收入，政治上又被贬为贱民，人们为什么要挤入衙役队伍哪怕当个临时工呢？首先，这些临时工是被免除徭役负担的，此外，衙役是在为官府打工，官府这张“虎皮”含金量很高，只要善于使用，完全可以随时变现。官府既然不能给衙役们正常的报酬，那么，就允许他们靠山吃山、靠水吃水。无论催粮收款，还是办理刑事案件，都是敲诈勒索的绝佳机会。而有些敲诈勒索的项目，年深日久，居然成为惯例甚至制度，成为种种“陋规收入”。

做一个衙役，能够通过敲诈勒索得到不少好处，平时也可以骗吃骗喝，远比在乡下种庄稼划算，心黑“能干”更是可以积累大量财富。又由于他们是在官之人，狐假虎威，虽然是贱民，但在乡里却往往被乡亲尊敬，被称呼为“老爷”。对于一些家道不错的地主来说，有这样一个在官的身份也可以保护家庭地位和财富，免得被他人尤其被官府侵吞。

鲁迅

其实，在封建社会，除了政府部门存在大量临时工，在广大的农村也是存在临时工的。明末清初的褚人获在《坚瓠秘集·长短工》中记载：“吴中田家，凡久佣于人者，谓之长工；暂佣于人者，谓之短工；插莳时而暂唤者曰忙工。”这里的短工、忙工实际上都可以被认为是一种地主家的临时工。

对此，鲁迅在《呐喊·故乡》中也有记载：“我们这里给人做工的分三种：整年给一定人家做工的叫长年；按日给人做工的叫短工；自己也种地，只在过年过节以及收租时候来给一定的人家做工的称忙月。”这里的短工和忙月其实也属于临时工。

劳动法实施取消临时工称呼

新中国成立后，“临时工”依然存在，那时，“临时工”与“正式工”的区别主要在于：临时工不具有“在编身份”，与正式工的人事管理制度不同；工资基数与正式工有所不同；所享受的福利待遇也多有不同。临时工在用工期结束后会被解除劳动合同，来自农村的返回农村；来自城镇的由当地劳动行政部门办理待业登记，并负责管理。

随着临时工的大量使用，新的问题开始产生，大量农村人员纷纷进城。1957 年，劳动部《关于“国务院关于各单位从农村中招用临时工的暂行规定”的说明》中指出，1956 年全国临时用工已达三百万人次，其中包含大量来自农村的人员。为了保障农业生产的发展，当年中共中央、国务院出台了《关于制止农村人口盲目外流的指示》，要求各企业、事业部门和机关、部队、团体、学校等一切用人单位，一律不得擅自招用工人或者临时工，如有需要应先从城市中招用。造成这一情况的一个重要原因是，当时临时工的收入与农民相比还是较高的。

1995 年 1 月 1 日，劳动法开始实施，在该法正式施行后劳动部及其相关部门曾就临时工问题作出过一些答复。例如在 1996 年 10 月 9 日《关于对临时工的用工形式是否存在等问题的请示的复函》中，劳动部答复："《劳动法》实施后，所有用人单位与职工全面实行劳动合同制度，在用人单位各类职工享有的权利是一样的，因此，过去意义上相对于正式工而言的临时工已经不复存在，用人单位在临时性岗位上用工，可以在劳动合同期限上有所区别。"

1996 年，劳动部办公厅对《关于临时工等问题的请示》作出复函，称："关于是否还保留'临时工'的提法问题，劳动法施行后，所有用人单位与职工全面实行劳动合同制度，各类职工在用人单位享有的权利是平等的。因此，过去相对于正式工而言的临时工名称已经不复存在。用人单位如在临时性岗位上用工，应当与劳动者签订劳动合同并依法为其缴纳各种社会保险，使其享有有关的福利待遇，但在劳动合同期限上可以有所区别。"

当前，大家通常所指的临时工，往往是指虽然在某单位工作，但不具有该单位正式编制，而是以聘用制合同或劳务派遣等方式在该单位工作的人员。以政府部门为例，所谓的临时工是指那些不在行政编制和事业编制之列的人员，他们并不被认可是正式的公务员，跟所在部门签订的往往是聘用制合同。

谋略高超，幕僚转正位极人臣

在大多数人的眼里，临时工跟“理论水平”一词是没有任何关联的，但是在三国时期却有这么一位“临时工”，他凭借自己的谋略和识人之明混得风生水起，他就是贾诩。

贾诩和董卓同样出身凉州（今甘肃省），他一开始投靠到董卓门下，成为一名幕僚，这份临时工的工作让他能够衣食无忧。董卓入京，胡作非为，贾诩不吭气，自己是个临时工，哪有发言权呢？协助董卓的女婿牛辅驻守于陕（今河南陕县）抵抗关东联军的时候，贾诩也是一副“临时工”的架势，几乎没有发表什么意见。

董卓被吕布杀掉，牛辅死于乱军，其他部将李傕、郭汜、张济六神无主，这时贾诩站出来劝阻说：“各位一旦解散，小小的亭长也能捕捉你们。不如集结兵力，杀向长安，为董卓报仇。如果成功，可以拥戴朝廷号令天下，如果失败，再逃还来得及。”李傕、郭汜等人表示同意，于是他们率兵围攻长安，十日后攻入。

贾诩出点子只是一个临时工为了保住饭碗所做的努力，他从来没想过自己当老板。因此，李傕、郭汜攻入长安后提出封他为侯，他却推辞说："我提的只是救命之策，哪有什么功劳？"后来，时机成熟，他立刻跳槽投靠了段煨。

尽管贾诩和他的家人备受段煨礼遇，但他并不想长久待下去，暗自和张绣联系，有意投靠过去。有人不解，为什么段煨相待如此优厚，贾诩还要离开？他家人的安全怎么办？贾诩回答说："段煨性情多疑，有嫉妒我的意思，虽然对我礼遇，但不能长久，日久会被他算计。我离去，他一定很高兴，又指望我为他争取机会，必然善待我的妻小。而张绣身边没有谋士，很希望我去。这样，我和家眷可以两全。"

贾诩料想不错，张绣以子孙之礼对待贾诩，而段煨也厚待贾诩家属。张绣后来和曹操几度冲突，贾诩都曾参与，发挥了谋士的作用。正是有了这段履历，贾诩确立了自己成为一流谋士的地位，从而引起了各方诸侯的关注与重视，并最终从一名临时工成功转正，在曹丕称帝后被奉为太尉、魏寿乡侯，位极人臣。

临时镇守，子孙世袭长达二百六十年

临时工还能世袭？这里所称的被世袭的临时工，指的是明代的沐王府沐家。说到沐王府，不得不提的就是它的首位主人黔宁王沐英。

沐英是明朝初年重要将领之一，“数从上征伐，入侍帷幄，昼夜勤励”，十八岁被授帐前都尉，参与守镇江，开始担当军事要任。洪武三年（1370 年），沐英被授镇国将军，任大都督府事；次年升大都督府同知。大都督府是明初军事中枢，掌天下兵马，当时府中机务繁积。沐英在府中七年，处事果断，剖决无滞，深得朱元璋器重。

洪武十四年（1381 年）九月，朱元璋以傅友德为征南将军，蓝玉、沐英为副将军，率三十万大军征讨云南。沐英此次虽不是主帅，但他的排名仅次于蓝玉，可见绝非等闲之辈。一年之后，云南平定，傅友德、蓝玉先后奉调回京，朱元璋下令，沐英暂不回京，镇守云南。按照当时的说法，这只是一个暂时的安排，相当于沐英在云南当差只是临时工，朝廷会很快为他安排新的官职的，然而他却迟迟没有等到调动工作的机会。

沐英在云南死后，他的子孙也留在了云南，接着干这份所谓的临时工作。从此沐氏就世袭成为了云南的镇守者，一直干了二百六十年，直到大明朝被推翻。

第二编

禁酒：都是贪杯惹的祸

朱巍

『禁酒令』进入历史舞台时间久矣，是最古老的法令之一。虽然全世界不存在完全禁酒的国家，但是有些国家关于禁酒的法律制度还是比较严厉的。

世界上最早的酒起源于何时何地，现在已无法考证。一种传说是：酒的最早发明人是杜康，曹操曾在《短歌行》中写道：『何以解忧，唯有杜康。』在汉代已经将『杜康』作为酒的代名词，这种称谓一直流传至今。

还有一种说法，酒是一个叫『仪狄』的女子发明的。据《战国策》记载：『昔者，帝女令仪狄作酒而美，进之禹。』对此，在《太平御览》中也有同样记载：『仪狄始作酒醪，变五味。』从《战国策》的角度看，是『帝女』命令仪狄做的酒，按照现在知识产权法的说法，『帝女』才是酒的权利人，仪狄造酒行为实际是一种『职务行为』，所以，在我国上古时期，掌管酿酒的官员也多被统称为『仪狄』。

不管怎么讲，中国都是公认的世界上最早发明酒的国家。

《酒诰》：中国最早的『禁酒令』

伴随着酒的产生，禁酒令也成为最古老的法令之一进入了历史舞台。世界上最早的禁酒令出现在我国，几乎是伴随着酒的产生而同时出现的。据《战国策》记载，“帝女”，即尧的两个女儿娥皇、女英，将仪狄酿的酒进献给禹，大禹品尝后觉得很好喝，并说到“后世必有以酒亡其国者”，于是下了一道手谕，诏令仪狄不要再酿酒了。

大禹作为我国第一个王朝夏的高祖，他发布的禁酒令对后世并没有起到任何警示作用。据记载，夏桀“做瑶台，罢民力，殚民财，为酒池糟。堤纵靡靡之乐，一鼓而牛饮者三千人”，夏桀最终因贪杯而丢了天下。然而，继任统治的殷商，也没有摆脱纵酒亡国的命运，纣王“以酒为池，悬肉为林，使男女倮相逐其间，为长夜之饮”，最多一次竟然连喝了七天七夜。

商亡于纣后，周武王为了争取前朝遗老的

支持，为商纣王的儿子武庚在朝歌封了国，同时为了防止他复辟，在旁边又加封了邶、鄘、卫三国以加强监督，被称为“三监”。武王旋即死去，刚满十三岁的成王即位，这使得比他年长的很多诸侯心怀不满。原本是用来监督武庚的“三监”，此时竟然扶植武庚召集殷商遗老叛乱。叛乱被周公镇压后，引起了周王室的思索，为什么原本忠义双全的“三监”会叛乱呢？除了权力之争以外，一定是过分的饮酒使他们昏了头。周公和成王认为禁酒令势在必行，于是历史上第一个禁酒令的成文法——《酒诰》形成了。因为卫国是原商朝统治的核心区域，此地民俗民风大多以酒为乐，所以这篇禁酒的法令是针对新封在卫国的“康叔”所做，告诫他切不可放纵饮酒误国误己。

《酒诰》主要包括几个方面：第一，只有祭祀的时候才可以饮酒。“惟天降命，肇我民，惟元祀。天降威，我民用大乱丧德，亦罔非酒惟行，越小大邦用丧，亦罔非酒惟辜。”说的就是饮酒误国的原因是酒后“丧德”，这已经被前代和本朝所验证。第二，饮酒之时需要用道德约束自己不要喝醉，做到“德将无醉”——有德行的人是不会放任自己喝醉的。第三，要减少酿酒，爱护粮食。“惟曰我民迪小子惟土物爱”，这里说的“土物”

就是指庄稼，粮食用来酿酒是一种浪费。最后，《酒诰》还对商朝遗老和百姓做了告诫，让他们爱护粮食不要饮酒，对于随便聚众饮酒者，一旦抓到就要杀掉。

从《酒诰》可以看出，这个禁酒令立法目的有两个：一是防止误国，二是保护粮食。惩罚措施也很严厉——极刑。《酒诰》在我国历史上影响很大，成为以后历代禁酒令所遵循的典范。

西周重器大盂鼎，鼎上铭文大致记载了康王向盂叙述了周初文、武等先王立国经验和商王沉湎酒色以致亡国的教训。

三国时期 刘备曹操皆禁酒

西周以后，中国历朝历代出于各种目的，都或多或少地存在一些禁酒令。汉初，丞相萧何曾颁布法令“禁群饮”，“三人以上无故群饮酒，罚金四两”。这主要是为了防止民间私斗，节省酿酒粮食。到了三国时期，各路势力的禁酒令一时间五花八门，层出不穷，出现了很多趣事。

刘备刚入蜀之时，为了筹措军粮，颁布了严厉的禁酒令，禁止民间酿酒。《三国志·简雍传》记载，刘备和简雍在路上溜达的时候，偶然看到一农户家存有酿酒工具，刘备大怒，准备将这家人治罪。为劝谏刘备这过于严苛的做法，简雍手指路边行走的一对男女，说他们欲将成奸，主公何不治罪？刘备不解。简雍答道，此男女身藏成奸之器，这与因藏有酿酒之器而被治罪是一个道理。刘备大笑，于是将私藏酿酒工具的农户放了。

吕布偷袭刘备得了下邳城，却被曹操军队

团团包围。为防止诸将饮酒误事，吕布特别颁布了禁酒令，军中任何人不得饮酒。他手下大将侯成等人因找到了走失的马匹，私自酿酒并进献吕布，以示庆祝。吕布大怒，将酿酒的诸将统统责打一顿。侯成等将军因此心怀怨念，趁吕布睡觉之时将其捆绑，然后献城投降。吕布做梦都没想到，自己竟然会因为禁酒令得罪了诸将，沦为阶下囚。

同时代的曹操也因为粮食问题和整顿民风，下决心颁布禁酒令。结果禁酒令刚下，少府孔融就第一个跳出来反对。孔融是孔子后裔，本是一路诸侯，投靠曹操后一直桀骜不驯。他虽然才高八斗却是个酒徒，曾写下“归家酒债多，门客粲几行。高谈惊四座，一夕倾千觞”的豪放诗句。

孔融对禁酒令的反对，不仅表现在朝堂之上大吵大嚷，而且还专门写了一篇浩浩荡荡的文章《论酒禁书》，公开发表以取笑曹操，他以列举的方式反对禁酒令：天上有叫“酒旗”的星斗，地上有叫“酒泉”的郡城，禁酒难道要将天上的星斗和地上的酒泉郡都改名么？樊哙借酒劲救沛公，沛公借酒劲斩白蛇，景帝和袁盎也都好喝酒，屈原倒是不喝酒，结果在楚国遭到厄运。所以，孔融得出结论：“由是观之，酒何负于政哉！”

此文一出，曹操也立即发表文章回击，以列举历朝历代亡国之君嗜酒乱政作为反驳。孔融又写了一篇更加犀利的文章予以回应：历史上曾有君主因为过于仁爱和谦让导致亡国的，是不是也要禁止仁爱和谦让呢？当年鲁国因为过于崇尚文学而灭亡，是

明代万邦治《醉饮图》(局部)，据杜甫《饮中八仙歌》所绘

不是就要禁止人们写字呢？夏朝和商朝都是因为宠爱女人而灭亡，是不是就要禁止结婚呢？对此，曹操无言以对。虽然对禁酒令的争论使得孔融最终付出了生命的代价，但这几篇禁酒和反禁酒的锦绣文章却流传千古，成为禁酒史上的花絮。

榷酒制和税酒制之争

我国历史上还广泛存在一种禁酒令，不单为了节省粮食，而且是为了增加国家财政收入。最早对酒课以重税的人当属商鞅，他没有明文禁止酿酒和卖酒，但提出政府要对酒加收十倍成本的赋税。所以，酒对于秦国的老百姓来说，有点太过奢侈了。到了汉武帝天汉三年（公元前 98 年）之时，为了解决日益增长的军费开支，汉武帝宣布施行变相的禁酒令——“榷酒”制度，即酒要政府专卖，禁止民间酿酒和卖酒。汉武帝依靠“卖酒”换来的军费南征北战，建立了不朽的功勋。

榷酒制度发展到后来，又演变成“税酒”制度。榷酒指的是官府全部买办，而税酒则由民间商家经营，政府只负责收税。中国历朝历代的禁酒令都是在禁酒、榷酒和税酒三个制度之间徘徊。汉武帝首创的榷酒制度施行了十七年，后来因为无法控制民间走私而改成税酒制度；到王莽篡汉时，又将税酒改

东汉画像石上所呈现的古代酿酒作坊工作场景

回到榷酒；刘秀打败王莽后，再次恢复了税酒制度。到两晋南北朝时期，两种制度交替并存。

隋朝统一后，国力大增，政府已经不需要从酒中与民争利了，于是在开皇三年（583年），文帝废除了酒类专卖制度，甚至连政府酿酒的“酒坊”都废弃了，将酿酒和喝酒的权利还给了百姓。唐朝也是一样，强大的国力极大地提高了百姓的生活水平，就是这个时代出现了“昔日长安醉花柳，五侯七贵同杯酒”的酒仙——李白。安史之乱摧毁了强大的盛唐，唐德宗为筹措军费于建中三年（782年）重开了榷酒制度，直至唐朝灭亡。

从此以后，榷酒制度成为常态，在宋代甚至出现了专门主管卖酒的“官监酒务”一职。在宋代，能卖酒的有两种酒户：一是政府本身，即国营酒庄，二是持有执照的民间酒户。这就出现了很多官商勾结的酒庄，比如《水浒传》中蒋门神强抢施恩的“快活林”就应属此类。施恩父子本是公务人员，却私自开设酒庄，生意好的原因就是拥有酒类专营的权利，不仅自己可以酿，可以卖，而且还可以将酒转卖给别的酒家。从《水浒传》中看，宋代酒家可以说是随处可见，但是，真正有权利自己酿酒的却没有多少，那些酒家也只能算是“二道贩子”，将酒从有执照的酒店买来再贩卖而已。

朱元璋为禁酒不许种糯米

元代的禁酒令很有意思，因为成吉思汗最讨厌饮酒误事，所以，元代前期对民间的禁酒令非常严苛。元世祖在至元二十年（1283年）宣布严禁私人酿酒、卖酒，“有私造者，财产子女入官，犯人配役”，在至元二十七年（1290年）又将处罚变更为“犯者死”。但是，元后期以后禁酒令开始放开，于是各类酒馆又开始繁盛起来。

明代开国皇帝朱元璋以“民间造酒靡费，故行禁酒令”，颁布诏书令国民“无得种糯，以塞造酒之源”。连酿酒的糯米都不许种植。朱元璋执行禁酒令非常严苛，大将胡大海之子因触犯了禁酒令，朱元璋不顾胡大海正领大军出征在外，亲自手刃犯人。自此以后，无人敢再犯。但随着朱元璋的离世，他和他的禁酒令很快就被后人遗忘，酿酒、卖酒、喝酒一切照旧了。

清代最著名的禁酒令和对禁酒的争论发生

在乾隆年间。乾隆元年（1736 年），内阁学士方苞向年轻的乾隆提出针对五省（直隶、河南、山西、陕西、甘肃）的禁酒令，理由有两点：一是这五省本来就穷，每年还浪费“数百万石粮食”酿酒是不对的；二是这五省百姓酒后犯罪率太高了，“载在秋审之册，十常二三”，也就是说百分之二三十的重大案件都和喝酒有关系。

乾隆考虑了大半年后，冒失地颁布了一道圣旨，令这五省“永禁造酒”，并将如何处置私酿酒的人和违法官员的办法，交给大臣们商量。这个圣旨一下，朝野沸腾，反对声不绝于耳。当时的刑部尚书孙嘉淦首先表示将抗旨不遵，他的理由是，烧酒用的是粗粮，黄酒用的是细粮，一旦禁酒，那些粗粮无法储备，而且可能衍生腐败和走私。乾隆旋即昭告五省总督进行讨论，结果是五个总督都反对“一概禁止”的做法。乾隆采纳了他们的建议，改变了在先的诏令，变更为禁止大规模的酿酒活动，受灾之年各地减少酿酒等措施。这些措施逐渐被编入了清朝法令之中，演变成通行全国的法律制度。

清代罗聘《醉钟馗图》

國子監

状元：千年科举的特殊符号

夏天保

科举，是中国历史上独有的一种人才选拔制度。科举制对于中国政治、经济、文化、思想、民俗乃至民族性格有深刻广泛的影响，很少有一种制度能够和它相比。比如，深深渗透到中国人思想和血液中的状元文化就是一例。

现代高考制度和过去的科举制当然不可同日而语。然而文化的血脉是无法割断的，延续了一千三百多年的科举文化对中国人思想潜移默化的影响，无论是积极还是消极，我们都无法视而不见。

“状元”称号最早出自唐朝

中国历史上的科举制度，自隋唐开始施行，直到清末废止，其间除了蒙元初期的几十年停止过一段，无论是历时长久的统一王朝，还是不断更迭的五代十国；无论是汉族人建立的帝国，还是少数民族掌握的政权，它都在其中存在了一千三百多年。

中国古代选拔人才，秦以前的商周时代主要是贵族世袭制。战国时诸侯纷争，得人才者昌，出现过下级士族及庶民大量登上政治舞台的现象。两汉时代主要行“察举制”，就是定期由郡国长官听取“乡举里选”的意见，考察辖区内的人才，荐举给中央去做官。魏晋南北朝时，察举演化成为“九品中正制”，察举大权完全掌握在各地的豪门世族手中，以致弊端丛生，出现了“上品无寒门，下品无世族”这种局面，非常不利于人才的选拔。

隋统一中国后，废除了地方豪族把持察举的特权，“九品中正制”渐废，开始试验由中央设科目，地方举人才，经考试后入仕的做法，这就是科举制度的开端。又因为隋炀帝喜文学，他始设的“进士科”后来成了科举考试中最重要的一科。

整个隋朝大约只考四五次，开头考取的叫秀才，后来考取的才叫进士，总共只有秀才、进士十二人。

唐代“选士多因隋制”，初期科目之名繁多，据清代学者顾炎武《日知录》统计，“见于史者凡五十余科”，是名副其实的“设科取士”“分科举人”。武则天以后，每年常规考选的科目，只有“进士”和“明经”两科了。宋代王安石变法后，只留下了进士一科，元、明、清相沿不变。虽不是“分科举人”了，但“科举”这个称谓却一直沿用下来。

“状元”一词始于唐代。凡举人进京会试，须先到礼部投状报到，故时人称进士第一名为状元，又称状头。唐高祖武德五年（622年）朝廷开办贡举，考取进士四人，第一名是孙伏伽，这是中国历史上有据可查的第一个状元。

唐代的状元还不像后世那样受人艳羡。唐代状元并不为史书所特别记录，《新唐书》《旧唐书》里有传的状元，如王维、柳公权、李固言，只称“中进士第”，并不强调其状元头衔。而

中国古代规模最大的科举考场——江南贡院

且，唐代考中状元也和其他进士一样，只有再通过吏部考试才能入仕做官。

唐代状元没有高出一般进士之上的特殊荣耀，这和当时的考试与录取方式等很有关系。状元既不是像宋代那样由皇帝经殿试“钦点”，也不是全凭考场上的答卷定名次，通常是由考官决定。而考官受人请托和接受推荐，取谁为状元都属正常现象。

宋朝状元最『拉风』

唐代科举，考试和录取透明度都很大，所谓通关节，是指在考前就和主考官约定，用不着在考场内、答卷上或在阅卷时作弊，虽不正大光明，却也不违法。

自宋太祖禁止公荐，科考逐步过渡到以答卷定弃取。宋真宗时，建立起相当完备的考试规则，试卷糊名弥封，不论主考官出于什么动机——受请托、受贿或是爱才，要想预定录取谁，都不能公开进行了，完全凭考场上的答卷来定录取与否。

宋代比唐代更加重视科举，宋太祖亲自行殿试，由皇帝定状元。殿试的定制，使皇帝成为“座主”即主试官，他选定的第一名门生当然重要。宋太宗曾亲自写诗赐予吕蒙正、胡旦、陈尧叟等状元。状元及第，立即授予很优的官职，并且升迁很快。北宋状元官至宰相（同平章事和参知政事）而政绩为史家所称道者，有吕蒙正、王曾、李迪、苏易简、蔡齐等。

宋代朝廷竭力给予新科进士各种荣耀。新科进士录取后，皇帝亲自一一接见并赐宴（如闻喜宴、琼林宴等）；诏令宫中卫士为状元清道开路，前呼后拥，公卿以下无不驻足观望，连皇帝也行注目礼。其情景之壮观，就是出外领兵打仗、奏凯还师的将军回京，场面也不及此。

宋代科举，起初是每年举行一次。治平三年（1066 年）英宗正式规定，此后每三年举行一次，并成为定制，为历代所遵循。

北宋殿试前三名均称“状元”；南宋时称为“状元”“榜眼”“探花”，并为后代所沿用。状元一词的来历前面已经说明过，而第二名好比榜中的眼睛，故称榜眼。探花则源于唐朝时在杏园的探花宴中选少年俊秀者为探花郎的习俗。

权臣之子得中状元 也有政治斗争

明正德六年（1511 年），四川新都人杨慎考中状元，他的父亲杨廷和是当时的内阁大学士，相当于宰相。杨慎是明代当朝宰相之子中状元的第一例。虽也曾引起一些窃窃私语，如有人说，殿试首席读卷官、内阁首辅李东阳先把策题告诉了杨慎，杨慎才“所对独详”，但杨慎的学识渊博，才思敏捷，素为朝野所公认，所以即使到了嘉靖年间，杨慎父子以“议大礼”而获罪，政敌们也并不纠缠此事。后来杨慎最终成为明代成就最为突出的大学者，就更堵死了所有非议者的口。

但是明万历年间，宰相张居正的儿子张懋修中了状元，引起的议论可就纷繁复杂了，并且导致的后果也非常严重。

张居正是明代最有权势的宰相，称得上是中国历史上第一流的大政治家。然而功高震主的张居正，在皇权至上的时代，结局必定是悲剧。万历十年（1582 年），张居正病死，

乡试、会试考场内部情景图

不久明神宗就削夺他的一切封赠，随即抄家。

万历四年（1576年）乡试，张居正的两个儿子张嗣修、张懋修考中举人。到此为止，这并不算稀奇，人们也不会说什么。然而到万历五年（1577年）会试，张嗣修一甲二名考中榜眼。人们虽不敢明言，但怀疑的目光、私下的议论就难免了。更令人惊愕的是万历八年（1580年）会试，张懋修状元及第，大魁天下，更让许多人心生不满。直言敢谏的御史魏允贞上疏，认为“辅史子弟不应中式”，立即遭遇贬黜。张居正位高权重，他认可了的事，谁也不能说三道四。可是两年以后张居正去世，张懋修、张嗣修兄弟考中状元、榜眼的事，便成了张居正的一大

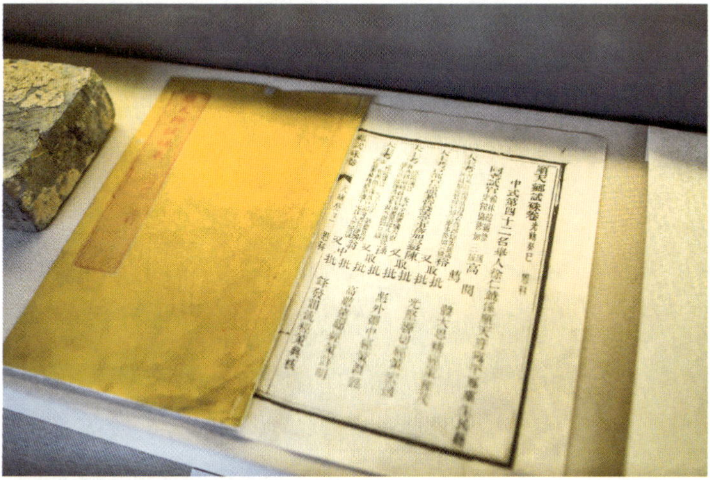

江南贡院展出的科举试卷

罪状，有人揭发说张懋修的状元策是他人代作的。结果张氏兄弟的功名虽然没有被明令革除，但他们都以父罪而“谪戎”，命运也很悲惨。反对张居正的人更给张懋修加上了“关节状元”以至更难听的“野鸟为鸾”的恶名，令张懋修百口莫辩。张居正死时，他的第五个儿子尚幼，有人作诗嘲讽：“状元榜眼尽归张，岂是文星照楚乡。若是相公身不死，五官必定探花郎。”

有了这样的先例，以致后来万历二十年（1592 年）前后的首辅沈一贯，为了避嫌，竟让本来很有才华的儿子沈泰鸿放弃科考。沈泰鸿对此不能理解，结果父子反目成仇。

『卷面外因素』造就的状元

在状元录取中，除了权势因素的影响外，其他比如姓名、相貌等，有时也有不可忽视的影响。名字只是一个符号，但在科举时代，有时因一个名字，竟关乎得失，系于祸福。

明永乐二十二年（1424 年）殿试，原拟第一名是孙曰恭。当大臣们把写好的名单呈明成祖朱棣过目的时候，朱棣一看就连连说，不行不行，孙暴怎能做状元。古人直行书写，曰与恭连起来看，看着就像个暴字。最后按皇上的意思，将第三名的邢宽点为状元。朱棣为什么忌讳这个“暴”字而推崇“宽”字？这有很深的心理因素。因为朱棣是明太祖朱元璋的第四个儿子，他本来没有资格做皇帝，是通过阴谋和武力而夺取皇位的，因为害怕别人说他残暴，所以对“暴”字特别敏感。他力图在晚年树立一个宽厚仁慈的形象，邢宽因此得了便宜。因为朱棣认为，邢宽这个名字隐含着“刑政宽和”的意思。

清光绪二十九年（1903 年），正逢慈禧太后七十大寿。这一年的殿试中，主考官们发现应试举人中有个叫王寿彭的，寿彭是寿比彭祖的意思，彭祖是传说中的老寿星，活了八百多岁。为讨慈禧欢心，考官们决定拟王寿彭为第一名，呈太后审定。果然慈禧见了这个名字很喜欢，很顺利就钦点他为状元。

也有投机取巧、临时改名的。当咸丰皇帝即位时，有位应试的孙姓举人悄悄改名为“孙庆咸”。虽然他的文章平平，但考官看见这个名字好，为博新主子欢心，遂将他取为会试第一名。

名字取得好不好很重要，相貌长得帅不帅关键时刻也会成为决定因素。明洪武四年（1371 年），明朝举行开国后的第一次科举考试。本来拟定郭冲为状元，可是朱元璋觉得此人貌不惊人，不足以显示大明帝国的新兴气象，于是将气宇轩昂、相貌堂堂的吴伯宗点为状元，“以壮国威”。

明弘治十二年（1499 年）殿试，原定浙江人丰熙为第一名，但因为丰熙一只脚有毛病，就改选广东南海相貌不俗的伦文叙为状元。但丰熙的对策写得很出色，皇帝十分赞赏，就定他为一甲第二名，却赐同状元及第，作为安慰。丰熙成为戴状元冠的“副状元”，千古仅此一例。

和离：一纸管窥唐人离婚

张牧之

『一别两宽，各生欢喜。』

与现代人离婚往往水火不容不同，你恐怕没有想到，唐宋时代离婚文书放妻书中，竟有如此宽怀文雅的文字。甚至，放妻书的文中，还有善良美好的祝愿：愿妻子相离之后，重梳婵鬓，美扫娥眉，巧逞窈窕之姿，选聘高官之主。

那么，唐人离婚都讲究好合好散吗？当时的离婚制度究竟是怎样的呢？

水火不容和谐告终
——放妻书是迄今最早离婚协议书

1900 年，敦煌莫高窟出土了一批古代文献，被统称《敦煌社会经济文献真迹释录》。1941 年，日本学者仁井田升发表了《敦煌发见唐宋时代之离婚书》，最早介绍了其中的放妻书。目前，已发现放妻书十二件，英、法藏十件，俄藏两件。

最新的敦煌学研究认为，这批放妻书是我国迄今发现的最早离婚协议书，其年代跨越唐末至北宋年间，约在公元 9 世纪至 11 世纪前后。放妻书的格式是：首先讲理想的婚姻应该是怎么样；其次讲现实的婚姻状况，亦即离婚的原因；最后说明离婚善后事宜。

放妻书的不同寻常之处在于，极不和谐，乃至水火不相容的婚姻关系，最后又以极其和谐的方式告终。厦门大学历史系教授杨际平先生在《敦煌出土的放妻书琐议》一文中认为，这似乎有点令人难以置信，但敦煌所出的离婚样书的基调却正是如此。

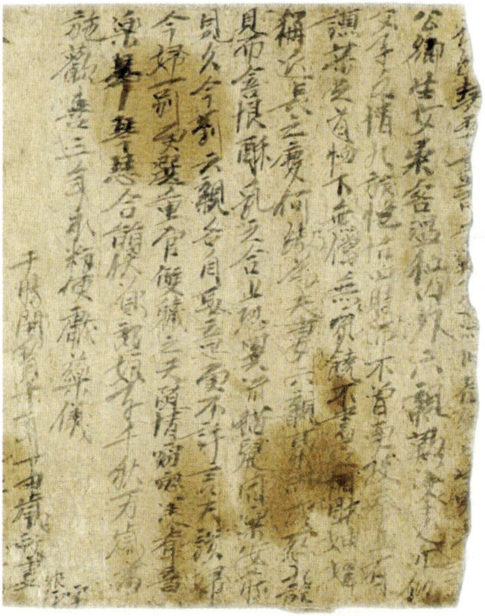

敦煌莫高窟出土的《放妻书》之一的原件残片

在已发现的明清时期休书中，往往语气生硬，遣词造句非常绝情。古典名著《喻世明言》中描述蒋德休妻，在休书中点明“妻王氏多有过失，正合七出之条”。新近发现的一份咸丰三年的休书，立休书的赵姓男子写道：“妻勾氏不守妇道，凡事不让不忍，多嘴多舌，搬弄是非，虽经多次劝解，恶行不改……”反观敦煌放妻书，语气都很缓和，只有“相离”“分离”“离别”“相别”之类词，绝不见“斥”“逐”“弃”之类字眼。

不仅如此，放妻书还十分强调夫妻间的情爱与感情：如夫妻间应“恩深义重”，“夫妻相对，恰似鸳鸯双飞，并膝花颜共坐。两德之美，恩爱极重。二体一心，生同床枕于寝间，死同棺椁于坟下”，“夫妻语让为先……夫取妻意，妻取夫言”，“恩义深极，贪爱因浓。生前抱白头，死后要同于黄土”。这与传统礼教婚姻传宗接代的观念迥然不同。

有意思的是，放妻书没有单方面指责，而是将造成婚姻、家庭关系紧张的责任，分摊给夫妻双方，如“妻则一言十口，夫则反目生嫌”“夫若举口，妇便生嗔；妇欲发言，夫则拾棒”等等。进一步，放妻书都强调宿世姻缘，或云“凡为夫妇之因，前世三年结缘，始配今生夫妇。若结缘不合，比是冤家，故来相对”；或云“夫妇之礼，是宿世之因。累劫共修，今得缘会”等等。认为现实婚姻中夫妻感情的严重冲突，乃至感情完全破裂，都是“宿世冤家，今相遇会”所致。既然如此，其出路也就只能是冤家宜解不宜结，好聚好散。

或即基于这种认识，放妻书会拿出一段祝愿对方，如“相隔之后，更选重官双职之夫；弄影庭前，美逞琴瑟合韵之态”。

放妻书中藏有『放夫书』——唐朝女子再嫁不为失节

早在1941年，仁井田升认为放妻书中的“放”字，反映了夫妻关系中妻子地位的低贱。

多数敦煌学专家学者对这一观点并不认同，“放”字乃放归本宗之意，本身并无低贱的含义。在已发现的十二件敦煌放妻书中，也有一些别的名称，如夫妻相别书文样、女及丈夫手书样文，更显示出双方的主体地位。这说明在晚唐和北宋初年时期，女子在婚姻关系中，要比后世的明朝和清朝地位高。

放妻书中，也有一篇独特的“放夫书”，名为“宋初留盈放妻书”。从格式上看，这篇放妻书讲的是丈夫富盈和妻子阿孟离婚，但文中却出现了“对众平论，判分离别，遣夫主富盈”，“自后夫则任娶”字样。放妻书中的“放妻”，是因为在夫系家庭制下，妻子一般是从夫居，因而在离婚场合，通常也就是妻离夫家，按此件文书所反映的婚姻情况，这篇放妻书本应题为放夫书。专家认为，当时基本上都是从夫居，离婚书绝大多数也是题为放妻书，所以阿孟与富盈离婚时就借用现成的放妻书的格式，加上阿孟与富盈离婚的具体内容，便成为以放妻之名行放夫之实的离婚书。

杨际平先生提出，放妻书是用作离婚样本来参照使用的，体现了民间离婚的实际情形，具有普遍意义。也许，这一“放夫书”恰恰反映了唐朝的婚姻制度更自由一些，唐朝女子在婚姻生活中拥有主动性，离婚并不像我们想象的那么困难。

从史实来看，唐朝妻子提出离婚的也不在少数。女方再嫁也不为失节，这与前朝的“从一而终”和后代的“饿死事小，失节事大”形成鲜明的对照。唐人范摅在《云溪友议》中就讲述了这样一个故事：秀才杨志坚嗜学而家贫，妻子王氏便向他索要休书离婚。杨志坚无奈，赋《送妻》诗一首，王氏拿上这首诗，到官府请求离婚，州官颜真卿认为王氏嫌贫爱富乃“污辱乡闾，伤风败俗”，判处打二十板，准其改嫁，以示警戒。同时，赠杨志坚布帛二十匹、米二十石，并留任署中，还将此事公之于众。此后数十年间，江右之地不敢再有休夫的妻子了。

有历史学专家专门统计了唐朝公主的离婚率情况，结果发现唐朝公主离婚再嫁的不在少数。据统计，唐朝公主总数是一百九十八个，除去三十四个早夭或当了道士的，有过婚史的不到一百六十四位，其中有再婚、离婚史的就高达二十八个，接近五分之一。

财产分配赫然在列——“和离”早已写入唐律

现代人在协议离婚时，往往纠结于子女的抚养和财产的分割。但在周秦以后的中国古代，这两项都不成为问题。子女的归属，按惯例都是归男方，女方对此无权争议；汉律规定：“弃妻，畀所赍”，意思是离婚时，女方可带回陪嫁物，但不能参加对男方家财的分割。

在敦煌放妻书中，财产分配赫然在列。放妻书表明了“所要活业，任意分将”，“所有物色书之”。有敦煌学者据此认为，当时夫妻“和离”时如果一方需要扶养，双方可以协商且双方的父母可以参与；扶养可以采取给付“衣粮”之方式，可以一次付清，也可以分次给付；扶养只持续一定时间。

么振华在《唐人离婚探析》一文中提出，敦煌放妻书中的离婚属于和离，就是夫妻双方合意离婚。唐代以前，已有和离现象，单用法律规定和离，则自唐律开始，唐律规定：

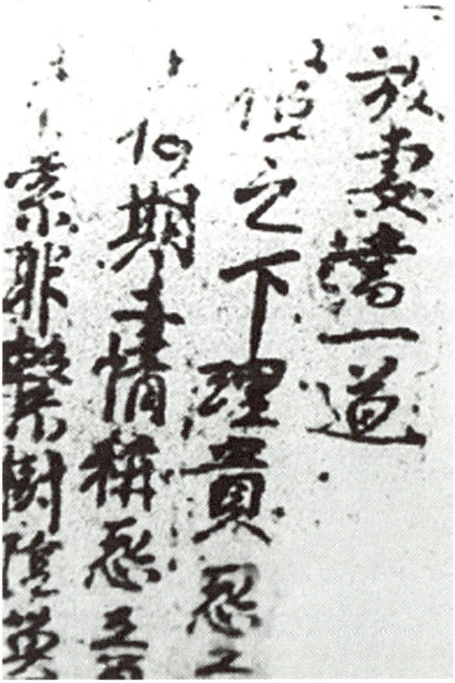
放妻書一道

莫高窟出土的《放妻书》之一的文字片段

“若夫妇不相安偕而和离者，不坐。”这在当时是相当进步的措施了。

其实，男女双方自愿离婚的“和离”，只是唐朝离婚的三种制度之一。唐朝法律还规定了强制离婚。夫妻凡发现有“义绝”和“违律结婚”者，必须强制离婚。“义绝”是一种强制离婚制

敦煌壁画中的婚嫁场景

度。如果夫妻之间、夫与妻的亲属之间或妻与夫的亲属之间、夫妻双方的亲属之间，发生了法律所指明的事件，如殴打、杀害、奸情等，不论夫和妻的意愿如何，必须离异，违者要受刑事处罚。

另外，夫方单方面提出的强制离婚，即“出妻”也是当时的一种离婚形式。“七出”作为离婚的条件，在西周就已出现。《周礼》规定，丈夫可以以七种理由休弃妻子，即所谓的“七去”，也叫“七出”。“七去”包括“不顺父母去，无子去，淫去，妒去，有恶疾去，多言去，窃盗去”。但也有“三不去”，也叫“三不出”：“有所娶无所归，不去；余更三年丧，不去；前贫贱后富贵，不去。”也就是如果妻子无处可去，如果妻子为公婆守孝三年，如果娶妻时夫家贫苦，后来富裕了，在这三种情况下不能休弃妻子。但是，对于“七出”的淫、恶疾，不适用“三不去”。

么振华认为，唐朝和离不会超过离婚比例的三分之一。和离可能出于双方自愿，但又以父母做主为前提，因此它只是“七出”、义绝的补充。另外，由于古代男尊女卑，男子往往掌握着婚姻的主动权，加上经济等因素的考虑，女子往往是婚姻的弱者。放妻书达成的和离，其中很可能至少有一半以上是男子提出离婚，而女子被迫同意的。

万物说

兼顾传统和自由爱尔兰人婚期可选择 1—100 年

1937 年爱尔兰宪法明确规定了“任何法律都不得允许婚姻关系的解除”，也就是禁止离婚。无论何种原因离婚，都被视为违背誓言而不被允许。

爱尔兰大约有 92% 的人信仰天主教，在天主教的教义里，离婚是一种罪恶的行为，这是最初宪法规定禁止离婚的一个主要原因。男女结婚时需在教堂里互相承诺：“只有死亡让我们分开。”

爱尔兰人以高度的智慧，创造了一种兼顾传统和自由的婚姻制度。男女双方在结婚时，可以协商婚姻关系的期限，选择 1 至 100 年不等。期限届满后，若有继续生活的意愿，可以办理延期登记手续，否则婚姻关系自动解除。办理结婚登记的费用，也因婚期的长短而不同，如果婚期为一年，需要 2000 英镑，相当于人民币 2.6 万多元。但如果结婚期限是一百年，那么登记费用仅仅 50 便士（0.5 英镑），也就是说，婚期越长，费用越低。

爱尔兰人婚期不同，结婚证书也不一样。婚期为一年的新人，得到的是厚如百科全书般的两大本结婚证书，里面逐条逐项列举了男女双方的各项权利义务，以及所应当承担的责任：小到清洁修理，大到生育教育，事无巨细，面面俱到，可谓是一本完善的家庭相处条例；而婚期为一百年的新人，得到的结婚证书只是一张纸条，上面写着市首席法官的祝福语：尊敬的先生、太太：您是否知道，您的左手对右手，右腿对左腿，左眼对右眼，右脑对左脑究竟应该承担起怎样的责任和义务？其实它们本来就是一个整体，只因为彼此的存在而存在，因为彼此的快乐而快乐。下面印着一行大写的字母：祝你们白头到老。

除了爱尔兰，菲律宾、马耳他、巴拉圭、安道尔和圣马力诺五个国家的法律同样不准离婚。

世界离婚之都：美国里诺

《乱点鸳鸯谱》是好莱坞1961年出品的一部电影，由克拉克·盖博和玛丽莲·梦露等主演。片中，梦露饰演的罗斯琳来到里诺镇，跟一群“不相称”的人做了朋友，包括成熟的牛仔、悲伤的飞行员、机械师以及骑术表演者等。他们的背景各不相同，他们的婚姻故事曲折离奇。

片中的内华达州里诺镇，在19世纪20至50年代离婚率全球最高，有着“世界离婚之都”之名。当时，美国大部分州的法律规定，过错原则是唯一一种可供选择的离婚理由。但里诺推行“无责任离婚”——离婚无需理由，只要住够规定的时间，交一定的费用就可离婚。到1931年3月，到里诺来离婚所需的时间被缩短到6个星期。那时，到里诺来离婚的人把宾馆、农场、牧场、小别墅甚至家庭旅馆住得满满当当，找不到房的人就沿着特拉基河两岸搭“离婚帐篷”安营扎寨。里诺因离婚业务而致富，仅律师费每个月的收入就有10万美元，加上旅馆、娱乐场、饭店和购物等收入，离婚业一年的收入达到500万美元。然而好景不长，1970年，美国的加利福尼亚州率先制定了彻底废除以过错责任作为离婚理由的离婚法。1971年美国州法律全国统一委员会公布了美国统一结婚、离婚法。里诺的离婚业就此衰败下来。

近年来，里诺大力保护“里诺离婚”史上的著名景点。其中包括弗吉尼亚街大桥，因为刚刚离婚的女士都要站在桥上，把结婚戒指扔进特拉基河水里，一桩婚姻就此了结。还有“银州小屋”，那是为众多的即将再次成为单身的人准备的临时住处。

第三编

磁铁：从司南到超级储能王

夏侯楚

中国人最早发现了磁铁的神奇，并用其制作了指南针的前身——司南。现在的磁铁已经成为马达、发电机和变压器这类关键电力技术必不可少的组成部分，特别是稀土的加入，让磁铁成为超级储能王。

汉朝之前磁石称『慈石』

每块磁铁两头都有不同的磁极，一头S极，另一头N极。我们居住的地球也是一块天然的大磁体，在南北两头也有不同的磁极，靠近地球北极的是S极，靠近地球南极的是N极。同性磁极相斥，异性磁极相吸引，所以，不管在地球表面的什么地方，拿一根可以自由转动的磁针，它的N极总是指向北方，S极总是指向南方。

两千五百年前，希腊、印度及中国记载磁铁及其性质的文献是已知最早的文献。古罗马作家老普林尼在《博物志》里就已记载天然磁石及其可以吸铁的特性。中国文献对天然磁石吸铁的描述在《管子》《吕氏春秋》和《淮南子》中有所提及，被称为“慈石”。

两千多年前，也就是春秋战国时期，中国人已经用铁来制造农具了。劳动人民在寻找铁矿的时候，就发现了磁石（主要成分是Fe_3O_4），并且知道它能够吸铁。战国时期

《管子·地数篇》最早记载了这些发现：“上有慈石者，其下有铜金。”“铜金”即指一种铁矿。

其他古籍如《山海经》中也有类似的记载。磁石的吸铁特性很早就被人们发现，《吕氏春秋·精通篇》就有：“慈招铁，或引之也。”那时的人称“磁”为“慈”，他们把磁石吸引铁看作慈母对子女的吸引。并认为：石是铁的母亲，但石有慈和不慈两种，慈爱的石头能吸引它的子女，不慈的石头就不能吸引了。

据说秦始皇统一六国后，在咸阳附近修阿房宫，宫中有一座门是用磁石做成，如果有人暗藏兵器行刺，就会被磁石门吸住。

既然磁石能吸引铁，那么是否还可以吸引其他金属呢？我们的祖先做了许多尝试，发现磁石不仅不能吸引金、银、铜等金属，也不能吸引砖瓦之类的物品。西汉时人们已经认识到磁石只能吸引铁，而不能吸引其他物品。西汉时有一个名叫栾大的方士，他利用磁石的这个性质做了两个棋子般的东西，通过调整两个棋子极性的相互位置，有时两个棋子相互吸引，有时相互排斥。栾人称其为“斗棋”。他把这个新奇的玩意儿献给汉武帝，并当场演示。汉武帝惊奇不已，龙心大悦，竟封栾大为“五利将军”。栾大其实是利用磁石的特性蒙骗了汉武帝。

司南最早出现在战国时期

说到磁石就不能不说到指南针和指南车，传说黄帝大战蚩尤时就出现了指南车。指南针的始祖大约出现在战国时期，它是用天然磁石制成的，样子像一把汤勺，圆底，可以放在平滑的地盘上保持平衡，且可以自由旋转。当它静止的时候，勺柄就会指向南方，古人称它为“司南”。《韩非子》中有记载：“先王立司南以端朝夕。”“端朝夕”就是正四方、定方位的意思。《鬼谷子》中记载了司南的应用，郑国人采玉时就带了司南以确保不迷失方向。

春秋时期，人们已经能够将硬度五度至七度的软玉和硬玉琢磨成各种形状的器具，因此也能将硬度只有五十五度至六十五度的天然磁石制成司南。东汉时王充在他的著作《论衡》中对司南的形状和用法做了明确的记录。司南是用整块天然磁石经过琢磨制成勺形，勺柄指南极，并使整个勺的重心恰好落

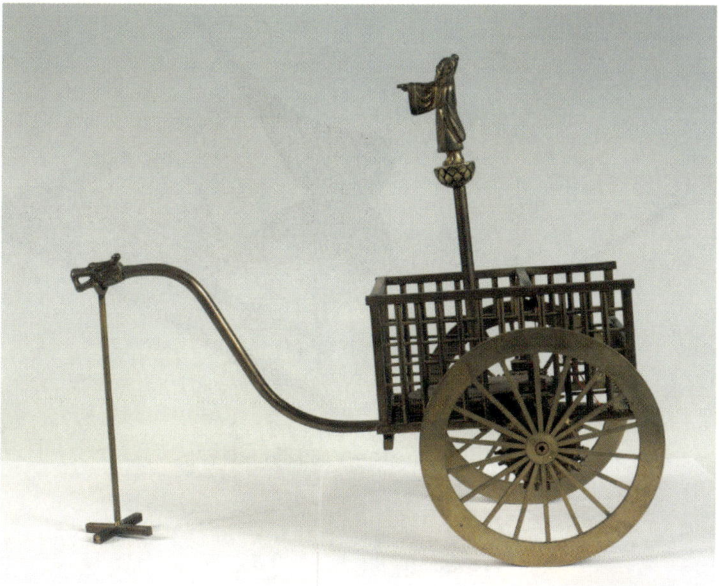

指南车

到勺底的正中，勺置于光滑的地盘之中，地盘外方内圆，四周刻有干支四维，合成二十四向。这样的设计是古人认真观察了许多自然界有关磁的现象，积累了大量的知识和经验，经过长期的研究才完成的。

司南的出现是人们对磁体极性认识的实际应用。但司南也有许多缺陷，天然磁体不易找到，在加工时容易因打击、受热而失磁。所以司南的磁性比较弱，而且它与地盘接触处要非常光

司南，中国古代辨别方向用的一种仪器

滑，否则会因转动摩擦阻力过大而难于旋转，无法达到预期的指南效果。而且司南有一定的体积和重量，携带很不方便，这可能是司南长期未得到广泛应用的主要原因。

人工磁化法发明指南鱼

如果说司南还只是指南针的雏形的话，那么指南鱼就在形态上酷似指南针了。指南鱼是古代人们用薄铁叶剪裁成鱼形，鱼的腹部略下凹，像一只小船，磁化后浮在水面，就能指南北了。当时以此作为一种游戏。东晋崔豹在《古今注》中曾提到这种指南鱼。

指南鱼

北宋时，曾公亮在《武经总要》中载有制作和使用指南鱼的方法：“用薄铁叶剪裁，长二寸，阔五分，首尾锐如鱼形，置炭火中烧之，候通赤，以铁钤钤鱼首出火，以尾正对子位，蘸水盆中，没尾数分则止，以密器收之。用时，置水碗于无风处平放，鱼在水面，令浮，其首常南向午也。”这是一种人工磁化的方法，它利用地球磁场使铁片磁化。即把烧红的铁片放置在子午线的方向上，烧红的铁片内部分子处于比较活跃的状态，使铁分子顺着地球磁场方向排列，达到磁化的目的。铁片蘸入水中，可把这种排列较快地固定下来，而鱼尾略向下倾斜可增大磁化程度。人工磁化方法的发明，对指南针的应用和发展起到了巨大的推动作用。

北宋沈括在《梦溪笔谈》中提到另一种人工磁化的方法：“方家以磁石摩针锋，则能指南。”按沈括的说法，用磁石去摩擦缝衣针就能使针带上磁性。可以看出，这是利用天然磁石的磁场作用，使钢针内部磁畴的排列趋于某一方向，从而使钢针显示出磁性。这种方法比制作指南鱼简单多了，而且磁化效果也好。中国人摩擦式人工磁化的发明不但是世界最早，而且为有实用价值的磁指向器的出现创造了条件。

南宋陈元靓在《事林广记》中介绍了另一类指南鱼和指南龟的制作方法。这种指南鱼与《武经总要》一书记载的不一样，是用木头刻成鱼形，有手指那么大，木鱼腹中置入一块天然磁铁，磁铁的S极指向鱼头，用蜡封好后，从鱼口插入一根针，就成为指南鱼。将其浮于水面，鱼头指南，这也是水针的一类。

指南龟是当时流行的一种新装置，将一块天然磁石放置在木刻龟的腹内，在木龟腹下方挖一光滑的小孔，对准并放置在直立于木板上的顶端尖滑的竹钉上，这样木龟就被放置在一个固定的、可以自由旋转的支点上了。由于支点处摩擦力很小，木龟可以自由转动指南。遗憾的是当时指南龟并没有用于航海指向，而用于幻术。指南龟发明年代不晚于公元1325年。

指南龟

南宋时已知存在磁偏角

要确定方向除了指南针之外，还需要有方位盘相配合。最初使用指南针时，可能没有固定的方位盘，随着测方位的需要，出现了磁针和方位盘一体的罗盘，这样一来只要看一看磁针在方位盘上的位置，就能断定出方位来。

地球的两个磁极和地理的南北极只是接近，并不重合，磁针指向的是地球磁极而不是地理的南北极，这样磁针指的就不是正南、正北方向而略有偏差，这个角度就叫磁偏角。因为地球近似球形，所以磁针指向磁极时必向下倾斜，和水平方向有一个夹角，这个夹角称为磁倾角。不同地点的磁偏角和磁倾角都不相同。

南宋时，曾三异在《因话录》中记载了有关这方面的知识："地螺或有子午正针，或用子午丙壬间缝针。"这是有关罗经盘最早的文献记载。文献中所说的"地螺"，就是罗经盘。文献中已经把磁偏角的知识应用到罗盘上，这种罗盘不仅有子午针（确定地磁场南北极方向的磁针），还有子午丙壬间缝针（用日影确定的地理南北极方向），这两个方向之间的夹角，就是磁偏角。成书于北宋的《武经总要》在谈到用地磁法制造指南针时注意利用了磁倾角。沈括在《梦溪笔谈》中谈到指南针不全指南，常微偏东，也指出了磁偏角的存在。磁偏角和磁倾角的发现使指南针的指向更加准确。

沈括像

古代先民在对磁现象的观察和研究过程中，进一步了解了磁的性质，并试图更多地应用这些性质。《晋书·马隆传》记载，马隆率兵西进甘、陕一带，在敌人必经的狭窄道路两旁堆放磁石。穿着铁甲的敌兵路过时，被牢牢吸住，不能动弹。马隆的士兵穿犀甲，磁石对他们没有什么作用，可自由行动。敌人以为神兵，不战而退。东汉的《异物志》记载了在南海诸岛周围有一些暗礁浅滩含有磁石，磁石经常把“以铁叶锢之”的船吸住，使其难以脱身。

魏晋南北朝时，我国先民对磁石有了更多认识。就连诗人曹植在《矫志诗》中也用了“磁石引铁，于金不连”的句子，可见他也了解磁石的特性。南北朝梁代陶弘景在《名医别录》中提出了磁力测量的方法，他指出：优良磁石出产在南方，磁性很强，能吸引三四根铁针，使几根针首尾相连挂在磁石上。磁性更强的磁石，能吸引十多根铁针，甚至能吸住一二斤刀器。陶弘景不仅提出了磁性有强弱之分，而且指出了测量方法。这可能是世界上有关磁力测量的最早记载。

指南针航海始于宋代

指南针在我国古代主要被用于相宅相墓，同时也被用于航海，后者对人类社会进步发挥了巨大作用，因而指南针才得以跻身我国古代四大发明行列。指南针在航海上的应用有一个逐渐发展的过程。成书年代略晚于《梦溪笔谈》的《萍洲可谈》中记有："舟师识地理，夜则观星，昼则观日，阴晦则观指南针。"这是世界航海史上最早使用指南针的记载。文中指出，当时只在日月星辰见不到的时候才使用指南针，可见指南针刚开始使用时，人们使用得还不熟练。

其后，许兢的《宣和奉使高丽图经》也有类似的记载："惟视星斗前迈，若晦冥则用指南浮针，以揆南北。"南宋福建路市舶司（当时管理对外贸易的政府机关）提举赵汝适在所著《诸蕃志》中也提到："舟舶来往，唯以指南针为则，昼夜守视唯谨，毫厘之差，生死系焉。"之后，类似的文献层出不穷，这表明在航海活动中，指南针普及得相当快。

到了元代，指南针一跃而成海上指航的最重要的仪器，不论昼夜晴阴都用指南针导航了。而且人们还编制出使用罗盘导航，在不同航行地点指南针针位的连线图，叫作“针路”。船行到某处，采用何针位方向，一路航线都一一标识明白，作为航行的依据。这一发明后来经阿拉伯传入欧洲，对欧洲的航海业乃至整个人类社会的文明进程，都产生了巨大影响。

指南针

明代《武备志》收录的郑和航海图局部

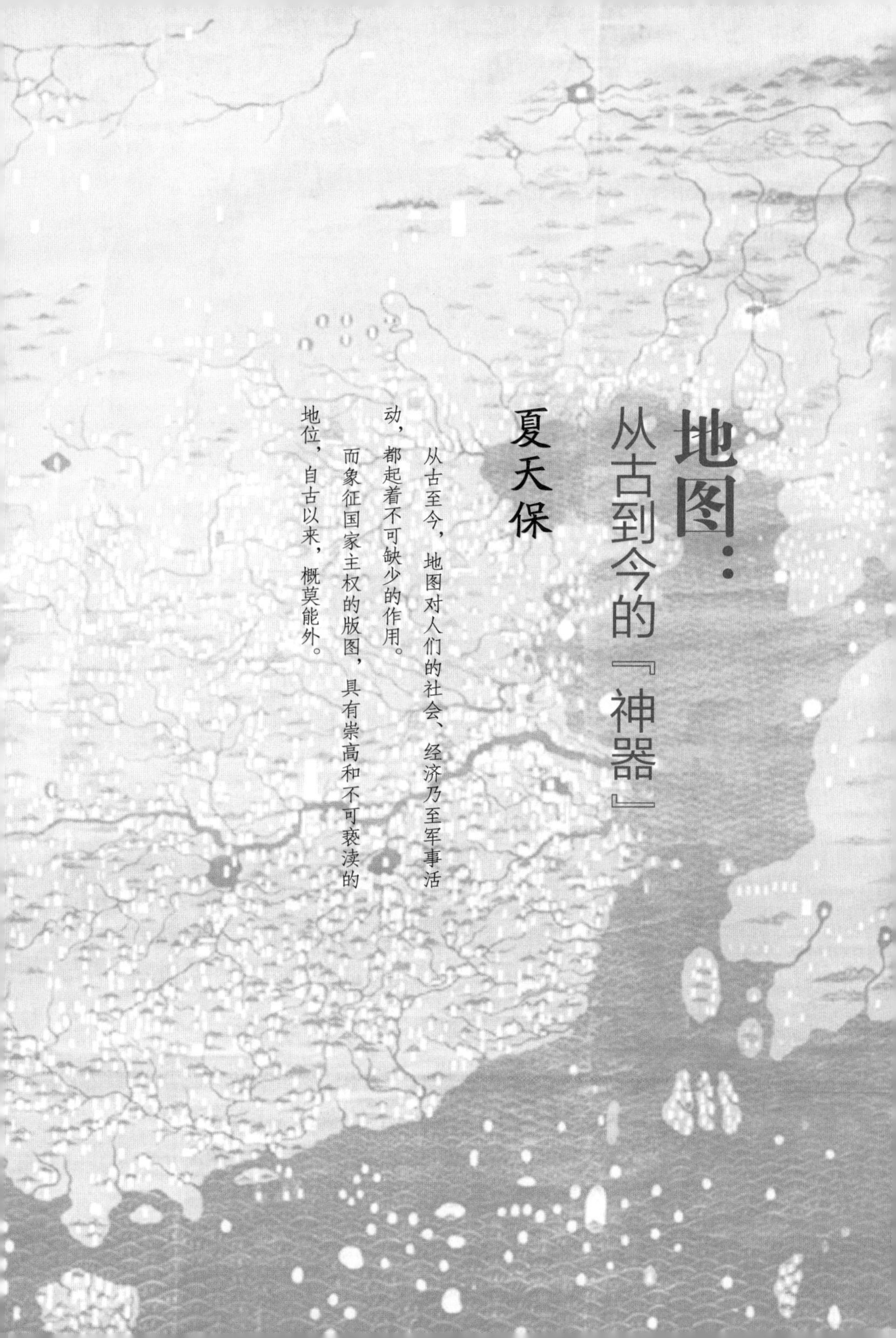

地图：从古到今的『神器』

夏天保

从古至今，地图对人们的社会、经济乃至军事活动，都起着不可缺少的作用。而象征国家主权的版图，具有崇高和不可亵渎的地位，自古以来，概莫能外。

从荆轲刺秦看地图神圣

地图的起源，有人推测比文字的起源要早。从某种意义上说，地图是最形象的符号，原始地图可以跟图画一样，把山川、道路、树木如实地画进地图里，作为打猎和出行的指南。

我国历史上，曾流传着许多有关原始社会时期人们制作地图的传说，最早可追溯到黄帝时代。据说，黄帝时已经有表示“地形物象”的地图。

我国民间流传着《河伯献图》的神话故事。据传说，大禹为治水而踏遍山川、沼泽，有一天忽见黄河水神河伯从黄河中出来，献出一块大青石。大禹仔细一看，原来是治水用的地图。后来大禹依据这张图，因势利导，治水取得了成功。

夏禹时代，随着生产的进步和水利的发展，人们的活动范围不断扩大。据传，有人从全国各地搜集金属浇铸成九鼎，同时将各地的山林、河流画成图，铸于鼎上。以后流传的《山海经》，据说就是这九鼎上地图的文字说明。

在春秋时期，国家的图籍是神圣的。《论语·乡党》中记载说，孔子遇见了背负国家图籍的人，马上肃立把手扶在车前的横木上，以示礼貌和尊重。

战国时成书的《管子》用“地图”作为篇名，阐明地图在作战中的作用。其中提到，凡统率军队的人，必须事先审阅并熟悉地图，对于山势崎岖的险要地段，对于容易陷车的河湾、湿地，对于深山峡谷、主要河道；对于平地、高地以及各样草木的分布情况；对于路程的远近、城郭的大小以及现有的、已废的城镇；对于荒地、耕地等等都要弄清楚。这样，行军、攻城的部署便都能得心应手，先后得当。

《史记·荆轲传》记载的这个著名的故事中，荆轲所带的地图是燕国督亢地区的图，故名“督亢之图”。由于春秋战国时期各国之间战争频繁，因此敌对国的地图显得更为重要，各国对地图视为珍宝，设专人保管，藏于密室。燕国使者荆轲之所以能进入戒备森严的咸阳秦宫，受到秦王嬴政的接见，是因为荆轲手中持有燕国“督亢之图”。正当秦王迫不及待要打开地图时，图穷匕首现，才有了荆轲刺秦王的一幕。荆轲刺秦王虽然没有成功，但这个故事却明确说明，诸侯国是有地图的，春秋战国时期，各诸侯国都有象征国土主权的“版图”，地图是非常神圣的。

秦始皇灭六国后，便收六国地图于咸阳，以便于秦王朝统一施政。刘邦攻入咸阳时，他的将领萧何首先接管秦始皇在位时从全国收集起来的地图，藏于石渠阁。这些地图一直保存到公元 1 世纪。

马王堆的三号汉墓中发掘的绘在帛上的地图，是我国迄今为止发现的最早的地图之一

裴秀、贾耽、朱思本——中国古代的『制图三杰』

西晋制图学家裴秀（224—271）创立了地图制图的理论，把地图制图推进到了一个前所未有的高度。晋泰始三年（267年），裴秀被封为司空（相当于宰相）。裴秀发现《禹贡》中所记载的山川和地方名称已经有了很大的变更，他立志对那些错误来一次纠正。

裴秀组织了人力，以《禹贡》为依据，对山岳、湖泊、河道、高原、平原、坡地、沼泽，古代九州的范围以及当时晋朝的十六州，都一一作了查核，绘制成《禹贡地域图》十八篇，同时在“序”中总结了一套制图理论。

十八篇地图都散失了，而“序”中总结的所谓“制图六体”却在《晋书·裴秀传》中得到了保存。

所谓制图六体，就是分率、准望、道里、高下、方邪、迂直六条绘图原则。分率，就是绘制时所用的比例尺；准望，就是用互相

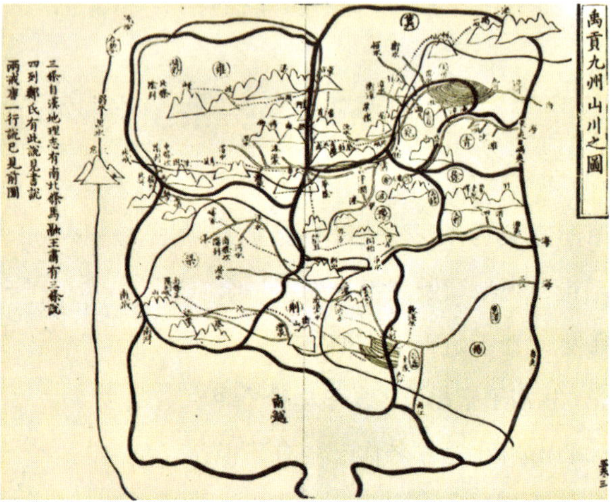

南宋时期
雕版墨印
《禹贡九州
山川之图》

垂直的线条在图纸上画满符合一定要求的方格，可以简称为“计里画方”；道里，就是测算两个地物之间的距离；而高下、方邪、迂直，就是把各种复杂的地形，应用数学计算方法折算成平面距离画到图上。制图六体理论提出后，直至明末，一直为我国绘制地图者所遵循。

唐朝的贾耽（730—805），参照制图六体理论，绘制了《海内华夷图》和军用的《陇右山南图》，以及从中国到朝鲜、到越南河内、到中亚南亚等地的交通图。其中《海内华夷图》制作工程之浩大为当时世界上少有。这幅图的绘制费时十六年，图幅宽三丈，高三丈三尺，绘图网格一寸相当于一百里。据推算，图幅的东西实地距离达三万里，南北达三万三千里，再联系它的图名，可想而知它在当时是一幅巨大的亚洲地图。

而元代朱思本（1273—1337）周游天下，足迹所至，达河北、山西、山东、河南、江苏、安徽、浙江、江西、湖北九省之多。他从实地考察中积累了丰富的地理知识，又参考了古今地图和文献，竭十年之力绘成了一幅长广七尺的舆地图。朱思本继承裴秀、贾耽“计里画方”法，注重实地资料的考证，并与地图对照，慎重取舍。

朱思本的地图曾以摹本和碑刻的形式，流传了将近二百年后渐渐失传。幸亏罗洪先1541年在朱图基础上增绘了边远地区及朝鲜等，并取名《广舆图》。

广舆图之舆地总图（局部），《广舆图》是中国第一本刻本地图集

利玛窦带来了世界地图和西方测绘技术

利玛窦是第一个把西方的测绘技术和近代地图传到中国的西洋人。他 1552 年生于意大利的马切拉塔，学习过天文、地理、测量、数学。他从神学院毕业后，开始在东方的传教生涯，他于明万历十年（1582 年）来到中国澳门，学习中国的语言和文字，随后进入内地，并最终定居北京。

世界地图是利玛窦传入我国的。他到广东肇庆后，就根据西方的世界地图制成一幅比原图大，且用汉文注译的世界地图。后来又重绘过多次，其中以明万历三十年（1602 年）刊行的《坤舆万国全图》最为完善。

利玛窦到达中国后，见到许多用中国传统方法绘制的地图。为了把中国地图介绍到西方，以西方投影法改绘中国地图是他的第一件工作。为了改绘中国传统地图，必须先测出经纬度。因此利玛窦每到一地，即刻进行经纬度的测量。他一方面用投影法改绘中国

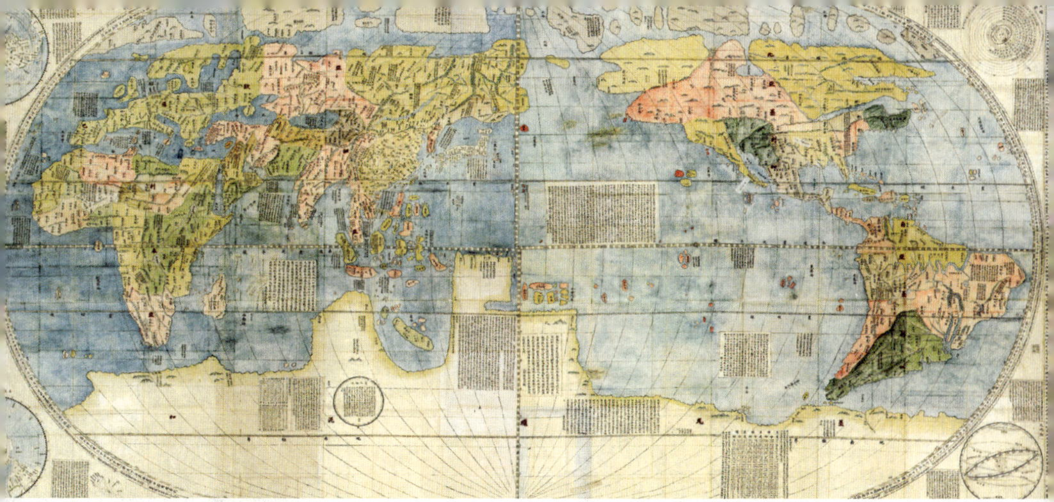

坤舆万国全图

传统地图，向西方介绍中国；另一方面利用中国和西方的地图资料编绘世界地图。

中国人过去所见的世界地图都是以中国为中心，四周则是大洋，大洋中散落着若干小岛，这些小岛即是外国。而利玛窦的世界地图却绘出整个世界，中国只是其中一小部分，这让很多中国人感到十分新奇，眼界大开。同时也引起了一些官员的不满，他们认为世界唯中国独大，其余皆小而野蛮，他们看到西洋地图学家竟置中国于地图极东之一角，十分生气。为了迎合这些人的心理，在以后绘制的世界地图中，利玛窦把今卡内里群岛的零度经线移位于图的中央，把中国的位置绘在正中，图上尽量引用中国的旧地名，以增加中国人的信任感。

在中国人的传统观念中，“天圆地方”的观念始终占统治地位。元朝少数民族科学家扎马鲁丁虽然制作过有经纬度的地球仪，但也没有引起人们的注意。随着利玛窦的来华，地图投影

位于北京市西城区的利玛窦墓外景

法一并传入中国，中国的学者们才相信大地是球形，懂得画地图必须实地测量经纬度，并学会利用日食测量经度的方法。利玛窦把经纬度制图法引入中国，使中国地图学史上发生了一场革命，人们开始摒弃“计里画方”的传统绘图法，改用先进的实测经纬度绘图法。

利玛窦的世界地图吸收了15至16世纪欧洲地理学界发现新大陆的成果，图中绘出了南、北美洲和非洲南部及大海中一些岛屿国的位置及形状，并作扼要的说明，开阔了中国人民的地理视野。地图把地球以赤道为中心，平分为南北两半球，划出了南北二回归线与南北二极图线。相应形成气候的热带、温带与寒带，对外国地名的翻译也起了一个译定作用。

清初《皇舆全览图》是最早的实测地图

明末以利玛窦为首的传教士，把西方科学的经纬度测绘地图传入中国后，引起了清初以康熙为首的统治者的重视，并在康熙年间完成我国第一部实测地图——《皇舆全览图》。

康熙皇帝一生勤奋好学，博览群书，对自然科学中的数学、天文、地理等有浓厚的兴趣，尤其喜好地学，很重视西方科学技术。

康熙三十七年（1698 年），法国传教士巴多明来华传教，沿途详察各省地图，发现图上的府、县、城镇的位置多与实地不符，并将此事上奏康熙。旧地图中存在的严重问题及传教士的劝奏，以及康熙帝对新的测绘方法的了解，确立了他绘制全国实测地图的决心。

在开始大规模进行全国性地图测绘前，为了慎重起见，康熙首先下令传教士们先制作首都京师附近的地图。地图完成后由康熙亲自作了校勘，发现用欧洲测量方法而绘制的图精确度很高，远胜于原有旧图。康熙四十六年（1707年）京师附近地图完成绘制，才下命令按西法测绘全国各省的地图。

全国地图的测绘正式开始于1708年4月，至1717年1月结束，除新疆及西藏部分外，各省测量全部完工，由杜德美按实测资料编纂图集，内含关内十五省及关外蒙古各地，取名为《皇舆全览图》，于康熙五十七年（1718年）进呈康熙帝。这是我国历史上首次全国规模天文、大地、地形测量工作的结晶，是中国测绘史上的一个重要里程碑。

自从西晋的裴秀创立制图六体理论以后，直到清代以前的一千四五百年间，历代制图学家都是采用传统的网格法绘制地图。《皇舆全览图》则采用了以地圆理论为基础的经纬图法和梯形投影法，图中布满了由地理经线和纬线纵横交错构成的经纬网。这是以少数比较可靠的天文观测资料和大规模的三角测量测得的六百三十个经纬点为依据绘成的。全图按省分幅，共计四十一幅。

《皇舆全览图》“不仅是亚洲当时所有的地图中最好的一幅，而且比当时的所有欧洲地图都好、更精确”，这是英国科学家李约瑟在《中国科学技术史》一书中所下的结论。

由于康熙时期西部有战争，故只能测至哈密一带，不能把哈密以西的地区测全。西藏地区虽也作部分的测绘，因是随军目测，错误也较多，形成了《皇舆全览图》西部领土不足的遗憾。

《乾隆内府舆图》，于乾隆二十一年（1756年）始编，约乾

《皇舆全览图》(局部)，山东半岛、辽东半岛部分

隆三十七年（1772年）左右完成。它是康熙《皇舆全览图》的续编与修订版。由于在西域新疆地区进行了实地测绘，在西藏等地进行了复查和订正，就中国范围而言，该图在内容和精确程度上都比康熙图进步。该图仅印一次，藏于内府，秘不示人，大臣、学士亦少能见。直到1925年5月，北京故宫博物院文献馆点收故宫造办处存物，才发现该图。

（本文写作参考宋鸿德等《中国古代测绘史话》、陆心贤等《地学史话》、朱玲玲《地图史话》、金应春等《中国地图史话》）

ANGEL

弓箭：从狩猎战争到竞技健身

刘健

2015年，一条有关津巴布韦『狮子王』塞西尔遭美国牙医射杀的新闻传遍了世界各地。人们在愤怒谴责盗猎者的残暴之时，也注意到了这样一个细节，美国牙医射杀狮子王的武器不是猎枪而是弓箭。这让人们意识到，原本只出现在古装剧中的弓箭，在与人类相伴了近万年后，仍旧在我们生活的某些角落中继续扮演『大杀器』的角色。

最早的弓箭出现在两万八千年前

弓箭的发明最初源自于人类狩猎的需要。在史前时代，人类单靠自己的手脚想要捕获大型猎物是相当困难的。事实上，在相当长的一段时间内，人类都是靠捡拾大型食肉动物进食后的残渣来获得肉食的，与食腐动物无异。距今四万年前，随着史前最后一个冰河纪的到来，全球气候变冷，生存环境恶化。人类不得不努力寻找新的捕猎方法，以获得更多的蛋白质。

据说，人类最早发明的抛射器并不是弓箭，而是弹弓。先民们在不断的狩猎实践中，学会用拉弯的树枝来弹击石块，并无弓弦。后来经过不断改进，将树枝压成弧形，以兽皮条或筋拴系在两端，以树枝或细竹削减一头为箭，射杀猎物。这便是最古老的弓箭。后来古人又用兽骨或石片磨制成箭镞，装于箭头之上，极大地增强了杀伤效果，人们往往能够轻易地捕获更多的禽兽。当然，弓箭不仅能用来捕获飞禽走兽，还能用来捕鱼。在著名的河姆渡遗址中，考古人员发现了大量的鱼骨和骨镞、石镞，却没有发现渔网。照此推测，河姆渡先民们很可能是用弓箭来捕鱼的。

考古学家在山西省桑干河的支流峙峪河一块地层中发现，有一种加工精致的小石镞，其尖端和两侧非常锋利，大概是用很薄的长石磨制而成。这些小石镞明显符合箭头的三要素：锋利、尖头适度、器形周正。在与尖头相对的另一端的底部，左右两侧有点凹进去，显然是用来安装箭杆的。从这里可以推知，两万八千年前的峙峪人已经制造使用石制的弓箭了。

在进入青铜器时代后，不仅箭镞有了更加锐利与坚硬的铜镞，而且弓的形状更加具有弹力。在商代，弓体在射手一侧明显凹陷，当拉弦释弓之时，弓体朝着相反的方向弯曲，可在张弦后维持较强的弹性，极大地延伸了射程。而且，在这一时期，人们还学会了在箭尾装上羽翎保持箭矢飞行的稳定性。此时的弓箭已经是一种非常厉害的武器。《易经》曰："弦木为弧，剡木为矢，弧矢之利，以威天下。"可见，在古人看来，拥有了上好的弓箭，就可以征服天下。

到了西周及春秋时代，弓箭已成为周王及各诸侯国军队必不

青铜箭镞

可少的远射兵器，而且根据用途的不同，已经有了明确的分类。据《考工记》《周礼·夏官》记载，在周代，国家有专门掌管弓箭制作、分发的军工部门。当时的弓分为六种：弧弓、王弓、大弓、唐弓、夹弓、庚弓。其中弧弓、王弓属于重装备，专门用来车战或守城；大弓、唐弓用作习射练兵；庚弓、夹弓用于狩猎。

文明人必须掌握的技艺

随着社会文明的发展，弓箭从单纯的武器逐渐过渡成为文明的载体。在夏商时期，弓箭射术已经成为学校教育的重要内容。商代的贵族学校传授四艺——“教”“庠”“序”“学”，其中的“序”即是射箭。西周贵族男子必须学习的六艺，即“礼”“乐”“射”“御”“书”“数”，射箭又占据了极其重要的位置。

据《礼记·王制》记载：“耆老皆朝于庠，元日，习射上弓”，即元旦之日，乡里中掌管教化的卿大夫都要到贵族学校来教习射术。事实上，在西周的早中期，社会相对安定，贵族生活比较安逸。在上流社会中，射已经被礼仪化了，并被逐渐融入宗教的射猎祭祀仪式，还形成了强调社会秩序的射礼典章。

所谓礼射，为西周兴起之礼，祭祀、朝会、宴乐等集会活动都会上演，需要遵照严格的礼仪程序和等级规定。依照“君臣之礼”“长幼之序”，礼射有大射、宾射、燕射、乡射四种。大射为天子举行盛大祭祀时，在射宫举行的射箭活动；宾射是诸侯来朝，天子与之行同射之礼；燕射为天子、诸侯等举行宴会时的射礼活动；乡射则是卿大夫举行乡饮时进行的射箭活动。根据《礼记·射义》的规范要求，礼射时，宾主伴着丝竹管乐吟诵《诗经》中的篇章，双方相互作揖后登高射箭，完毕后走下堂来，作揖饮酒，十分风雅。就像《论语·八佾》所述：“揖让而升，下而饮，其争也君子。”当然，这种社交方面的“礼射”不同于战场或猎场上“武射”，射得精准与否并不重要，而是讲究礼貌而优雅，就像现代高尔夫球运动，属于精神享受的境界。

然而在冷兵器时代，弓箭的本质毕竟还是武器。“赵武灵王”的典故一直为后世所称道。而秦汉以降，中原王朝与北方游牧民族间的恩怨情仇则大都寄于弓马骑射之上。特别需要指出的是，当年张骞通西域，从大月氏带回了先进的冶金技术，使汉朝骑兵能够广泛使用铁镞，成为汉朝能够实现“北破匈奴”的重要技术保障之一。

莫高窟第 323 窟张骞出使西域图（初唐）

英国长弓险些改变欧洲历史

1346年8月26日，法国国王腓力六世带领着他足有四万之众的庞大军队，来到位于法国北部的蓬蒂约克雷西森林附近，准备在这里迎击他的堂外甥、英王爱德华三世率领的数量不足两万的英军。改变英、法两国乃至欧洲历史进程的克雷西战役就此爆发。

英、法两军在梅耶河附近的克雷西森林遭遇。此时，英军先于法军到达战场，占领了山脊上的有利地形，以逸待劳。而法军则因为一天的强行军变得疲惫不堪。为此，有法军将领向腓力六世建议让部队稍加休整，整顿队形，再向英军发起进攻。而腓力六世自恃人多势众，根本不听部下的建议，命令麾下法军立即对山脊上的英军发动进攻。可是，腓力六世不知道，此时的英军手中有一种极其致命的秘密武器，不久后，他和他的部下就将领略这种武器的强大威力。

原来，此时的英军中有一支完全由农民组

成的长弓队。英国长弓是一种长一米五，结构简单、威力巨大的单体弓。弓背由一条完整的木材弯制而成，坚硬而有弹性。其射出的箭最大射速约为每秒三十八米（相当于六级台风），有效射程约为三百米，可以轻易射穿当时欧洲国家的骑士或步兵穿着的锁子甲。

创作于大约 11 世纪的贝叶挂毯（局部），挂毯底部可见长弓手形象

最先倒在这些长弓队箭下的是素有骁勇之名的热那亚弩手。他们是法王的雇佣兵，有数千人之多，所使用的弩射程超过了一般弓箭。但是，开战之前，一场不期而至的大雨，浇湿了他们的弩，令其攻击效能大打折扣。而仓促之下，他们也没来得及将用于防御的大盾牌拿到阵前。更糟糕的是，雨过天晴后，太阳正好转到了英军的背后，热那亚弩手们不得不面向阳光仰攻英

军，全面落于下风。只待英国长弓队一顿乱射，热那亚弩手们便溃不成军，纷纷败退下来。

眼见前军败退，怒不可遏的腓力六世下令全军突进，并斩杀退却者。结果，位于二线的法军重甲骑兵首先跟败退下来的热那亚弩手们搅在一起，自相残杀，让本就不稳的战线更加混乱不堪。见此情景，爱德华三世命令长弓队继续放箭，狙击法军骑兵。据估计，当时英军长弓队的射箭频率达到了每分钟一万六千支，堪称箭如雨下，结果法军一片人仰马翻。很快，战争就演变为了单方面的屠杀。法军尸横遍野，当场战死者超过四千人，其中包括波西米亚国王以及法王的胞兄在内的众多贵族。而英军只付出了百余人的伤亡代价。

经此一战，腓力六世颜面扫地，不久后便郁郁而终。而英国方面则确立起了在英法百年战争早期的战略优势。如果不是后来黑死病肆虐欧洲大陆，或许今天的法国也已经是讲英语的地方了！

现代射箭玩的是高竞技性

从15世纪开始，随着火药在军事领域中的广泛应用，弓箭作为远射兵器的地位在战争中开始动摇。在西方，“步枪+刺刀”逐渐取代长矛、弓箭等冷兵器成为战场上的步兵基本武器，从而在根本上改变了战争的形态。而在东方，作为北方游牧民族的蒙古和满洲的崛起，却让“骑兵+弓箭”这对致命组合得到了复兴的机会。尤其是满族以弓马得天下，建立大清王朝后，更加重视骑射。在武举中，将射箭列为最重要的科目。而位于今天北京东四一带的弓箭大院，则因来自皇家和民间的订货不断，兴隆了数百年之久，曾孕育出了“聚元号”“天元号”等一大批名满天下的老字号。

随着历史的车轮缓缓驶入19世纪，经历了工业革命的欧洲已经在经济、文化、军事等各个方面超越了老迈的东方帝国。两次鸦片战争中，曾经自诩弓马娴熟的八旗、绿营兵在装备了先进枪炮的西方侵略军面前不堪一击，不得不接受了屈辱的城下之盟。自此，作为武器的弓箭便退出了历史的舞台。

然而，射箭对于人的臂力和心智的高要求，使它最终演变成了一项高竞技性体育运动。现代射箭运动始于英国，自 1673 年起，在英格兰约克郡举行的方斯科顿银箭赛一直延续至今。1787 年，英国皇家射箭协会成立，这是世界上最早的射箭竞技运动组织。1844 年，第一届全英射箭锦标赛举办。1861 年，英国射箭协会成立，统一竞赛规程。在大洋彼岸，19 世纪初，射箭运动传入美国。1828 年，美国人建立了费城射箭联合会。1879 年，全美射箭协会成立，同年在芝加哥举行第一届全美射箭比赛。1931 年，首届世界射箭锦标赛举行。

1900 年至1920 年间，射箭曾经几次成为奥运会的比赛项目，此后便从奥运赛场上消失。直到 1972 年慕尼黑奥运会以后，射箭才最终成为奥运会的固定比赛项目。这期间，波兰、瑞士、瑞典、英国以及苏联和美国等国家，曾先后在世界箭坛上占据主导地位。历届奥运会和世界锦标赛的金牌，都被上述欧美各射箭强国所摘取。世界射箭运动形成了以欧美为中心的极不平衡的地域分布格局。

直到 1988 年，第二十四届奥运会在韩国汉城举行时，这种以欧美为中心的世界射箭格局，遭到来自韩国射箭队的强大冲击。在这届奥运会上，韩国队一举夺得四个射箭项目中的三枚金牌。韩国以汉城奥运会为契机，跻身于世界射箭强国之列，

现代射箭比赛

并一度形成了对这一项目的垄断之势。

中国人是世界上最早使用弓箭的族群之一。新中国成立后，射箭运动蓬勃发展，从1961年至1979年先后共有十四名男、女运动员三十七次打破当时的世界纪录，尤其是女子项目成绩更为突出。1987年，马湘君在世界射箭锦标赛上为中国夺得第一个世界冠军。在2008年北京奥运会上，中国选手张娟娟连挫三名韩国高手，勇夺射箭女子个人金牌，实现了中国射箭在奥运赛场上金牌零的突破，也令古老的弓箭在华夏大地再放异彩。

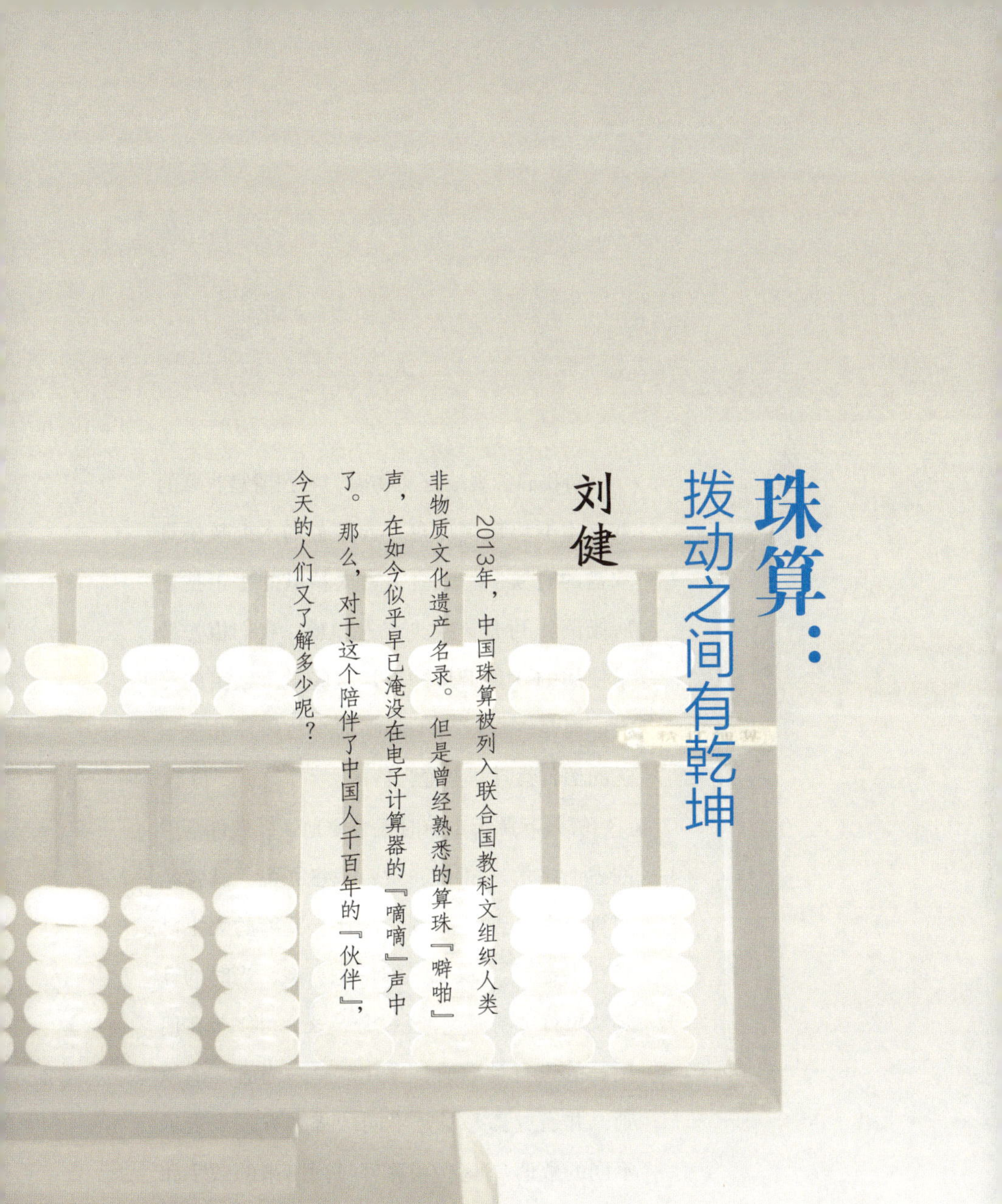

珠算：拨动之间有乾坤

刘健

2013年，中国珠算被列入联合国教科文组织人类非物质文化遗产名录。但是曾经熟悉的算珠『噼啪』声，在如今似乎早已淹没在电子计算器的『嘀嘀』声中了。那么，对于这个陪伴了中国人千百年的『伙伴』，今天的人们又了解多少呢？

珠算的前身是『算筹』

当我们参观故宫文物展，看到清宫收藏的紫檀木框玛瑙算珠盘，或是黄杨木框核桃算珠盘的时候，一定会为古人精湛的手工技艺所倾倒。可是，很少有人知道，我们祖先最早使用的计算工具并不是这些做工精美的算盘，而是一根根毫不起眼的小竹棒棒儿——它的学名就叫“算筹”！

算筹起源于史前时代中原地区氏族部落中的占卜之术。相传，黄帝战蚩尤前，就曾经用算筹占卜吉凶。到了汉代，算筹的大小已经有了定制。《汉书·律历志》载，当时的算筹“用竹（制成），径一分，长六寸”。在使用算筹进行计数时，采用“以一当五”的原则，并通过算筹横竖不同的排列方式来表示不同的数值。这些用算筹排列出来的数字和算式，在现代人看来显得原始而神秘。但是，中国古代的先民们就是靠这种看似最原始的计算工具，来解决日常生活中所遇到的加减乘除四则运算的问题。而且，还用它来进行诸如开方及二、三次方程以及“天元术”“四元术”等高级运算。毫不夸张地说，光辉灿烂的中国古代数学成就，从圆周率到内差法，从数字方程到半符号式代数，无一不是用算筹进行演算的。

然而，算筹作为一种运算工具来说，实在太过原始。随着经济社会的发展，尤其是在大一统王朝确立和商品经济繁荣的大背景下，需要一种更加便捷高效的运算工具来取代算筹。珠算和算盘便应运而生。

八棱琉璃算筹

东汉末年最早现于史籍

相传，珠算的发明者是孔老夫子的夫人！当年，孔子被人推荐做了鲁国国君的司库，但他却不善理财，往往旧账还未理清，新账又来了，孔子感觉非常郁闷。他夫人便给孔子支了个招儿：“你给我的家用钱，我都是用绳子来计算的，给多少，就在绳子上串多少个珠子；用多少，取掉多少珠子，这个法子虽然笨，但从不出差错，你不妨试试。”孔子觉得有道理，照此做了。结果，支应小数目还好说，成百上千的数字就很麻烦。孔子的夫人便让他多用几根绳子，孔子茅塞顿开，用几根绳子，分别代表个、十、百、千、万，然后串上十粒珠子，这样一来多大的数目都能算得清清楚楚。

类似的传说还有很多，其中的主角也被换成了西施和范蠡。可见，其中所言并非真史，只是市井传言附会，但也非空穴来风。

史籍中所载的“珠算”一词，最早见于东

上海算盘文化馆展出的多种样式的算盘

汉末年徐岳所著《数术纪遗》："珠算控带四时，经纬三才。"北朝甄鸾注释说："刻板三分。其上下二分以停游珠，中间一分定算位。位各五珠，上一珠与下四珠色别，其上别色之珠当五，其下四珠，珠又当一。至下四珠所领，故云'控带四时'，其珠游于三方之中。故云'经纬三才'也。"从中已经可以看出算盘的雏形。而最新的考古发掘表明，远在周代就已经出现了疑似算珠的彩色陶丸。可见，珠算在中国古代有着悠久的历史。

明代中叶算盘开始盛行

到了隋唐时期，珠算已经开始在商业活动中广泛应用。在对陕西西安的“长安西市”遗址的考古发掘中，就曾经出土过一组唐代釉陶算珠。到了宋元时期，珠算已经成为一项专门技艺，而算盘的形制也基本定型。北宋著名画家张择端的《清明上河图》中就已经出现了算盘。不过，直到明朝中叶，算盘才彻底取代算筹成为人们日常生活中最主要的计算工具。这一历史进程正反映了元明清三代中国古代封建小农经济，开始渐渐被活跃的商品经济所瓦解的事实。

我们现在仍然在使用的算盘，其形制基本确定是在明代。明永乐年间成书《鲁班木经》中记载有制造算盘的尺寸和规格，与今天普遍使用的算盘已经没有多大差别。

算盘的使用方法就是珠算术。明嘉靖年间王文素撰著的《算学宝鉴》中就有珠算加减法的口诀和乘除的定位方法。这是现存文

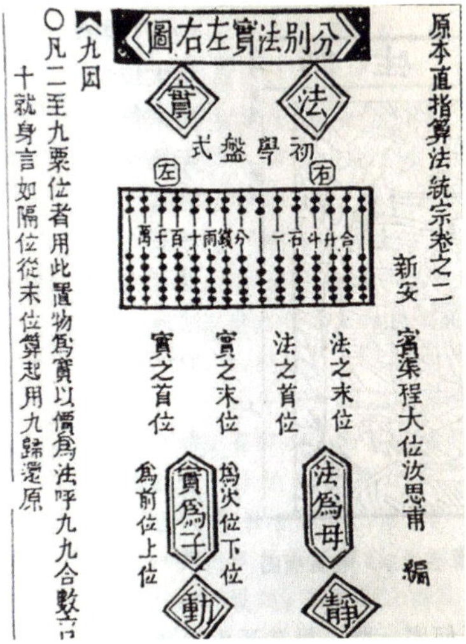

《算法统宗》中对珠算的讲解

献中有关珠算术最早的系统记录。而到了万历年间，程大位在总结前人经验的基础上撰著了《算法统宗》《算法纂要》等书，使珠算术进一步发展完备。这些著作不仅在中国影响巨大，还随算盘一起，流传到了海外。程大位也获得了“珠算宗师”的称号。

活用算盘可开高次方

现在一般常见的算盘多为木制，在矩形木框内排列一串串等数目的算珠，中有一道横梁把算珠分为上下两部分，算珠内贯直柱，俗称“档”，一般常见的有 9 档、11 档或 13 档。档中横以梁，梁上 2 珠，每珠代表数量 5；梁下 5 珠，每珠代表数量 1。除了“上 2 下 5”，还有“上 1 下 4”的算珠排列方式，但基本功能并无差异。

在珠算开始前，首先要清盘，就是让算盘上的算珠归位。使用时，任意一档上珠拨一靠档表示 5，下珠拨一靠档表示 1，下上珠在同一档上表示 6，上珠 5 向左移一档表示 51，上珠 5 向右移一档表示 15。空档则表示 0。一架最短 11 档的算盘就可以进行亿位级计算。而如果使用 27 档的算盘，其位级功能就足以媲美当今最强大的超级计算机。

除了一般加减乘除四则运算外，通过活用算盘，还可以进行开方、开立方、开高次方

上海算盘文化馆所收藏的长算盘

等复杂数学计算。明代著名音乐家朱载堉曾经用一把81档有梁穿档的大算盘，对25位数相乘和相除，进行十二音律的复杂计算。在今天看来这无疑是一项伟大的壮举。

珠算已融入国人文化血脉

在古代中国，算盘不仅是一件计算工具，而且在上至官绅仕宦、下至贩夫走卒的文化生活中，都扮演着非常独特的角色。

很多民间谚语俗语都和珠算有关，比如，“不管三七二十一”“三下五去二”“给他来个一退（推）六二五”，这些大家耳熟能详的谚语俗语，其实都来自珠算口诀。而像“算盘上珠——一个顶五”“算盘珠子——拨一下动一下”“没框的算盘珠——全散了”等等这些俚语，至今也仍然挂在中国人的嘴边。

文学作品中关于算盘的描述也比比皆是。据不完全统计，明清两代笔记小说中提到过算盘的有近百种之多，其中最著名的莫过于《红楼梦》中的算盘灯谜。可见，算盘在当时的民间社会生活中使用与影响之广泛。

与算盘有关的风俗习惯同样鲜活。比如，“清盘过夜，不留数字在算盘上”，指的是商铺在除夕夜必须结清上一年的尾账，将算盘

上海算盘文化馆，门上雕刻着算盘的元素

清空，象征一元复始、万象更新。“大年初一打算盘”，则是指大年初一一大早各家各户就必须起来练算盘，即便是襁褓中的婴儿，也要由大人手把手地让他的小手指去拨弄几下算盘珠，寓示今年财路亨通、神机妙算。而在有些地区还流行搬家先要搬算盘，一路上必须由长子或长女把算盘高举过头顶，寓意“居家过日算为重，不会算计一世穷”。甚至连招女婿也要用算盘算上一算！

此外，有关算盘的禁忌也有很多。像是不能让小孩将算盘翻过来当小车滚动玩耍；不得有灰尘污垢残留算盘上；使用算盘前必须先洗手；算盘必须轻拿轻放；等等。

不单是在大陆，在宝岛台湾也有不少与算盘有关的民俗。台湾新竹市城隍庙的山门之上赫然悬挂一架大算盘，并配了一副楹联：“世事何须多计较？神仙自有大乘除。”据说，天上的神仙通过这架算盘计算凡人的是非功过，总有一天“算总账”，反映出中国人自古以来的善恶因果观。

关于云南白药的效力，也常常被人添油加醋传得神乎其神。据说，有一位富豪遭仇家在肩膀上打了一枪，弹头深陷在肉里。涂上白药包扎后，过了几天换药松开绷带时，忽听『当』的一声，子弹头竟掉落到地板上，而伤口已完全愈合！

关于红军长征与云南白药的故事也广为流传。据说，1935年红军长征经过云南，截获了一批国民党的物资，其中就有云南白药。毛泽东的夫人贺子珍在威信受伤以及时任红一军团政委的杨尚昆在沾益城外被敌机炸伤，都是靠这批云南白药治愈，才得以走完长征这条生死之路。

而蒋介石曾为云南白药亲笔写下『功效十全』的题词，也为这种传奇增添了浓重的一笔。

那么，如此具有传奇色彩的云南白药，到底是怎样出现的呢？

云南白药：『百宝丹』的配方传奇

林山

云南白药是一种药，但它不是普通的药。很长时间以来，云南白药在中国民间一直带有某种传奇色彩。

这种传奇是和很多故事联系在一起的。

比如，关于云南白药的来历，民间有一种说法：采药人上山采药的时候，看见两条蛇在缠斗，过了一会儿，其中一条败退下来，这条气息奄奄的蛇游到一块草地上蠕动了起来。不一会儿，奇迹发生了，蛇身上的伤口竟变得完好如初！采药人于是利用这种野草研制出了云南白药。

受到“异人”传授

云南白药的研制者和创始人名叫曲焕章。

曲焕章，1880 年生于云南省江川县赵官村的一个彝族“小康”农民之家。曲焕章七岁丧父，九岁丧母，只好与姐姐相依为命。他最早和医药结缘，应该和他的姐夫袁槐有关。

姐姐嫁给当地医生袁槐后，十来岁的曲焕章在姐夫指导下，得以学习伤科用药知识和丹药配制技巧，几年下来，他熟练掌握了治伤技能。1896 年，由袁家托人操办，十六岁的曲焕章娶周官村犁铧匠的女儿李惠英为妻，随后自立门户给当地民众看病，以维持生计。

曲焕章研制的云南白药最初不叫云南白药。事实上，“云南白药”这个称呼，是新中国成立以后才确定下来的。最早，曲焕章把这种药取名为“百宝丹”。

1930 年前后，曲焕章本人曾在报纸上宣扬，说他的百宝丹是受异人相传。1956 年的

《云南日报》上登载了曲焕章第二任妻子缪兰英的讲话，也印证了这一点，并肯定这个异人就是云南个旧县的姚连钧。

据说有一天，十六岁的曲焕章突患重病，倒在了个旧县街头，幸而被姚连钧所救。姚连钧是武当派道士，素有“滇南神医”之誉，精通外伤诸科，深谙百草奇药，起死回生，活人无数。曲焕章见姚连钧治伤很有一手，便拜他为师，追随其在云贵高原一带游历。师徒俩一边采集草药，一边四处行医。在姚连钧的教授下，几年下来，曲焕章尽得真传。

百宝丹宣传图

姚连钧后来遭人仇杀。而曲焕章正是根据师傅传授的秘方，研制出了奇药“百宝丹”。

『贵人』传扬，药冠南滇

“百宝丹”确实是好药。然而，如果仅凭在民间乡野治病，好药也传之不远。云南白药后来的声名远播，离不开上层达官富豪的推介。而曲焕章生命中的第二个“贵人”，竟是云贵一带著名的土匪头子，后来成为云南大军阀的吴学显。

当时的云贵大地，硝烟不断，匪患四起。一次，滇南匪军首领吴学显胸部受了枪伤，伤势很严重，便派人胁迫曲焕章前往诊治。曲焕章用百宝丹为其治好了枪伤。此后，凡有土匪骚扰，从不殃及曲焕章的药店。久而久之，有人便控告曲焕章通匪。当局逮捕了曲焕章把他投入监狱。后来，靠了姐夫袁槐用八十担谷子贿赂县官，曲焕章才得以出狱，但“不准再至匪区行医”。

世事难料，祸事后来却成了好事。1921年，军阀顾品珍在云南发动兵变，云南都督唐继尧被迫逃亡香港。一年后，唐继尧卷土重来，率部队杀回云南。为了取得胜利，唐继尧许以军长头衔收买了滇南匪首吴学显。吴学显帮助唐继尧回滇主政成功，自己也摇身一变，从匪首变成了有权有势的军阀。

吴学显

吴学显为了报答当年的救命之恩，也为了补偿因自己而受的连累，特别派人找到曲焕章，邀请他迁居昆明坐诊。曲焕章欣然前往，不久便在昆明南强街开办了伤科诊所。谁想到，曲焕章的到来，再一次救了吴学显。

在刘郴山撰写的《抗日将士随身必备：云南白药百年秘方寻踪》一文中描写到，1923年，孙中山在广州组织军政府及国民政府，准备对抗北方军阀。滇军出师广西后，败北折回昆明，吴学显的右腿骨被枪弹打断。洋大夫们都认为只有截肢才能保住性命。情急之下，吴学显向曲焕章求救。曲焕章不用一刀一

百宝丹宣传广告

针，全用中草药和伤科办法，居然治好了吴学显的枪伤骨折，使其行走如故。吴学显感激不尽，派滇军军乐队在昆明城内绕城奏乐游行，宣扬“曲焕章万应百宝丹”的奇效，吴学显还亲自登门送上“效验如神”金漆大匾。

通过吴学显，曲焕章与云南军政上层建立起牢固的关系。不久，经吴学显等人大力推荐，唐继尧委任曲焕章为东陆医院滇医部主任兼教导团一等军医，并赠“药冠南滇”匾额。

擅钻研也会经营

不管是“异人”传授，还是“贵人”扶持，打铁还需自身硬。云南白药之所以佳名远扬，还是靠了曲焕章精心钻研、不断改进。

早在1914年，曲焕章就在原来配方的基础上，进一步研制出“万应百宝丹”。不久，曲焕章又研发了与百宝丹配套的虎力散、撑骨散等伤科系列药物。

曲焕章的万应百宝丹在治疗刀枪伤及跌打方面疗效最为突出，即便穿胸洞腹，伤及脏腑，只要身软不死，虽人事不省，均可救治。“先入百宝丹，再服虎力散，气将绝者渐能苏醒；血流如注者，渐能停止。再用消毒散、洗创止血药，涂敷伤口。内部有子弹头的，改服撑骨散，弹头能自行退出。”

1928年，瓶装万应百宝丹上市，声誉传遍全国。曲焕章趁热打铁，还以七折、三折不等价格，在上海、武汉、香港、新加坡、横滨等处建立代销处。与此同时，曲焕章请

曲焕章

人编写了《曲焕章草木篇》，用以宣传介绍百宝丹的功效。

1933年底，昆明召开医药界选举大会，曲焕章当选为云南医师公会主席，其社会地位得到普遍认同。1935年蒋介石视察云南，特意在省政府接见了曲焕章。曲焕章趁机赠送五百瓶三升百宝丹给蒋介石。蒋介石后来写了“功效十全”的题词，外加一张半身照片，派其侄蒋孝先回赠曲焕章，以示关照。

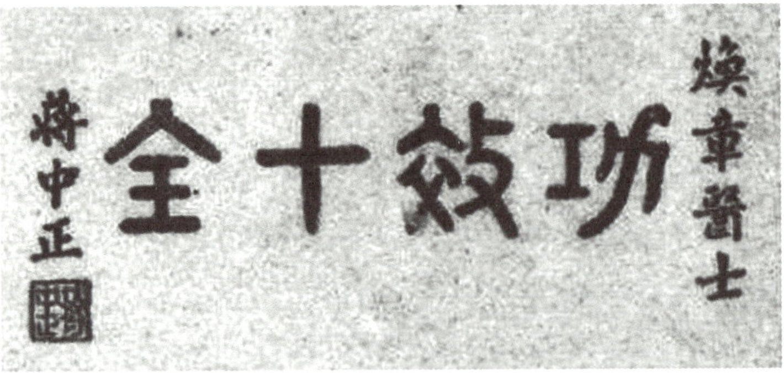

蒋介石所题“功效十全”

台儿庄一战也让白药成名

云南白药救死扶伤的神奇功效，在抗日战争时期表现尤为突出。1937年9月，国民党驻云南五十八军、六〇军北上抗日，曲焕章为表爱国之心，捐献三万瓶百宝丹给抗日官兵。此药在前线治疗枪伤疗效极佳，受到官兵和民众的交口称赞。

1938年4月初，六〇军参加了著名的“台儿庄战役”。在激烈的交战拼杀中，百宝丹挽救了不少将士的性命。在这支来自云南的部队里，士兵们头戴法式钢盔、脚踏剪刀口布鞋，作战十分骁勇。他们身上还带有一小瓶白色的粉末。这些战士受了伤，不管伤势如何，只要还能动，就不打绷带、不坐担架，只把这白色的粉末吃一点，外敷一点，又上阵拼杀。这些将士携带的白色粉末就是云南白药——百宝丹。

时隔不久，当“台儿庄大捷”的消息传到昆明，曲焕章兴高采烈，一口气买了三十万

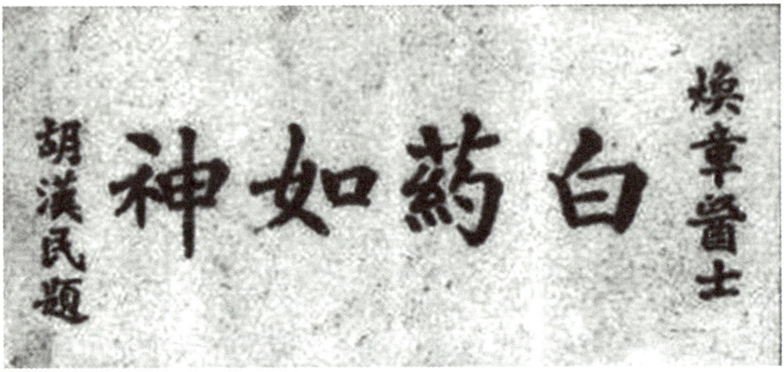

胡汉民为白药所题“白药如神”

个鞭炮，连续放了三四个小时，以欢庆这一重大胜利。

台儿庄一役，不仅打出了滇军的威名，也让曲焕章万应百宝丹声名远扬。这一年，曲焕章万应百宝丹的年销售量高达四十万瓶，曲焕章迎来事业的巅峰。

事业巅峰遭飞来横祸

正当曲焕章的人生如日中天之时，突如其来的一场灾难，不但使曲焕章的万应百宝丹急转直下，曲焕章本人也不明不白地死去。

1938年，昆明市政府借抗日救国之名，强行摊派曲焕章捐飞机一架。曲焕章尽其所能，认捐三万滇币。等到交款结单时，当局却认为曲焕章认捐的是三万国币，折合三十万滇币。曲焕章无能为力，随即被关押在昆明市警察局。经多方说情，在向银行借款凑足捐派数额后，曲焕章才被释放出来。

就在此时，曲焕章接到国民党行政院副院长焦易堂的邀请，请他到重庆担任新成立的中国国医馆馆长之职。正被逼捐搞得焦头烂额的曲焕章，巴不得找个机会从昆明脱身。然而1938年8月，也就是曲焕章到达重庆两个月后，噩耗突然传来，曲焕章因病辞世，年仅五十八岁。

根据当时的传闻，焦易堂把曲焕章请到重

焦易堂

庆后，一方面让他到国医馆任职，但同时却要求曲焕章交出白药药方，由焦易堂私人控股的中华制药厂进行生产，曲焕章拒不答应，于是被软禁起来，最终绝食而死。

曲焕章去世后，焦易堂随即通过报纸发表消息，表示哀悼、惋惜。蒋介石发表广播谈话：“在抗战正需用人才之时，我国著名的曲焕章医士的逝世，实为国家之不幸！”

缪兰英把秘方捐给了政府

曲焕章的一生有两次婚姻，与前妻李惠英生有三个儿子，老大曲万增一直从医，至今还有后代在云南白药厂工作。而曲焕章和第二任妻子缪兰英育有三女一子，其中女儿曲竹林一直从事白药生产。

在遗嘱里，曲焕章把大药房的继承权授予了妻子缪兰英。此事引起了长子曲万增的不满，双方为此打起了官司，均宣称自己得到曲焕章真传。曲万增还在昆明南强街挂起了“曲焕章父子大药房”招牌，同样销售百宝丹。

1955 年，云南有关部门组织了一次针对白药的调研。通过广泛考察对比，调研组最终认可了缪兰英白药传人的身份。同时，也不排斥曲万增所持药方生产的白药。

1955 年，缪兰英主动表示向政府献出百宝丹的秘方。消息一经传开，立刻成了头条新闻，轰动全国。1956 年，昆明市政府特别

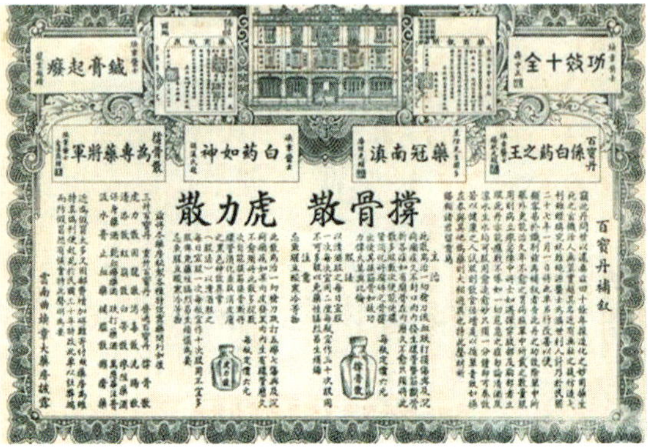

百宝丹宣传广告

为缪兰英召开了表彰大会，随后昆明制药厂正式接收了缪兰英贡献的百宝丹，并改名为“云南白药”，投入批量生产。从此，云南白药成了“曲焕章万应百宝丹”的代名词，其处方、工艺于当年被列为国家传统医药的保密范围。

配方：保密，还是公开？

云南白药配方保密，一方面增加了它的商业价值，给它带来了不菲的经济利益，另一方面也受到来自各方面的诟病。

2010年底，关于云南白药配方在美国“失密”的消息，就曾在媒体中引起一番波澜。

事件起源于国内记者在美国食品药品管理局网站上发现的一个文件。这是一份2002年的文件，内容是拒绝一家膳食及草药补充剂的经销商请求的回复。从文件中看，当时这家经销商按照美国的法规向管理局提交了一封通知信，想把云南白药酊作为“膳食补充剂”。这份文件列出了“云南白药酊”的全部成分，并注明了英文名和中文名。

从成分表上看，云南白药酊的具体成分为田七、冰片、散瘀草、白牛胆、穿山龙、淮山药、苦良姜、老鹳草、酒精。除云南白药酊外，在美国亚马逊的云南白药页面上，云南白药胶囊、云南白药喷雾剂等产品也注明了成分。但这样的成分表在国内是“国家保密配方”。

为何在国内保密的配方，在国外就可以公开？有分析人士指出，云南白药在美国公布相关药方是该药进入美国市场的需要。按照美国食品药品管理局的有关规定，进入美国的药物必须要详细公布相关成分和具体配方。

事实上，随着中药测定技术越来越发达，其成分也会进一步明晰化，所谓配方成分保密其实并不具有太多意义。而且，中药的研制是非常复杂的，即使知道了组分和用量，但不知道药引及制作工艺也很难仿制。

分析人士认为，时至今日，云南白药仍然一直在打保密配方牌，更多是出于商业营销的考虑。

宋代李唐《灸艾图》，是中国最早以医事为题材的绘画之一，展现了民间中医行医的场景

第四编

饺子：“娇耳”的千年流传

武锐

没有哪一种食物像饺子一样在中国人的食谱中占据如此重要的地位，春运大潮汹涌澎湃，人们扶老携幼地奔波在旅途中，盼着在除夕全家吃一顿团圆饺子。

饺子历史可溯千年

这种有馅的半月形面食历史相当悠久，1978 年在山东省滕州的薛国故城遗址，考古工作者从一座可能是春秋中晚期的薛国贵族墓葬中发现了一套青铜礼器，其中一件铜簠里摆放着一些食品，它们呈白色，个体为三角形，内包有屑状馅料。研究人员经考察认为，它们可能就是今天饺子和馄饨的祖形。1981 年 5 月，在重庆市忠县一座东汉（或说三国时期）古墓中出土了所谓的“庖厨俑”，据说在其厨案上发现了花边形饺子的模型。

“庖厨俑”手边有“花边饺子”

说起饺子的起源，民间有很多传说。比如传说女娲抟土造人时，由于天寒地冻，黄土人的耳朵很容易冻掉，为了使耳朵能固定不掉，女娲在小人的耳朵上扎一个小眼，用细线把耳朵拴住，线的另一端放在黄土人的嘴里咬着，这样才算把耳朵做好。老百姓为了纪念女娲的功绩，就包起饺子来，用面捏成人耳朵的形状，内包有馅（线），用嘴咬食。

不过关于饺子的发明人，公众更愿意接受的是“医圣”张仲景。如同端午节吃粽子是为了纪念屈原，人们吃饺子正是为了纪念张仲景。东汉建安初年，张仲景出任长沙太守，不久瘟疫流行，他的官做不下去了，便毅然辞去了太守官职，告老还乡，决心为百姓治病。这时正值数九隆冬，他在回乡路上，看到那些为生存而奔波的穷苦百姓，衣不遮体，许多人耳朵都冻烂了，心里十分难受。张仲景在南阳东关空地上搭起了医棚，架上大锅，把羊肉、辣椒和祛寒的药材放在锅里，熬到火候时再把羊肉和药材捞出来切碎，用面皮包成耳朵样子的“娇耳”下锅煮熟，分给穷人。每人一大碗汤、两个“娇耳”，这药就叫“祛寒娇耳汤”。人们吃后顿觉全身温暖，两耳发热。从冬至起，张仲景天天舍药，直舍到大年三十。乡亲们的耳朵都被他治好了，欢

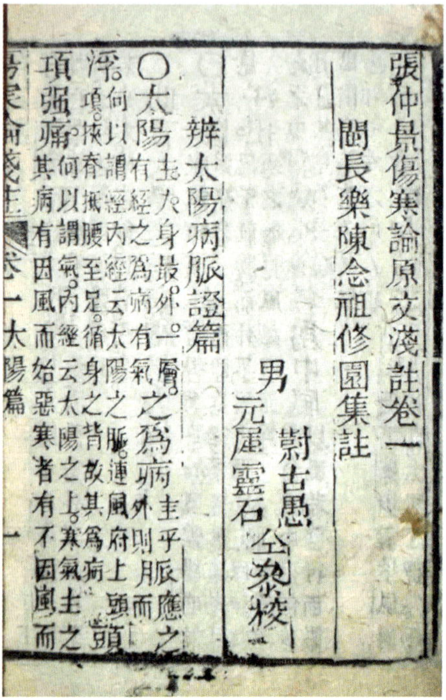
張仲景傷寒論原文淺註卷一
閩長樂陳念祖修園集註
男 蔚古愚 元犀靈石 仝參校
辨太陽病脈證篇
○太陽主人身最外一層有經之為病有氣之為病主乎外則脈應之而浮何以謂經內經云太陽之脈連風府上頭項挾脊抵腰至足循身之背故其為病頭項強痛何以謂氣內經云太陽之上寒氣主之其病有因風而始惡寒者有不因風而
傷寒論淺註 卷一太陽篇 一

古籍《张仲景伤寒论原文浅注》书影

欢喜喜地过了个好年。

从此以后，每到冬至，人们就想起张大夫为乡亲治病的情景，也模仿着做“娇耳”的办法，做起了食品。为了区别“娇耳汤”的药方，就改称为“饺耳”。因叫着别嘴，后来人们就叫它“饺子”了。天长日久形成了习俗，每到冬至这天，家家都吃饺子。

在漫长的发展过程中，饺子名称繁多，古时有“牢丸”“扁食”“匾食”“饺饵”“粉角”等。三国时期称作“月牙馄饨”，唐代称饺子为“偃月形馄饨”，宋代称为“角子”，元代称为“扁食”，清朝则称为“饺子”“饺儿”“水点心”“煮饽饽”等等。

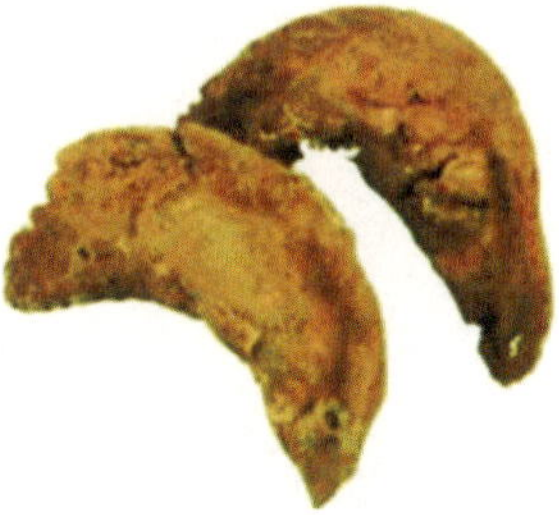

唐墓出土的饺子

明朝末年学者张自烈为饺子做了很好的说明：“水饺耳，即段成式食品，汤中牢丸，或谓粉角，北方人读角为娇，因呼饺饵，伪为饺儿。”

现存确定无疑的最早的饺子实物，当是考古工作者在新疆吐鲁番阿斯塔那唐墓中发现的。随葬的一只木碗中摆放了若干饺子，其外形完整，形如半月，与现代饺子几乎完全一样。经专家鉴定，这些饺子的皮为小麦粉，馅则难以辨认，吃法似乎也是捞出来放在盘子里，和现在一样。唐代饺子实物在“西域”被发现，说明当年丝绸之路沿线的面食文化曾非常发达，饺子这种食物通过交流也已扩散到了很边远的地区。

磨粒成粉创造饺子问世条件

饺子在中国北方地区食品榜的位置远远高于南方地区，这与北方地区的“面食文化”有着密切的关系。中国北方大约是在秦汉时期，逐渐从“粒食”发展为“粉食”“面食”，就是从直接吃谷粒、麦粒发展成将其磨成粉末食品，这样做的好处是显而易见的，不仅口感更好而且食物的品种大大增加。大量出土的秦汉时代的石磨可以佐证这一推测。而正是粉食、面食的发明，给饺子和馄饨的问世创造了必备条件。

饺子最初并不是像现在这样蘸料吃的，而是像馄饨一样连汤吃的。饺子和馄饨都是北方面食文化谱系中的代表食品，中国人吃饺子的历史至今已有一千八百多年，在饺子面世之前，类似的食品就是馄饨。北齐颜之推曾在《颜氏家训》里说：“今之馄饨，形如偃月，天下通食也”，说明这种偃月形馄饨在当时已颇为流行与普及。颜之推说的这种食物虽仍有“馄饨”之名，却已具备“饺子”之形。

三国时期魏人张揖著的《广雅》记载那时已有形如月牙称为“馄饨”的食品，和饺子形状基本类似。

到南北朝时，馄饨“形如偃月，天下通食”。据推测，那时的饺子煮熟以后，不是捞出来单独吃，而是和汤一起盛在碗里混着吃，所以当时的人们把饺子叫“馄饨”。这种吃法在中国的一些地区得以保留，如河南、陕西等地的人吃饺子，要在汤里放些香菜、葱花、虾皮、韭菜等小料。

大约到了唐代，饺子已经变得和今天的饺子几乎一样，而且是捞出来放在盘子里单个吃，又称“偃月形馄饨”。饺子和馄饨在称呼上“分家”，也是从唐宋才正式开始的，唐代多称饺子为“汤中牢丸”，宋元时多称之为“角儿”“扁食”等。宋代孟元老在《东京梦华录》中追忆北宋汴京的繁盛，其卷二曾提到市场上有“水晶角儿”“煎角子”，此外，还有“驼峰角子”。宋代号“四水潜夫”的周密所辑《武林旧事》卷六中提到，临安的市场上有“市罗角儿”“诸色角儿”。元代忽思慧《饮膳正要》卷一也记录有“水晶角儿”“撇列角儿”“时萝角儿”等。

据说当时高丽的汉语教科书中也留下了有关“扁食”和“水

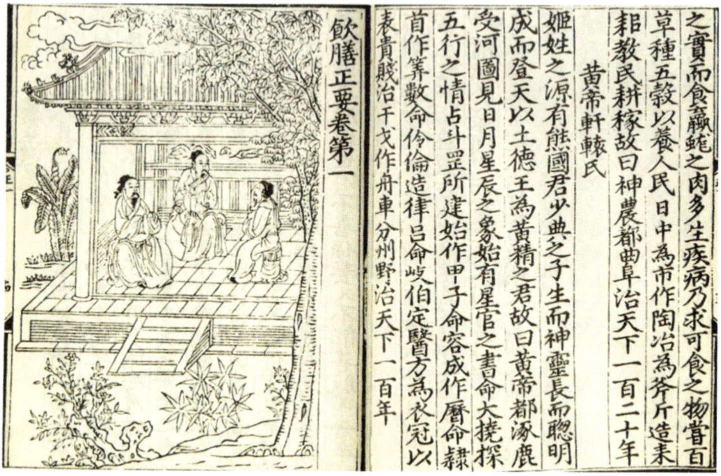
之實而食蠃蜯之肉多生疾病乃求可食之物嘗百草種五穀以養人民日中為市作陶冶為斧斤造耒耜教民耕稼故曰神農都曲阜治天下一百二十年

黄帝軒轅氏

姬姓之源有熊國君少典之子生而神靈長而聰明成而登天以土德王為黄精之君故曰黄帝都涿鹿受河圖見日月星辰之象始有星官之書命大撓探五行之情占斗罡所建始作甲子命容成作曆命隸首作筭數命伶倫造律呂命岐伯定醫方為衣冠以表貴賤治干戈作舟車分州野治天下一百年

飲膳正要卷第一

古籍《饮膳正要》书影

精角儿”的记录，所谓“水精角儿”应该就是“水晶角儿”。元代无名氏撰《居家必用事类全集》也提到“水晶角儿”“驼峰角儿”“烙面角儿”“食是食罗角儿”，此外还有一种“素食角儿”。其中“烙面角儿”是一种用烘烤方法制作的烫面饺子。

宋代称饺子为“角儿”，这种写法，在其后的元、明、清及民国间仍可见到。大约到明清时，饺子在整个中国北方便已成为定俗，饺子的称谓也更加多样化，除“角子”“扁食”“饺儿”等前代既有称谓外，还有“水角儿”“水点心”“水点儿”“汤角”等。

过年吃饺子缘于『更岁交子』

根据文献记载，春节时吃饺子这种习俗最迟在明代已经出现。到了清代，过年吃饺子这种习俗已经非常广泛，并把它固定下来。中国人非常注意界限，尤其是辞旧迎新这个时候，应该搞一些仪式来祈求来年的吉祥如意。据《酌中志》载，明代宫廷正月初一已是“五更起……饮柏椒酒，吃水点心（即饺子）。或暗包银钱一二于内，得之者以卜一岁之吉”。清朝宫廷过年时，正月初一吃“煮饽饽”，如乾隆就曾在弘德殿举行过“进煮饽饽仪式”，他在早膳前进煮饽饽一品四个，内有“通宝”，盛进时要特意让皇帝食得，以示终岁大吉。潘荣陛《帝京岁时纪胜》：“除夕为尊亲师长辞岁归而盥沐，祀祖祀神接灶，早贴春联挂钱，悬门神屏对。……阖家吃荤素细馅水饺儿。”

清朝时，饺子一般要在年三十晚上子时以前包好，待到半夜子时吃，这时正是农历正月初一的伊始，吃饺子取“更岁交子”之意。“子”为“子时”，交与“饺”谐音，有“喜庆团圆”和“吉祥如意”的意思。清朝有关史料记载说：“元旦子时，盛馔同离，如食扁食，名角子，取其更岁交子之义。”又说：“每年初一，无论贫富贵贱，皆以白面做饺食之，谓之煮饽饽，举国皆然，无不同也。富贵之家，暗以金银小锞藏之饽饽中，以卜顺利，家人食得者，则终岁大吉。”这说明新春佳节无论贫富，家家都要吃饺子，寓意吉利，以示辞旧迎新。近人徐珂编的《清稗类钞》中说：“中有馅，或谓之粉角——而蒸食煎食皆可，以水煮之而有汤叫作水饺。”“其在正月，则元日至五日为破五，旧例食水饺子五日。”

尽管到唐宋时饺子有了独立的称谓，不过在实际应用中，饺子、馄饨这两种经典面食称呼还是经常你我不分。清乾隆二十二年（1757 年）刻本《沙河县志》：“举家食馄饨（俗名扁食），饮屠苏酒”；清同治七年（1868 年）京都文采斋刻本《盐山县志》：“食馄饨，名饺子，取交子更新之义”；1916 年刻本《交河县志》引《岁谱》注：“馄饨，一名‘不托’，即今扁食也”；1916 年铅印本《丰镇厅志》：“祭天地诸神及祖宗毕，……食‘太平饽饽’，俗名‘扁食’”；1933 年铅印本《广宗县志》：“是日，……举家食饺子（一名扁食，即馄饨之类，盖取混沌初开义）”。

万物说

走街串巷的馄饨挑子

说到饺子，就不得不介绍一下饺子的前身——馄饨。馄饨是中国的传统食品，源于我国北方。西汉扬雄所作《方言》中提到："饼谓之饨"，意思是馄饨是饼的一种，差别为其中夹内馅，经蒸煮后食用；若以汤水煮熟，则称"汤饼"。馄饨，形如弯月，起初也是用于祭祀的，直到宋代，每逢冬至时节，市镇店肆停业，各家包馄饨祭祖，祭毕全家长幼分食祭品馄饨。

馄饨名字的由来也有一些传说。其中一种说法说古代中国人认为这是一种密封的包子，没有七窍，所以称为"混沌"，依据中国造字的规则，后来称为"馄饨"。还有一种传说：某个冬至之日，京师各大道观有盛大法会，道士奉经、上表，庆贺元始天尊诞辰。道教认为，元始天尊象征混沌未分、道气未显的第一大世纪。故民间有吃馄饨的习俗。《燕京岁时记》云："夫馄饨之形有如鸡卵，颇似天地混沌之象，故于冬至日食之。""馄饨"与"混沌"谐音，故民间将吃馄饨引申为打破混沌，开辟天地。后世不再解释其原义，只流传所谓“冬至馄饨夏至面”的谚语，把它单纯看作节令饮食而已。

还有一种说法，相传汉朝时，北方匈奴经常骚扰边疆，百姓不得安宁。当时匈奴部落中有浑氏和屯氏两个首领，十分凶残。百姓对其恨之入骨，于是用肉馅包成角儿，取“浑”与“屯”之音，呼作“馄饨”。百姓恨以食之，并求平息战乱，能过上太平日子。

千百年来，水饺的样子并无明显改变，但馄饨成为名号繁多、制作各异、深受人们喜爱的著名小吃。说到馄饨的名号，最有趣的要算四川，四川人称呼馄饨为“抄手”，有“牵起你的手”之意。重庆除了会称馄饨为“抄手”外，重庆东北部的开县、万州、云阳等地还会称其为“包面”；安徽皖南地区称为“包袱”；江西称“清汤”；广东称“云吞”；新疆称“曲曲”；福建称“扁食”“扁肉”；等等。

最初馄饨与水饺并无区别，经过千百年的发展，二者渐渐有了区别。饺子重在吃馅，馄饨重在喝汤，这或许正是它们谁也不能替代谁的缘由吧。

皇家怎么吃饺子

饺子不仅是寻常百姓家的年夜饭大戏，也是皇家正餐的重要角色呢。清宫正月初一也需吃“煮饽饽”，乾隆皇帝就曾在弘德殿举办过“进煮饽饽仪式”。根据仪式，皇帝吃饺子需四盘调料，分别装酱小菜、南小菜、姜汁和醋，饺子分两碗，一碗中放素饺子六个，另一个放带铜钱饺子两个，确保皇帝来年行好运。清宫素饺子主料是干菜，有马齿苋（知寿菜）、金针菜、木耳，辅以蘑菇、笋丝、面筋及豆腐干、鸡蛋等。

据研究，清帝吃素馅饺子是为了恪守努尔哈赤祖训，但到了中后期，逐渐有了变化，比如光绪十一年（1885 年）时，《清宫膳食档》记载：“万岁爷在养心殿进煮饺子。第一次进猪肉长寿馅十二只。第二次进猪肉菠菜馅十二只。”

乾隆除夕宴上还要一品“鸭子馅临清饺子”，临清在山东，依傍大运河，是南漕北运的北方门户，自明代起商业发达、人文荟萃，美食兼南北之长，可惜清末因以海运替代漕运，大运河渐渐湮废，临清亦随之衰落，“临清饺子”亦不复闻名。

手工包饺子劳动量大，有一定技术要求，现在很多年轻人都不会包饺子了。不过，清末慈禧年间，每到春节慈禧常会召集各王府福晋、格格入宫，一起包饺子、守岁，以联络感情，如果哪位福晋、格格不会包饺子，估计是讨不了老佛爷欢心了。

茶：神奇的东方树叶

林山

阳春三月，新茶上市。

茶，最初被人们广泛利用只是作为饮料。然而进入世间的几千年，它浸润了人类社会太多的品格趣味、冷暖炎凉，也被人们赋予了更多的意味和功用……

文人雅客乃至佛门助推饮茶，唐代《茶经》为茶史划时代

茶作为饮品，从来与大众生活息息相关。“柴米油盐酱醋茶”，茶不过是百姓生活的一种日常消费品。而比起“沉默的大多数”，古往今来的文人雅客则给茶赋予了更多的品格与趣味。

魏晋以来，天下骚乱，文人无以匡世，渐兴清谈之风。最初的清谈家多为酒徒，如著名的“竹林七贤”。后期的清谈家则出现许多茶人，他们以茶助清谈之兴，把饮茶与精神恰到好处地结合到了一起。

道家修行长生不老之术，要炼“内丹”，实际就是作气功。茶不仅能使人不眠，而且能升清降浊，疏通经络，帮助修炼，所以道家也爱喝茶。

中国佛教影响最大的一个流派是禅宗。禅宗始祖达摩倡导的禅法是“大乘壁观”，就是用面壁打坐的方式让精神集中、思想专一以参悟禅理。据说达摩自己就曾面壁十年才

终成正果。史书记载：“开元中，泰山灵岩寺有降魔大师，大兴禅教。学禅务于不寐，又不夕食，惟许饮茶。人自怀挟，到处煮饮，以此转相仿效，遂成风俗。”

玄学家、道士、禅宗佛门，对饮茶习俗的兴起都起到了推波助澜的作用。而真正集唐代以前茶文化之大成，奠定了饮茶的高雅品位的，还要推人称“茶圣”的陆羽所著的《茶经》。

唐开元年间，今湖北天门县龙盖寺住持智积法师收留了一个三岁的孤儿，就是后来的陆羽。陆羽少年聪慧，博览群书，有文采，好深思，“耻一物不尽其妙”。

陆羽托身于佛寺，茶与佛教有难解之缘。智积法师是一个喜茶且擅长品茶的和尚。有一则传说称，因陆羽善于煮茶，智积非陆羽的茶不饮。后来陆羽脱离佛寺云游他乡，智积便断了茶。这件事让当朝皇帝代宗知道了，有些不信，便召智积进宫令人奉上名茶。智积喝了一口便放下不饮。代宗又秘召陆羽进宫，由陆羽煮茶再让智积品尝。智积一饮而尽连声称赞说：“这真像陆羽煮的茶啊！”

《茶经》刻印于唐建中元年（780 年），虽然全书只有七千字左右，内容却涵盖了茶学的各个方面。全书共三卷十章，其中介绍了茶树的起源、茶的名称演变及饮茶的功效，采茶、制茶以及贮藏茶叶的各种工具，茶叶的种类、采制方式和品质鉴定，煮茶、饮茶的各种器皿，煮茶方法和水的品评，以及全国的名茶产地并品评高下。

《茶经》的出版，在茶史上是一件划时代的事情。从那以后，文人雅客品茶论茶之风更进一步地兴起。这里值得一提的是一位名叫赵佶的皇帝，即大名鼎鼎的宋徽宗。赵佶身为皇帝，骨子里却是一个不折不扣的文人雅客。除了在书法绘画等方面卓有建树外，他还是一位高明的茶艺专家。赵佶所著的《大观茶论》一书，是中国古代唯一的由皇帝撰写的茶书。赵信还曾放下皇帝的架子，亲自为臣下烹茗调茶。或许他的确是真心认为，烹茶品茗是高尚高雅之事，于皇帝之尊严并无妨碍吧。果真如此，也真不枉他的一世茶情。

唐宋是诗词的时代，很多文人墨客留下了不少关于饮茶的脍炙人口的章句。比如宋代大诗人苏轼的《汲江煎茶》是这样写的：

活水还须活火烹，自临钓石取深清。
大瓢贮月归春瓮，小杓分江入夜瓶。
雪乳已翻煎处脚，松风忽作泻时声。
枯肠未易禁三碗，坐听荒城长短更。

《唐人宫乐图》，图中反映了唐代后宫女子品茗行乐的情景

陆羽在《茶经》中第一次把饮茶与人的品行修养联系起来，称“为饮最宜精行俭德之人”。而后来的一些人更进一步引申说“茶以芳冽洗神，非读书谈道，不宜亵用。然非真正契道之士，茶之韵味，亦未宜评量”，就实在显得过于“矫情”了。

中国茶叶最早走向世界，在欧洲一度被视为奢侈品

19 世纪之前，认为茶树原产于中国，是一个世界公认不成问题的事情。1753 年，世界著名植物分类学家林奈把茶的学名定为“Thea sinensis”，意即原产于中国的茶树。

不过进入 19 世纪以后，这个事情似乎变得模糊起来。1824 年，英国军人勃鲁士少校在东北印度的阿萨姆山区，发现了一株高约十三米、径围约一米的野生大茶树，由此便推断印度是茶的原产地。

经过一些调查与争辩，特别是随着现代基因技术的发展，事实又渐渐被澄清起来。20 世纪 80 年代，来自日本的两位科学家通过对茶树细胞染色体的分析表明，中国和印度茶种染色体的数目相同，在细胞遗传学上被认为没有差异。又经过实地的调查研究，他们认为茶的传播是以四川、云南为中心，往南推移，向乔木化、大叶型发展；往北推移，则向灌木化、小叶型发展。

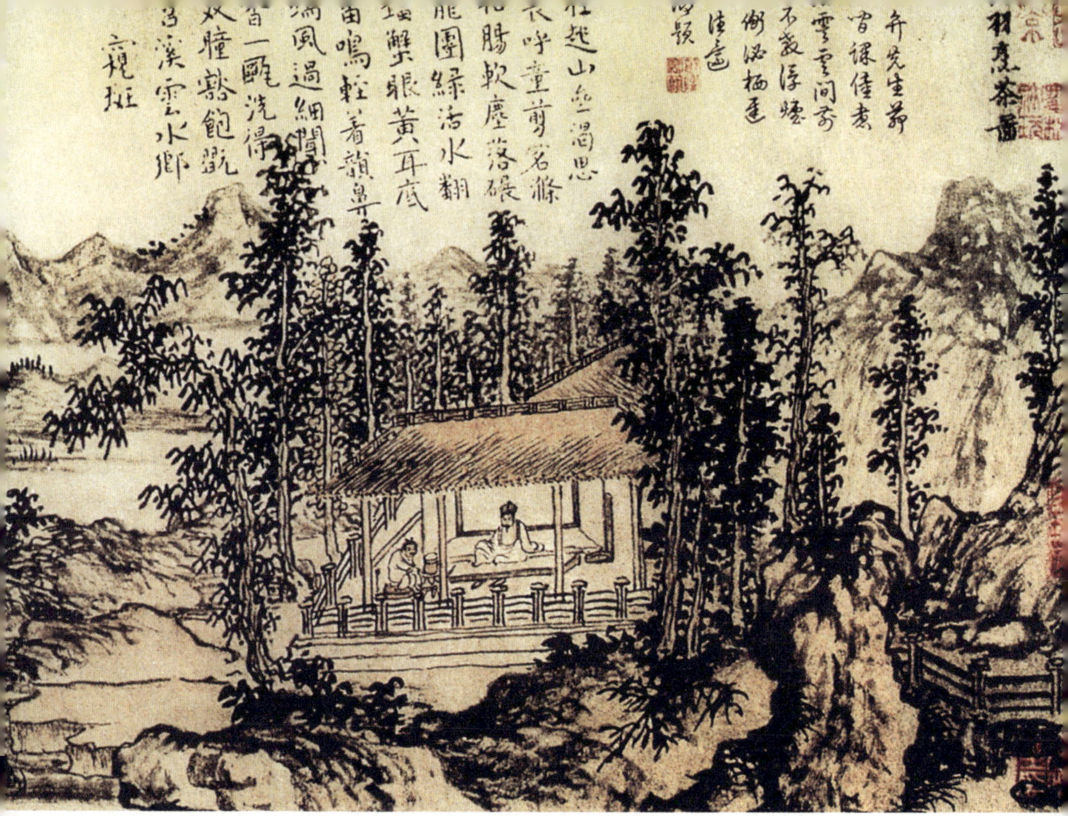

元代赵原《陆羽烹茶图》（局部）

如果说，野生茶树的起源还存有疑义的话，那么，茶树的人工栽培与利用是起源于中国并向世界传播，则是确凿无疑的事实。

唐代陆羽所著《茶经》中称“茶之为饮，发乎神农”。汉代成书的《神农本草经》中则有“神农尝百草，日遇七十二毒，得茶而解之”的记述。由此还可以看出，中国人使用茶最早是作为药用的。

神农是一个神话传说人物，或许不足为训。据学者考证，秦代以前，对茶叶最早的生产和利用局限于巴蜀地区。早在周武王时，蜀人就已经把茶当作贡品献给了武王。

清代学者顾炎武在《日知录》中说："自秦人取蜀而后，始有茗饮之事。"秦汉统一中国以后，巴蜀的封闭环境被打破，巴蜀的茶叶、茶种便通过水陆两途向外传播，饮茶风习也在中国逐渐流行。

隋文帝开皇年间，茶叶开始向日本输出。唐顺宗永贞元年（805 年），日本最澄禅师来我国浙江天台山国清寺研究国学，回国时带回茶籽种植于日本贺滋县，并由此将茶文化传播到日本的中部和南部。

宋代已有阿拉伯商人定居在福建泉州运销茶叶。明代郑和下西洋，茶叶也随之销售到东南亚和南部非洲诸国。

欧洲人对中国茶叶的最早记载是《马可·波罗行记》，说："秦国有一种植物，煮饮其叶片，而称为中国茶，被视为极珍贵的物品。"

明代末期，荷兰商船从澳门运茶到欧洲，打开了中国茶叶销往西方的大门。茶叶 1636 年传入巴黎，1650 年传入伦敦，深受欧洲人喜爱，被视为高级奢侈品。

1708 年，东印度公司从广州带去广东、福建的茶籽，在不丹和加尔各答的植物园种植，开创了印度的茶树种植史。

19 世纪，由于大量从中国进口茶叶、丝织品、瓷器等，英国的对华贸易出现了严重逆差。19 世纪 30 年代初，英国的对华贸易逆差额每年达到二百万至三百万两白银。为了弥补这种贸易逆差，英国东印度公司大肆向中国销售鸦片，这就是当年鸦片战争的源起。

海外各国对茶的称呼，也直接或间接地受到我国的影响，在发音上基本可分为两大类。从海路传播出去的南亚各国、中东及欧洲部分国家，发音近似于我国福建沿海地区的te、ti音。从陆路向北、向西传播去的国家，发音近似于我国广东、华北的cha音。

从日常饮料衍生出社交功用，甚至成为某种社会职能的中介

饮茶是一件高雅的事。茶的清香醇和，给人以超凡脱俗的感受。然而，茶来到世间，又怎能不沾染上俗世的种种世故甚至丑陋呢。

坐，请坐，请上座

茶，泡茶，泡好茶

很多人都知道上面这副对联的故事。传说郑板桥有一次到镇江金山寺去游览，寺里住持看他衣着简朴，以为不过是个普通的游客，便随便地说了声："坐，茶。"郑板桥没理会他，却仔细地欣赏起墙壁上的书画。和尚心想，这个人大概不是一般的俗客，就稍微客气地又招呼说："请坐，泡茶。"当他得知来人是大名鼎鼎的郑板桥时，立刻眉开眼笑，毕恭毕敬地逢迎说："请上座，泡好茶。"当郑板桥要告辞离开的时候，和尚拿出纸笔请他为金山寺题副对联。于是郑板桥就写下

了上面的句子。

连一向提倡众生平等的佛家，也有和尚不免在以茶待客上分出三六九等，可见俗世的力量有多么强大。

茶原本只是一种日常的饮料，在待客中开发出了它的社交功能。后来，各种茶肆、茶坊、茶铺等盛行于市井，茶作为社交与娱乐的媒介，其饮用解渴的功能反而降为其次了。

“垒起七星灶，铜壶煮三江。摆开八仙桌，招待十六方。”茶馆业在唐代开始兴起，到了宋代就更加发达。北宋张择端的《清明上河图》里，汴河两岸茶坊、酒楼林立，反映了当时京都汴梁服务业的兴盛。明清的茶馆更为普遍。

茶馆作为市井百姓的社交场所，三教九流无所不有。有的茶馆专供各行各业谈生意之用，称为“市头”；有的“皆士大夫期朋约友，聚会之处”；更有一些借茶馆之名，行妓院之实，被称为“花茶坊”或“水茶坊”。小说《水浒传》中给西门庆和潘金莲“拉绊儿”的王婆，就是开茶坊的老板娘。

茶馆的社交功能进一步发展，更产生出了某种社会评判与裁断功能。在官府治理社会能力不足的一些地方，民间盛行一种“吃讲茶”的风俗。看过电影《让子弹飞》的观众，一定对此留

南宋刘松年《斗茶图》

宋徽宗赵佶《文会图》（局部），反映了北宋时期文人雅士品茗的场景

有深刻的印象。老百姓之间发生纠纷，双方各有各的道理，就相约去茶馆，请出双方公认的仲裁人，根据事理和社会公德标准劝解调停。“吃讲茶”这种约定俗成的规矩，为公众舆论所系，具有较强的威慑力，往往胜过官府衙门的判决。然而，如果一个地方被黑恶势力控制，他们往往把“吃讲茶”当成欺压百姓的工具，就像电影《让子弹飞》中呈现的那样。

杯中乾坤大，茶里世故深。小小茶叶来到世间，见证的是社会人生的冷暖炎凉，其中的故事，没有人能说得尽道得完。

（本文写作参考了董尚荣、王进荣所著《茶史》，俞明所著《茶史漫话》等，特此致谢）

胭脂稻：粒粒贵如金的『御稻米』

宋章玮

有一种稻米，它出身显赫，外形奇特，周身粉红，营养丰富，更能『回锅三次而不烂，每次回锅增一分』。想必，就算阅米无数的高人，也不一定知道这一神秘的稻米吧？这种传说中的稻米，便是神秘且神奇的胭脂稻。

人们对胭脂稻知之甚少，就连它因何命名，也是众说纷纭，莫衷一是。至于它的来历、故事、演变，更是扑朔迷离，如梦似幻。数百年来，胭脂稻的身世如同神龙般见首不见尾。即便『偶尔露峥嵘』，也留给世人无数想象的空间：它与清朝康熙皇帝有着什么样的渊源？它究竟为何突然消失又传奇般地重生……一桩桩，一件件，扣人心弦。但正因为如此，更激发了人们探明胭脂稻前世今生的强烈好奇心。

天地精华，身出名门

胭脂稻到底从何而来？这个看似简单的问题，却让无数人纠结不已。有一种说法声称，胭脂稻系清朝康熙皇帝亲手培育。这一说法符合民众偏好帝王将相的心理，在民间流传甚广。不少历史人物也曾载入史书。

如刘廷玑，这位康熙时期中层官员就在《在园杂志》中明确记载："浙闽总督范公时崇随驾热河，每赐御用食馔，内有朱红色大米饭一坛，传旨云：'此本无种，其先特产上苑，只一两根苗，穗迥异他禾，及登剖子，粒如朱砂，遂收其种，种于御园。今兹广获其米，一岁两熟，只供御膳'。"

刘廷玑把胭脂稻"品种发明人"的桂冠果断地戴到康熙皇帝的头上：第一，"此本无种"，以前没有这个品种；第二，康熙皇帝发现了与其他稻子大大不同的"一两根苗"；第三，康熙将仅有的原种人工扩繁，并进行大田栽培，这个过程完全符合现代育种的流程。

那么，胭脂稻真的就姓“爱新觉罗”吗？

这一结论已然被康熙自己的记载所推翻。在康熙私人笔记《几暇格物篇》中，曾言“丰泽园中有水田数区，布玉田谷种……时方六月下旬，谷种方颖，忽见一科，高出众稻之上，实已坚好，因收藏其种，待来年验其成熟之早否。明岁六月时，此种果先熟”。

由此可见，从玉田谷种变异而来的“一科”，只是胭脂稻的一个品种。康熙的贡献，就在于从玉田胭脂稻种中选育出了一个早熟品。从育种科学的角度上说，这个品种可能出于自然变异，康熙通过人工栽培，使得它早熟的特性得以稳定，但并非是通过杂交之类的手段催化出的新物种。

不过，康熙皇帝显然沉迷于自己发现的新大陆了。“四十余年来，内膳所进，皆此米（变异品种）也。其米色微红而粒长，气香而味腴。以其生自苑田，故名‘御稻米’。”专供皇帝享用，成就了胭脂稻的尊贵，也埋下了其走小众路线、种植不广、更易绝种的隐患。

时空在变，珍贵永恒

康熙二十年（1681 年），胭脂稻被康熙命名为“御稻米”，此后二百三十年间，始终作为爱新觉罗皇室的“特供大米”，直至清室灭亡。也正是从那时起，无论时空如何变迁，胭脂稻始终因其地位特殊、身世显赫而备受关注。

如果把康熙皇帝说成是胭脂稻的最忠实粉丝，一点也不为过。因为在胭脂稻正式命名后，康熙皇帝在他余下的四十多年生命历程中，每饭只取胭脂米一种。这种执着，恐怕无人能够超越。

康熙六十一年（1722 年）冬，已经垂垂老矣的康熙大发童心，得意洋洋地将胭脂稻拿出来显摆。早就垂涎欲滴的朝廷大员实在憋不住了，异口同声地要求皇帝给大家都分上一点尝一尝，最好是给点种子自个儿回家种。康熙皇帝正在兴头上，分给每个大臣两石（一百二十公斤）胭脂稻种子。康雍朝重臣张鹏翮的《张文端公全集》中这样描述："集畅春苑，谢赐御稻谷种。公同诸大臣具奏恳恩颁给广种，奏旨每人给二石，赴瀛台领讫，具奏谢恩。"

上有好者，下必甚焉。皇室贵胄对胭脂稻的推崇，自然也影响到许多人对它的态度。这就不得不提到《红楼梦》。在这部皇皇巨著中，有三处提到了胭脂稻。第七十五回，书中详细记录荣国府"老祖宗"贾母到宁国府做客，"贾母问有稀饭吃些罢，尤氏早捧过一碗来，说是红稻米粥；贾母接来吃了半碗，便吩咐将这粥送给凤姐儿吃去。"以贾府之富贵，贾母之尊荣，一碗红稻米粥还要分而食之，可见胭脂稻珍罕。

时光的车轮来到了 1954 年。这一年，毛泽东同志在查阅古籍时得知河北王兰庄产胭脂稻，便专门给河北省委写信询问此事。信中说，"唐山专区丰南县有一个王兰庄营田，种一种特种水稻，可否由粮食部门收购一部分，以供中央招待国际友人。"于是，丰南县粮食部门便收购了五万公斤胭脂米送到北京。以我国物产之丰，毛泽东竟然点名收购胭脂稻，以供招待友人之用，更显其之珍贵。

据说，日本前首相田中访华时，在贵宾席尝到此米，竟向

红稻米

航拍视角下的中国云南梯田

毛泽东请索此米。有知情者还言之凿凿地说："此米果然给了日本。"其实，根据官方记载，田中结束访华归国时，中国外交部确曾奉周恩来总理指示，送给他一份中国特产。而这份特产，并非胭脂稻，而是四十八瓶茅台酒。"日本首相索米"虽不实，胭脂稻身名之盛，则可窥一斑。

渡尽劫波，浴火重生

福兮祸所伏。炙手可热的胭脂稻，1954年被毛泽东“钦点”收购、1962年又被送到国际万国博览会展出后，竟然从20世纪60年代中后期开始，在中国大地上消失了，成规模的种植也不复存在！

这究竟是为何呢？据专家考证，原因有三。其一，生态环境逐步恶化。其实，到20世纪初，正宗胭脂稻产区仅剩玉田小泉村和丰润王兰庄两处，总面积约九百亩。随着当地地下水位下降，河水断流，泉水干涸，过去大批的水田改成旱田，种植条件不复存在。其二，经济效益过于低下。胭脂稻的“娇贵”，表现在产量上，只有普通水稻的四分之一。而且，胭脂稻必须用冷山泉水浇灌。投入与产出严重不成比例，加上当地政府推广高产稻，种植者锐减。其三，政治环境渐趋狂热。20世纪60年代，王兰庄营田“御碑”列入“四旧”，被红卫兵砸碎。王兰庄营田改种其他作物，胭脂稻迎来了长达十多年的“绝种期”。

胭脂稻又如何能浴火重生呢？原来，王兰庄李树堂是清朝最后一个为宫廷种植“御田胭脂稻”的庄头，病故于1955年。在临终前，李树堂将胭脂稻种传与其子李洪发、其孙李明。李氏父子为了不让这珍贵非凡的胭脂稻绝种，便在野地里偷偷地撒种，偷偷地收获种子，期待着有一天胭脂稻大放异彩。终于，苍天不负有心人。1984年，胭脂稻迎来了绝处逢生的时刻。

如今，胭脂稻在唐山丰南、宁波宁海均有种植，且面积也不断扩大。曾经“庶民不得食”的贡米胭脂稻，出现在了大众的餐桌上。一度神秘、传奇的胭脂稻，也慢慢地卸下了它往日厚厚的面纱。

胭脂稻的红色稻穗

盐：历史的咸味道

张牧之

开门七件事：柴米油盐酱醋茶。

盐，似乎只是一种调味品。但事实并非如此。

曾经一度，盐的背后是权力、阴谋、财富和战争，甚至城市的兴衰也与之相关。

直到20世纪20年代之后，勘探、开采、加工技术的进步，才使得盐逐渐成为人类开采不尽的普通原料。盐，回归为一种普通调味品和化工原料。

回望因盐引发的历史，马克·库兰斯基在《盐的历史》一书中感慨：『现在看来，为了盐而打仗非常愚蠢，不过以后的人们看到我们今天为了石油而打仗，也许会有相同的反应。』

富甲天下，城市因盐而兴

公元13世纪，意大利人马可·波罗来到中国这块古老而又神奇的土地。他在自己的游记里描述了这样一个见闻：“在城市和海岸的中间地带，有许多盐场，生产大量的盐。”

令马可·波罗所惊叹的地方，就是中国江苏的盐城市。

在中国的地理分布上，东部出海盐、中部出井盐、西部出湖盐，因盐而兴的城镇贯穿东西南北，如西藏的盐井县、新疆的盐湖镇、四川的盐源县等。江苏的盐城、四川的自贡、山西的运城自古就有盐都、盐池、盐城之称，而这三座城市分别是海盐、井盐、湖盐的代表。

自贡以盐井得名，其开采工艺在世界科技史上具有特殊地位。

远古时期的四川盆地，曾是一个巨大的内陆咸水湖，就像今天的里海和咸海一样。气候逐渐炎热干燥使得湖水越来越少，积存在盆地的低洼地带，并被封存在地下，形成一个巨大的地下卤水层，卤水可以提炼盐。

自贡的盐井一个个被发现。明朝嘉靖年间，釜溪河边有一口自然流出卤水的盐泉，后开凿成盐井，名叫自流井。北周武帝时，釜溪河支流旭水河畔有口盐井叫大公井，因盐质特别好，成为向朝廷进贡的盐，因此叫贡井。1939 年，自贡因盐设市，因自流井和贡井的缘故即合称自贡。

自贡的井盐屡屡创下世界纪录。早在汉代，四川即有井盐生产。北宋年间，四川盐业发明了冲击式顿钻凿井技术，凿出了一种新型的小口径盐井——卓筒井。这种盐井，在世界上率先使用钻头、竹制套管和安装了单向阀门装置的汲卤筒。宋代卓筒井的出现，使钻井技术发生了新突破。清道光十五年（1835 年），自贡的燊海井凿穿了厚厚的岩层，井底咸度很高的黑色卤水喷涌而出，令在场的人激动万分。然而，他们不知道的是，燊海井此时的深度已达 1001.42 米，成为人类第一口超过千米的深井。清光绪十八年（1892 年），首次在自贡的自流井北斜构造发现了岩盐，揭开了中国开采深层岩盐的历史，在世界上率先实现了岩盐井下自然连通开采。

作为盐业城市，扬州的气质与自贡截然不同。这是因为扬州并不产盐，但却是一座曾经因盐商而富甲天下的城市。

在汉代，江苏境内的两淮盐场，食盐可通过淮河水系直接运往中原；往南，它可以借助古运河进入长江，把食盐运销到长江流域更加广阔的市场。

隋朝大运河开通，长江、黄河以及淮河、永定河、钱塘江等一条条粗壮的横线逐步由一条纵线串通起来。而扬州正处于大运河与长江的交汇口，南临大江，北接黄淮，从这里可横穿东西，纵贯南北，是古代水运交通最大的枢纽。扬州在唐朝时代逐步发展成当时最繁荣的城市，被誉为“扬州富庶甲天下，时人称扬一益二”。

到了明万历年间，盐商多达一百余家，“四方之托业者辐辏焉”，使扬州成为世界最繁华的城市之一。从清康熙时期起，由于社会稳定，经济发展，导致人口激增，乾隆初年人口才一亿多，到了乾隆五十五年（1790 年），人口就超过了三亿。巨大的人口增长导致食盐需求量猛增。因此，淮盐的产量和销售量都大幅增长，盐税收入也随之增长。

扬州到底有多富？清乾隆十八年（1753 年），清政府一年的财政总收入为四千万两白银。而同期扬州的盐业为政府提供的盐税、各种规费和捐款达到一千万两白银，占这个国家财政总收入的四分之一。当时，清帝国的经济总量雄踞世界首位，约占全球的百分之三十，与今天美国在世界的经济地位相当。

为盐而战——「食盐专营」始于春秋战国

历史，有不少咸的味道。

盐城作为一座盐业城市，因海盐而生。从唐末到宋代，盐城成为全国著名的淮南盐业生产中心。北宋天圣元年（1023年），范仲淹征集四万多民工重修捍海堰。这条海堤北起阜宁，南至海门，绵延数百里，人称“范公堤”。范公堤扩大了遮蔽风潮冲击的范围，使得海盐生产逐渐稳定，并成为宋王朝财政收入的重要来源。

您恐怕想不到，盐城的第一位县丞名叫孙坚，是三国时期吴王孙权的父亲。而同时期资助刘备流浪军队的大商人糜竹、糜芳，本身就是往来于东吴的盐商。而到了元末，与朱元璋争夺天下的张士诚，也是盐民出身的私盐贩子。

盐的奇货可居，使盐税在国家财政收入里的比重曾经占据半壁江山，具有显赫地位。食盐专营制度的发明者是管仲。凭借这一制

江苏苏州文庙石刻范仲淹像

度，使得食盐成为齐国的“化学武器”，并成为当时的霸主。

公元前685年，管仲当上了春秋时期齐国的上卿，这个官职相当于丞相。当时齐国有一大敌，就在它的西南方，楚国正凭借其深远的战略纵深和庞大的人口，觊觎着齐国的领土。管仲决定利用自己做生意的专长，先打一场贸易战。

齐国最畅销的出口货物是盐，而楚国虽然是春秋各国中领土最多的，地大物博，但就是不产盐，所以楚国只好硬着头皮在“国际”市场上高价收购食盐。当时燕国、吴国、越国的制盐方法是直接熬煮海水，产量和质量低。齐国沿海富有一种因海而生、含盐浓度比正常海水高四五倍的卤水，齐国盐工是用卤水制盐的，产量大、质量好。

当时，秦国的盐是“官制民卖”，政府亲自组织食盐生产，再将制成的盐售给各大代理商，代理商再卖给二级批发商，批发商再转手……层层加价之后，秦国的盐已失去价格优势。而齐国的模式恰好反过来——“民制官卖”，私人按照官方的标准制成盐后，由官方统一收购。这些盐到了齐国政府手里就成了威力巨大的贸易武器。

管仲颁布法令将齐国的高山和大海统统纳入政府的管辖之中。政府组织专门的工匠砍伐山林、煎煮海水、生产海盐。他还大幅度提高海盐的价格，控制它的对内和对外贸易。这样，齐国很快就从垄断经营中获取了大量的财富，使过去偏居一隅的齐国一跃成为春秋霸主。

这是中国历史上第一次“食盐专营”，管仲因此被后人尊为“盐业宗师”。

两千多年来，朝代更迭江山易主，但“食盐专营”制度作为主线，并没有偏离。今天，我国依旧保留着这一制度，但是它在财政收入中的比例已经微乎其微。

今天的“食盐专营”制度，其目的之一就是预防碘缺乏病，而预防的最好途径就是食盐加碘。新中国早在20世纪50年代就开始对此进行研究。进入20世纪90年代以后，政府通过财政补贴、定点生产和食盐专营等方式逐步普及加碘食盐，目前已基本实现了消除碘缺乏病的目标。

西藏芒康盐田景观

盐是分三六九等的。

海洋中的盐分结晶沉淀之后，在地质作用下形成的岩石状态的食盐质地最佳。因产量稀少、运输不便，在古代只有皇族才能食用。而盐湖里天然出产的盐含有芒硝等杂质，所以它的味道比较苦。曾经有一个汉字“盬”，就是专门称呼这种苦盐的。海盐则介于两者之间。

早在春秋战国时期，运城盐池就在当时的社会经济生活中占有举足轻重的地位，被统治集团和商贾所注目。《史记》中就记载了一个因盐而巨富的商人猗顿，猗顿在理财专家陶朱公的启迪下，迁居运城盐池附近，以在运城贩运食盐牟利，后成为“与王者埒富”的巨商。有一种说法说，陶朱公就是范蠡。

自然凝结而成的具有特殊外形的形盐，则是封建国家礼仪的象征。虎形盐，象征的是威武，一直是祭祀等国家重要活动的珍品。

在周朝，虎形盐只有来朝觐天子的诸侯的飨礼才用，平日以饮酒为主或以吃饭为主的宴席就只能用散盐了。在北宋庆历六年（1046 年），宋仁宗的御试题目中，还有一道关于形盐的考题。当时，形盐是大宴时招待贵宾的必备品。一直到清朝，形盐一直是国家礼仪的象征，并且排名在祭祀用品的第一位。

食盐走下神坛，源于 20 世纪 20 年代化学工业的崛起。作为化工之母，在五种基本的化工原料中，有三种是用食盐生产的，这就是盐酸、烧碱和纯碱。

新中国成立后，盐产业继续高速发展，普普通通的盐，突然向人们展示了它无比丰富的面孔：食用盐中就有盐分含量比较低的低钠盐、各种特殊味道的调味盐；用于保健的有沐浴盐、洗发盐、足浴盐；用于清除水垢的活性盐；用于冬天融化积雪的融雪盐；等等。

今天，中国的食盐生产早已现代化，广泛采用了世界先进的真空制盐技术。食盐的生产厂家也遍布华夏各地，目前，中国每年的盐产量已达八千多万吨，但是只有十分之一供人们食用。其他绝大部分用于工业生产和社会生活的各个领域，创造着无数的精彩和辉煌。

火锅：涮一把滚烫的生活

赖薇 闫莺珍

无论行走在哪一座城，路边大大小小的火锅店，总能勾起人们涮一把的冲动。尤其是寒冬腊月里，三五好友围着滚烫的火锅大快朵颐，享受美味的同时也拉近了彼此的心。吃火锅无疑是最温暖、最生动、最富有人文色彩的聚餐方式之一。

商周“温鼎”，现代火锅的萌芽

关于火锅的起源，从现有考古发现的文物上分析，可以追溯到中国商周时期的“温鼎”。当时的鼎只有奴隶主才有资格使用，除了作为炊具，鼎还可以保温，可以说是现代火锅的萌芽。

《魏书》记载，三国时代，曹丕代汉称帝时期，已有用铜所制的火锅出现，但当时并不流行。到了两晋、南北朝时期，人们使用火锅煮食的情况就逐渐多起来了。以“采菊东篱下，悠然见南山”而闻名的东晋隐士陶渊明就是一个火锅控。相传他嗜菊如命，顺手将自己喜欢的菊花放在了火锅里，没想到滋味竟也不错。自此每逢秋季菊花盛开时，他便以菊花火锅招待好友。

到了清朝，相传慈禧太后有一年得了大病，全身疼痛，太医开了许多方子都不见好。直到有一位老中医以菊花入药才治好了此病，后来这位老中医又以菊花枕头治好了慈禧的头疼。慈禧因为菊花几次治好了自己的疾病，故而对其非常喜爱。有一年她在御花园赏菊，突发奇想，将菊花瓣放入火锅中，花瓣的清香更衬出牛羊肉的鲜美，于是慈禧下令将菊花火锅列入她冬令的御膳中。

除了菊花火锅，北京的涮羊肉也大有来头。相传，元世祖忽必烈有一次南下作战，接连打了七次败仗，人困马乏饥肠辘辘，他猛想起家乡的菜肴——清炖羊肉，于是吩咐部下杀羊烧火。谁知等了许久还不见动静，他就亲赴厨房去看个究竟，见厨师正在用刀切羊肉。早已饿极了的忽必烈看到新鲜的羊肉，迫不及待地将它往烧煮的沸水里一扔，然后用勺子捞起来就往嘴里送，竟越吃越有滋味。忽必烈连吃几碗后，翻身上马率军迎敌，结果旗开得胜。后来，忽必烈赐这道菜为“涮羊肉”，也就是现在鼎鼎大名的北京涮羊肉。

元世祖忽必烈

随着我国经济文化日益发达，烹调技术进一步发展，各式火锅也相继闪亮登场。早在北宋时代，汴京开封的酒馆，冬天就已有火锅应市。

大文人胡适也好火锅这一口。胡适的老家在安徽绩溪，当地有道众人皆知的名菜叫作“一品锅”，据说此菜由明代石台县“四部尚书”毕锵的一品诰命夫人余氏创制。一次，皇上突然驾临尚书府作客，席上除了山珍海味外，余夫人特意烧了一样徽州家常菜——火锅。不料皇上吃得津津有味，赞不绝口。后来，皇上得知美味的火锅竟是余夫人亲手所烧，便说原来还是“一品锅”！菜名就此一锤定音。

胡适在北大任校长期间，常邀请好友来家中相聚，而“一品锅”每次都会出现在招待客人的饭桌上。在任北大校长时，胡适用“一品锅”招待绩溪的女婿梁实秋，后梁实秋曾撰文忆道：“一只大铁锅，口径差不多有二尺，热腾腾地端上了桌，里面还滚沸，一层鸡，一层鸭，一层肉，一层油豆腐，点缀着一些蛋皮饺。紧底下是萝卜、青菜，味道好极。”

从江边到锅边，火锅里的巴蜀性格

常言道“一方水土养一方人”，而食物也最能体现一方的地域特征和人文性格。我国饮食总体上有四种风味：巴蜀、齐鲁、淮扬、粤闽。而在火锅界，大体可分为南北两大派系，南方派系以巴蜀火锅为代表，北方派系的代表则是北京涮羊肉。无论是哪种派系，火锅都极大体现了当地百姓的性格，而百姓的性格也反过来影响着美食。

巴蜀麻辣火锅据说源于长江边的码头上。重庆有长江、嘉陵江两江交汇，水深浪平，是历史悠久的港口城市。当地的码头需要不少工人。码头工人们得靠力气养活一家老小，而辛苦所挣的工钱却寥寥无几，因而在吃食上更多的要求耐饥，却不在意食物的贵贱。那些达官贵人们遗弃的剩菜剩汤或是动物的下水，被码头工人们收集起来，加些佐料，就煮成一锅。因此，早期的巴蜀火锅又被叫作“毛肚火锅”，这是因为食用的主要材料是毛肚（就是牛的瓣胃）。

还有一种巴蜀火锅是由小贩挑着担子叫卖的“水八块”。走街串巷的小贩们挑着炉具，炉具上放着滚烫的大铁盆，盆内被分为八格，食客们自选一格，边烫边吃。这种经济实惠的吃法，使得巴蜀火锅从一开始就是大众饮食。

巴蜀火锅不挑剔食物的出身，对食材的加工力求简单便利。所有的用料只需清洗干净切成容易煮熟的形状即可，更无需刻意摆出花色。被遗弃的动物下水，在百姓手中却能成为一道美食。这种质朴、乐观的性格更是刻在了川渝人的骨子里。无论是简陋的路边摊，还是豪华的饭店，都能见到巴蜀火锅的身影；无论是便宜的毛肚，还是昂贵的鲍鱼，火锅的美味从来就没有等级。极大的包容性自然也与川渝人的性格有着必然的联系。

重庆是我国有名的“四大火炉”之一，夏天气温居高不下，哪怕是到了傍晚也是热浪袭人。在这样炎热的夏季吃麻辣火锅，在外人看来还真是有些疯狂，但对于重庆人来说，却大有“越热越吃”的架势。这样的天气，这样的火锅也像极了当地人的性格，麻辣浓烈、热情洋溢。川渝人还有在户外吃火锅的习惯，就着滚烫的火锅侃侃而谈，听着满街的欢声笑语，当是人生一大乐事，而这种不拘小节的吃法从一个侧面体现出了川渝人洒脱的真性情。

大口肉大碗酒，涮羊肉的豪气

与偏爱麻辣口味的川渝人不同，北方人更喜欢牛羊肉的鲜美。与温暖湿润的南方相比，北方地区冬天严寒且多风，这样极端恶劣的天气，也养成了北方人好吃牛羊肉的习惯。《本草纲目》中记载羊肉：“苦，甘，大热，无毒。”在寒冷的北方，涮羊肉不仅仅是打打牙祭，还能补中益气，帮助身体驱寒保暖。北方多少数民族，不少信奉伊斯兰教的少数民族也有以牛羊肉作为主食的饮食习惯。此外，北方人自古以来多尚武，牛羊肉也可使身体更加结实强壮。因此，牛羊肉成为北方涮锅的最佳食材。

北京作为元明清以来的都城，人民生活水平相对富裕，也更偏爱肉食。亲友们在屋子里凑着一口铜锅，屋外的北风呼啸而过，而屋内的温暖却与屋外的严寒形成鲜明的对比。“吃着火锅唱着歌”，不仅过了嘴瘾，连心里都是暖洋洋的。

传统涮羊肉所用的铜锅

据闻最早的北京涮羊肉饭店是开在前门大街路东的正阳楼饭庄，正阳楼是北京“八大楼”之一的老字号，创建于清朝道光年间，在民国初期新添的涮羊肉更是让其名满京城。而后崛起的涮羊肉老店里，有东来顺、西来顺、又一顺和南来顺等。

传统的老北京涮羊肉用的是铜锅，锅底烧上木炭，红红的火星噼里啪啦地作响，更是显得热闹。只待锅里的汤一煮开，大伙便迫不及待地开始涮肉，大有“大口吃肉，大碗喝酒”的江湖气概。源自于忽必烈，经过这么多年的发展，涮羊肉豪放彪悍的性格却从来没有改变过。

涮羊肉虽豪爽，但蘸料却是极讲究的，麻酱、酱豆腐、韭菜花、香菜、小葱、辣椒油一样都不能少。现如今更是每家馆子都有自己的特色秘制蘸料。还有佐餐吃的烧饼，芝麻得多，内里分层得多，口感得香酥，还最好是真正烤出来的，微波炉加热的不行。以前吃涮羊肉都是用炭火加热，因为铜锅生炭火容易起烟，现在大多改用煤油炉加热了，但老北京都说，如果想吃正宗的涮羊肉，还得是铜锅、好炭、好肉、好料，一个都不能少。看来，北京人的性格也是粗中有细，豪爽中从不缺少对完美的追求。

江西南昌西汉海昏侯墓出土的青铜火锅

一盆火锅，容纳了人间饮食的百物百味，锅中的麻、辣、香、鲜，呈现着人生百态。滚烫的火锅，不仅因为美味吸引着我们，它还被寄予了中国人追求家庭和睦、万事兴隆的情感追求。“吃着火锅唱着歌”，这样暖心的场景，在多年以后，仍会留在我们的记忆深处。

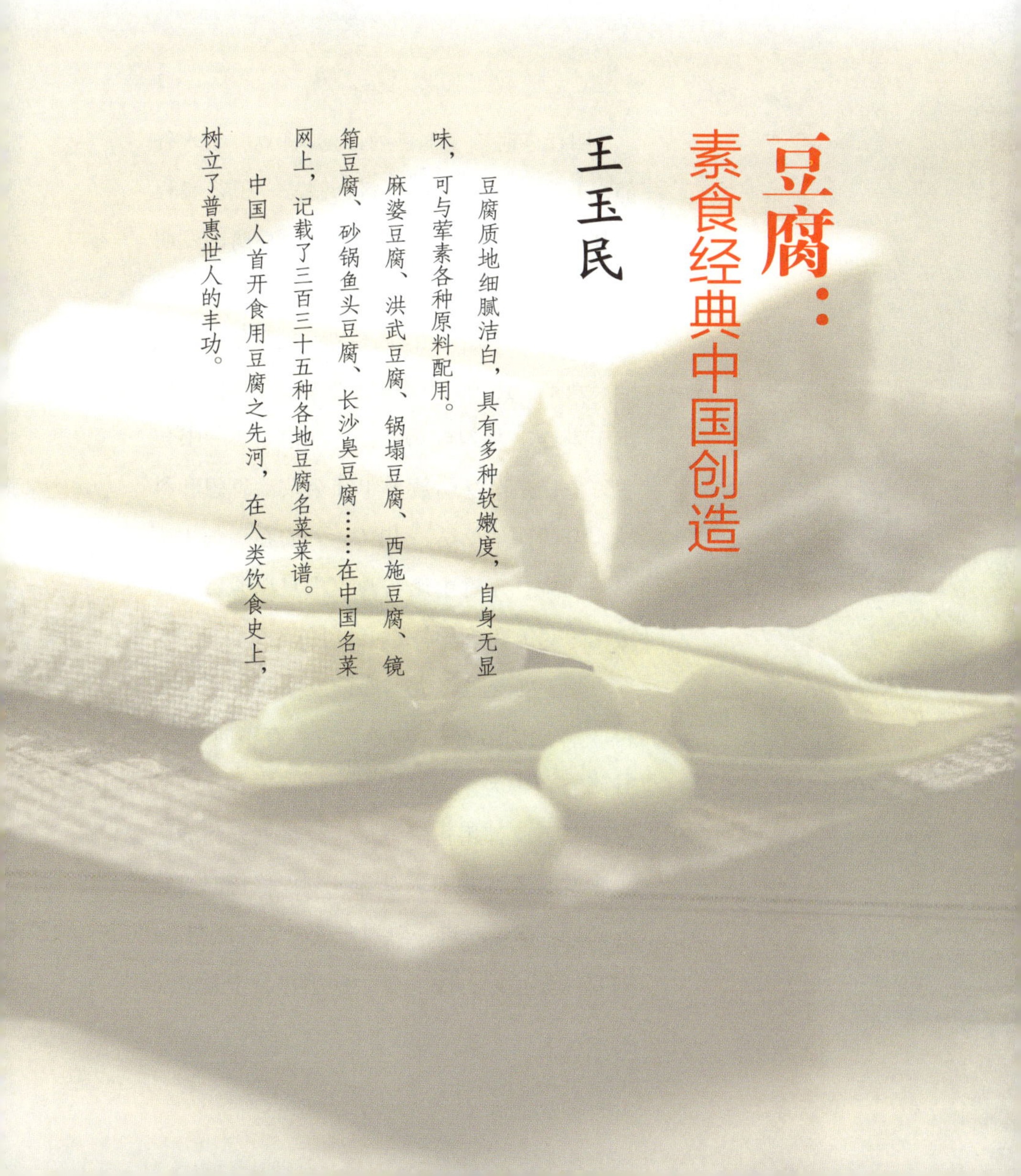

豆腐：素食经典中国创造

王玉民

豆腐质地细腻洁白，具有多种软嫩度，自身无显味，可与荤素各种原料配用。

麻婆豆腐、洪武豆腐、锅塌豆腐、西施豆腐、镜箱豆腐、砂锅鱼头豆腐、长沙臭豆腐……在中国名菜网上，记载了三百三十五种各地豆腐名菜菜谱。

中国人首开食用豆腐之先河，在人类饮食史上，树立了普惠世人的丰功。

汉墓『惊现』豆腐，千年谜团一朝解

明代李时珍《本草纲目》，将豆腐纳入谷部，并介绍了豆腐的原料、制法、工艺流程及其药性。李时珍还专门指出，豆腐的发明者是西汉初年淮南王刘安。

淮南王刘安，是汉高祖刘邦的孙子，汉文帝十六年（公元前164年）被封为淮南王，建都于寿春。他组织编著的《淮南子》一书包罗万象，是对汉初数十年社会政治思想和科技实践的科学总结。相传，刘安在炼长生不老丹药中，无意中用石膏点中豆腐浆汁，起了化学变化呈凝固体成为乳白色的豆腐。

关于刘安是否为豆腐的发明者，豆腐是否产生于中国汉代，中外学者曾有不同说法。有研究者认为，刘安招方士炼长生药，炼丹与卤制豆腐都用化学方法，故将刘安附会为豆腐发明者。也有人认为，刘安修炼时身边有僧道，僧道吃素，向刘安献出了豆腐制法。刘安一尝很好，便下令大量制作，于是豆腐

河南打虎亭汉墓画像石中与豆腐制作相关的场景

发明者之名便安在他名下。

很久以来，中外学者根据宋代食谱中多次出现豆腐，判断豆腐应当在唐之前发明。

一个在汉墓中的考古发现，终于证实：中国汉代已有豆腐，最迟当系汉代出现。

1981年，河南省博物馆撰写的《河南省文物考古三十年》一文中，首次披露了河南打虎亭汉墓画像石中有生产豆腐的场面，这引起了学术界的注意。美国全国科学基金会黄兴宗博士研究了这幅长一百三十厘米、高四十厘米的《豆腐制作图》，对图中浸豆、磨豆、过滤、煮浆、点浆、镇压等工序一一研究，确认是豆腐作坊图，他发表了学术论文，得到国际认可，验证了中国是世界上最早发明豆腐的国家。

素食主义经典名菜，鉴真成日本豆腐鼻祖

提起中国的豆腐来，日本人总是怀着敬佩竭力赞扬，“中国是豆腐的‘师傅之国’”“豆腐丰富了人们的营养，这是对人类的一个伟大的贡献”。

早在1182年的日文史料中，就记录了“豆腐”这个词。但在这之前豆腐就已经存在了，首先吃豆腐的是上层统治阶级和佛教僧人。

日本的豆腐之祖是中国唐朝的鉴真和尚。1963年，日本奈良举办鉴真和尚逝世一千两百周年纪念活动。在纪念人群中，日本从事豆制品业的所有头面人物前来参加，他们手里都提着装满各种豆制品的布袋，布袋上还写着“唐传豆腐干，淮南堂制”字样。

在日本，豆腐一直留在宫殿与寺庙中，为贵族和僧人的佛教素食增加了一种重要的蛋白来源。12世纪晚期，禅宗进入日本，随后佛教斋菜的广泛传播，这让普通民众也吃上

了豆腐。为了推广宗教，许多禅宗寺庙附近开办了豆腐料理餐馆。

这就是日本豆腐店的原型。至今，日本仍有大批豆腐店，以“禅”为卖点制作专门的豆腐供人们品尝。

扬州大明寺鉴真像

电影《头文字D》取材于日本同名漫画故事，这是周杰伦主演的第一部电影。电影中，周杰伦扮演的藤原拓海是个普通的日本高中男生，拥有无与伦比的飞车天赋。必须注意，他的车技之所以高明，是有赖于每天凌晨必须将父亲做的豆腐送到秋名山山顶的饭店。无论刮风、下雨、下雪，五年间车技竟然突飞猛进。从一个侧面可以看出，豆腐在日本饮食中的地位。

漂洋过海奔赴世界，世博会展出热豆腐

豆腐的英文名字叫“TOFU”，和瓷器、茶叶、丝绸一样，豆腐也曾在世博会上一展风采。

一百零一年前，比利时布鲁塞尔世界博览会中国馆，曾有令人难忘的一幕：白嫩嫩的豆腐、热腾腾的鲜豆浆、薄如蝉翼的豆皮、金黄诱人的豆腐干，盛在精美的陶瓷容器里，错落有致地摆放在一张榆木雕花桌上，让参观者顿足不前。

这桌豆腐宴，就是前来参加世博会的中国豆制品。展桌旁一位中国青年，不时地向人们解说，他就是晚清重臣李鸿藻的小公子——李石曾。

1902年，年仅二十一岁的李石曾到法国留学，先后就读于巴斯德学院、巴黎大学等。在校期间，他主攻农业，研究方向是大豆，通过研究，得出结论：大豆是一种能够延年益寿的健康食品，可以替代肉食，并将研究成果写成专著，分别为法文版《大豆的研究》和中文版《大豆》。

1909 年，比利时政府向清政府发来照会，邀请中国参加 1910 年在比利时首都布鲁塞尔召开的世界博览会。李石曾闻听此讯后，请求报名自费参展。他这样做，一是让全世界都知道中国的豆腐，二是打响中国豆腐公司的品牌，争取更多的订单以支援留法同胞的生计和学业。

1910 年 5 月，李石曾从东北搭乘西伯利亚铁路火车途经俄国境内到达巴黎，再带着生产团队赶赴比利时，一路风尘仆仆，终于将中国的豆腐食品端上了世博会的展台，丰富了世界人民的餐桌。

此后，李石曾在北京创立留法俭学会，安排大批留学生赴法留学，这些留学生一边留学，一边在他的工厂里生产豆腐。

抗癌、营养、瘦身
——世界豆腐热方兴未艾

豆腐还被孙中山先生写入了《建国方略》一书。

孙中山先生学医出身，他指出：“中国素食必食豆腐，夫豆腐者，实植物中之肉类也，此物有肉料之功，而无肉料之毒……单就饮食一道论之中国之习尚，当超乎各国之上，此人生最重要之事……吾人当保守而勿失，以为世界人类之师导也可。”

近年来，哈佛大学、夏威夷大学、田纳西大学、美国全国癌症研究会等纷纷公布了自己在豆腐研究上的新成果，这些研究涉及豆腐的瘦身、营养和抗癌等功效。早在十二年前，美国食品药品管理局就认定豆腐对女性乳腺癌等有显著预防效果。几年前，美国伊利诺斯大学还培养了首批豆腐学博士。

如今，豆腐凭借所具有的高蛋白、低脂肪、低热量、低胆固醇等优点，成为公认的理想食品，受到世界各国的青睐。

徽州名吃毛豆腐

1987年美国有三百多家以生产豆制品为主的工厂，其中生产豆腐的就有两百家之多。1990年其豆制品销售额已突破十亿美元。

在近年来的豆腐热中，美国旧金山一位豆制品专家撰写的《豆腐》一书，销量曾突破四十五万册。美国农业部出版的《用简便方法生产的豆制品》一书中，首篇就介绍中国的豆浆和豆腐。美国《经济展望》杂志还预言，未来的十年，最成功而又最有市场潜力的并非汽车、电视机或电子产品，而是中国的豆腐。

豆汁诞生于1753年

豆汁是北京著名的风味小吃。

豆汁始于清乾隆十八年（1753年），是酸甜适口、营养丰富、风味独特的发酵绿豆浆。早年，豆汁房以绿豆制作豆汁。民国时，北平卖豆汁的有赶庙会摆摊子的，有挑担子下街叫卖的。在北平的胡同里，随时可以看到被一群小孩围着的豆汁担子。担子的一头是被炭火煨着的斗锅，另一头是一个四方的小案，案上摆着一大盆辣咸菜以及碗筷。喝豆汁的人围坐在小案的四周，喝一口滚热的豆汁，吃一口辣咸菜，有些人竟能喝三四大碗。

北平的豆汁以东直门四眼井所产的最纯。另一种风味小吃炸豆腐也是一种“热挑子”，即带着锅、炉的担子。锅里煮的有炸豆腐和炸丸子。贩者每日担担子沿胡同叫卖。

其实，北京地区食用大豆制品可以追溯到金代，女真人有饮用豆浆的习俗。在元代，豆腐、面筋已成为民间的常食，关汉卿的杂剧中有“闲时磨豆腐，忙时做面筋”的提法。

明初，帝王进膳必有豆腐。而北京民间有早点饮豆浆的习惯也是从这时开始。制售豆腐成为京师一百三十二行中的豆腐行。清代，豆制食品的种类、花样增多。其中以大豆类加工的食品有北豆腐、南豆腐、冻豆腐、豆腐干、豆腐丝、豆腐皮、千张、豆腐泡、豆腐脑、炸豆腐和豆浆；绿豆类加工的食品有粉条、粉丝、粉皮、凉粉、麻豆腐和豆汁等。

清末，厨师刘海泉利用在御膳房学到的手艺，制售以面筋和豆制品为主料的素菜，受到京城百姓欢迎，时人称之为“全素刘”。

第五编

炼丹术：世上真有不死药？

凌光

人来到世上，都会面临一个问题：总有一天，我们会死去，会离开这个世界。

这是一个很严肃的问题，古往今来，多少哲人的思考，多少文人的佳作，多少科学的发现，都从这里产生，人们也早已把它作为自然的规律而加以接受。

然而，在中国历史上，却有不少人前赴后继地向这个自然规律发起了堂吉诃德式的挑战。

国人独有的神仙信仰

很多人知道，中国古代有炼丹术，西方古代有炼金术。二者之间有相似之处，也有很大的不同。最大的不同是，炼丹术的终极目的是要炼出长生不死之药，甚至“仙药”，这种“高远”境界，显然不是只追求炼出黄金这种俗物的炼金术所能比拟的了。

为什么中国有炼丹术，西方只有炼金术？归根结底，要从中国文化中的神仙信仰说起。

在战国时代的历史典籍中，《山海经》里有多条关于神仙的记载，据说有个轩辕国，那里寿命短的人可以活到八百岁，寿命长的人可以活到数千岁；据说在流沙之东、黑水之间，有山叫不死之山，那里有不死之民，而他们之所以不死，是因为吃了不死药。《战国策》里也有不死药的记载。《列子·汤问》甚至给出了仙山的具体描述。

最先倡导神仙说的是一些有闲从事长寿炼养活动的方士。战国时代，神仙思想已在中上层社会蔓延开来。倡导神仙说的方士，常常被称为神仙家。

不光是这些方士，很多大思想家大文人，也对神仙情有独钟。大思想家庄子在他的著作里屡次提到了理想中的仙人："肌肤若冰雪，绰约若处子，不食五谷，吸风饮露，乘云气，御飞龙，而游乎四海之外。"屈原的《离骚》《九章》《九歌》中也生动地描绘了许多仙人活动的场面。

中国古代的神仙说，也不全是空穴来风。比如《史记》所提到的东海"三神山"："未至，望之如云；及到，三神山反居水下；临之，风辄引去"，这显然来自于"海市蜃楼"的自然现象。古代的人们缺少自然科学知识，难免就把海市蜃楼现象神化了。

说来奇怪，神仙思想在我国如此普遍，在其他国家却是罕见。西方基督教认为，人的灵魂可以上天堂或者下地狱，但肉体注定是要死亡的；印度佛教也认为，灵魂可以转世再生，但人寿终有尽，尸身不可留。唯独中国的神仙道教大力宣扬，只要修炼道法，灵魂和肉体都可以长生不死，永留世间。世界各国都有神，唯独中国才有仙。神是天上固有的，中国人却认为，有神还有仙，仙是世间所出，是凡人所变。

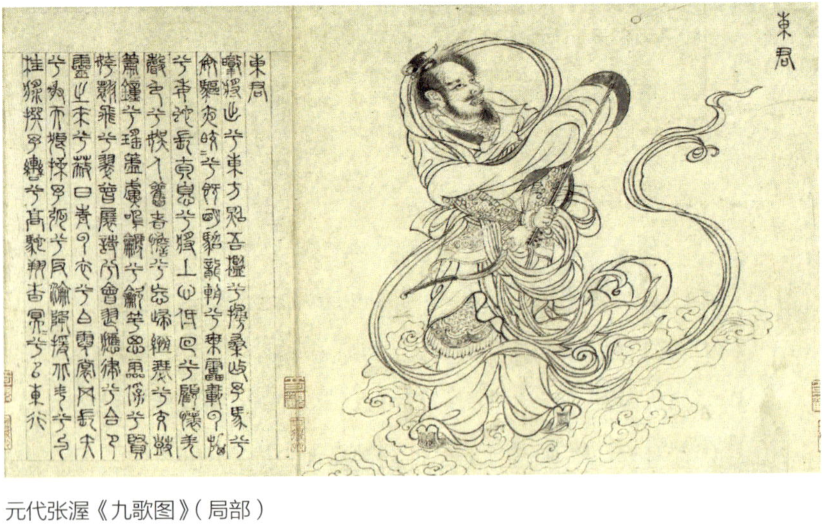

元代张渥《九歌图》（局部）

向自然『仙境』寻求仙药

既然神仙家说，凡人也能成神仙，难免就有很多凡人跃跃欲试。

在古代，自认为最有这个资格的，就是皇帝了——皇帝乃是受命于天的“天子”啊。

那么，怎么才能长生不老，成为神仙呢？

据说，战国时期的方仙道又可分为三大流派。一是服食派，专以服食药物以求长生不老。二是房中派，主要以房中养生为成仙方术。三是吐纳导引派，讲究导引服气，以此长寿变仙。

秦始皇是中国历史上第一个皇帝，也是第一个热衷于追求长生不老乃至成为神仙的皇帝。当然，皇帝要通过后两种途径去成仙，实在太麻烦，于是，秦始皇非常希望通过服食仙药达到长生不老。

在秦始皇那个时候，“炼丹”也许还没有出现，至少是没有普遍出现。那时的方士，主要是在自然界中寻找植物、动物或矿物，

元代王蒙所绘《稚川移居图》(局部)，描绘了炼丹师葛洪移居罗浮山的情景。该画 2013 年在拍卖会上拍出 4 亿天价

大量尝试，希图达到长生不老、飞腾成仙的目的。比如炼丹先驱安期生，就曾“食巨枣，大如瓜，合则见人，不合则隐”。

因此，秦始皇采取的方法就是派方士去寻找仙人，问得仙药。他先后派方士徐福率童男童女数千人入东海求仙人，遣使燕人卢生、韩众等方士入海寻找仙人和不死药。数年间，兴师动众，却落得人财两空，屡屡受骗。秦始皇恼羞成怒，抓来在京的儒生方士数百人，不问青红皂白，“一坑”泄恨，造成了历史上著名的“坑儒”事件。但秦始皇仍不甘心，最后一次出巡时，又去东海边，“登会稽，并海上”，祭拜山神海神，“冀遇海中三神山之奇药”。当然他还是一无所获，反而在途中一命呜呼了。

『人工合成』催生火法炼丹

方士们在失败之余，也在总结经验。

既然自然界中找不到现成的，他们就尝试“人工合成”。受中医煎煮草药的方法启发，方士们开始尝试水煮药物，亦即水法炼丹，企望从“煮”中炼出长生不死药。后来，他们又从“冶炼”技术中找到灵感，迅速崛起的冶金制造业告诉人们：熔炉里的变化确实奇妙，炉火烧炼的威力的确无穷。莫邪宝剑从中炼得，神仙妙药何不就此为之？火法炼丹由此诞生并发展起来了。

炼丹术的源头在哪里，已不易考查。而《史记》中则记载了历史上较大规模的一次炼丹活动。这是在“秦皇汉武”中的汉武帝的推动下开展起来的。

西汉皇帝汉武帝，文韬武略自不必说，他也和秦始皇一样想长生不老。除了四处派方士求仙药以外，他还多了一种手段，就是“炼丹”。

据《史记》记载，汉武帝登位初期，亦即公元前135年左右，方士李少君已在宫殿里为皇帝炼丹了。显然，李少君不是“炼丹术”的第一人。从司马迁的记述中我们知道，李少君的炼丹方法大致为：用丹砂诸药炼成“黄金”，然后饮用此金以求仙寿。

当然，这里的“黄金”不是通常意义上的黄金，而是丹砂炼成的药物。

为何要用丹砂来炼制仙药？丹砂为什么能够炼出“黄金”？

对此问题，炼丹家们找到了许多理由。首先，丹砂具有高贵的朱红色，因此，古人认为，天然红色的丹砂是天地血气所化，是生命永恒的标志。其次，天然丹砂确实有养神益气、明目清肝、润肺止咳等医疗作用。第三，丹砂加热后的变化非常奇妙。丹砂加热可分解成水银和硫黄，水银和硫黄重新搅拌化合，适当加热，又可复得红色的丹砂结晶，在古人看来，这正喻示着“道”的往复。最后，人们早已观察到丹砂与黄金共生的现象，即“上有丹砂，下有黄金”。在这种情况下，人们就很容易联想：黄金是由丹砂变成的。

上述种种理由，便使丹砂最先成为“炼仙药”的主要角色。“炼丹术”之名也由此产生，沿用至今一直未变。

隐士著书立说 被奉为丹经典范

以往的方士们炼丹都是各自为战，缺乏理论指导和总结。东汉时期，第一本为炼丹术立论的著作终于问世，名为《周易参同契》。作者魏伯阳，是名不见经传的炼丹隐士。据推算，魏伯阳生活在公元100至200年之间，《周易参同契》当在公元150年前完成。

魏伯阳提出了铅汞合药说，并很快得以盛行。铅汞学说确立后，炼丹家便把精力长期集中在铅、汞这两个系列的物质上，大做文章，积累了许多铅汞化合物知识。后世历代炼丹家都奉《周易参同契》为丹经典范，称它是万古丹经之祖、千种丹经之王。为它作注者代代不乏，出名的注本有四十余种之多。

道教，是发源于古代中国本土春秋战国的方仙道，是一个崇拜诸多神明的多神教原生的宗教形式，主要宗旨是追求长生不死、得道成仙、济世救人。到了汉朝后期，道教教团产生，至南北朝时道教宗教形式逐渐完善。

从此，中国的炼丹术便与道教结下了不解之缘。“道以术立，术随道兴”，二者相依为命，相辅相成。

东晋年间，出现了中国历史上最有名的炼丹家葛洪。

葛洪（284—364），丹阳句容（今江苏句容县）人，出身士族大家庭。葛洪十三岁那年，父亲病故，适值兵荒马乱，家中被洗劫一空，仅剩数十亩薄地。葛洪从小酷爱读书，博览群书使葛洪对神仙方术发生了兴趣，他希冀以此调理自幼多病的身体。十七岁时，炼丹大师郑隐来马迹山招徒，葛洪便投奔其门下。葛洪为人谦虚礼貌，聪明好学，很得郑隐器重。正当郑隐向葛洪讲授辨药、辨火、备炉等炼丹基本知识的时候，传来了西晋王室内讧、诸王兵变的消息。郑隐预测，天下将有大乱，故决定北迁霍山深处。葛洪难舍家人，不肯随去。

不久，果然天下大乱，西晋八王互相残杀。战乱之中，葛洪也投笔从戎入仕，参与平定战乱，然而社会的黑暗也让葛洪心灰意懒，他几次在入仕和求道之间摇摆，最终还是在赴广西上任的途中，留在广东的罗浮山，在山中修建了都墟庵，砌起丹灶，一心炼丹，以至终年。

葛洪一生著述等身，他最重要的著作《抱朴子》，《外篇》五十卷论人间得失、世事臧否和如何治世经国，《内篇》二十卷论采药炼丹、延年养生、修炼成仙的理论与方法。

《抱朴子·内篇》为炼丹术取得了极大声誉。葛洪以八十岁高龄在山中去世。有人说，他是成仙了。

为『长生』不惜前赴后继

唐代，李氏皇帝尊老子为“朕之始祖”，为“太上玄元皇帝”，大力扶持道教，“天下道观总一千六百八十七所”，道教势力大增。

炼丹术在强大势力的支撑下达到了鼎盛之点。这时，各种炼丹理论层出不穷，炼丹方法花样翻新，内容繁丰。

在朝在位、风流倜傥的文人才子也加入了炼丹大军。唐代最有名的诗人李白、杜甫、白居易都曾热衷于炼丹。

“我本楚狂人，凤歌笑孔丘。手持绿玉杖，朝别黄鹤楼。五岳寻仙不辞远，一生好入名山游。”这是李白晚年的自述。据考证，李白在青少年时代就爱好神仙之道，经常与道士交游。后来，李白也热衷于服食丹药，据说他的去世也与服丹有关。

生性谨慎的杜甫也被葛洪、王乔炼丹成仙的“事迹”所吸引。他曾到处寻讨丹砂灵芝，以求长生，作诗曰：“浊酒寻陶令，丹砂访葛

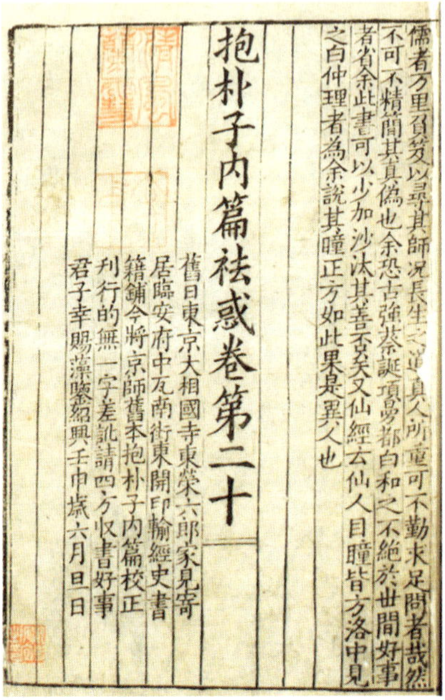
儒者万里負笈以尋其師況長生之道真人所重可不勤求足問者哉然
不可不精簡其真偽也余恐古強蔡誕項曼都白和之不絕於世間好事
者省余此書可以少加沙汰其善否矣又仙經云仙人目瞳皆方洛中見
之白仲理者為余說其瞳正方如此果是異人也

抱朴子內篇祛惑卷第二十

舊日東京大相國寺東榮六郎家見寄
居臨安府中瓦南街東開印輸經史書
籍鋪今將京師舊本抱朴子內篇校正
刊行的無一字差訛請四方收書好事
君子幸賜藻鑒紹興壬申歲六月旦日

古书《抱朴子·内篇》书影，葛洪著

洪。”白居易更是在谪居江州的时候，在庐山深处亲自起炉炼丹。

唐朝的皇帝更是个个热衷于炼丹、服丹。政权略为安定，唐太宗李世民就招来一批炼丹道士为他合炼长生大药。太宗之死也与服丹慢性中毒有关。唐高宗迷恋仙丹的程度比他的父亲有过之而无不及。继位后，他就下令广征方术道士，入宫合炼黄白仙丹。一次就招来炼丹道士一百多人。仙丹终于炼成了。唐高宗贪多务得，结果急性中毒暴亡。高宗之后，宪宗、穆宗、敬宗、武宗、宣宗均因贪服仙药而丧命，可以称得上是“前赴后继”。

有趣的是，这些天子继位之初，都有清醒的头脑，大骂迷惑先辈的炼丹道士，“轻怀左道，上惑先朝，医方不精，药术皆妄。俱是奸邪，罪当诛杀。”可是他们自己上了位，也忍不住派人查访炼丹名士，将他们请入宫中合炼神丹，并且振振有词说：“今已觅得真人，非前伪道士可比。”

盛唐三百年，炼丹大盛行，服丹大检验，结果死伤无数，败者万千，充分暴露了炼丹术的荒诞与危害。自此之后，炼丹术已是江河日下，虽然明朝一些皇帝也曾故态复萌，依然贪恋仙丹药，但造成的恶果只能使炼丹服丹更加恶名昭彰。至清代中期，炼丹已基本绝迹。

（本文写作参考蒙绍荣、张兴强著《历史上的炼丹术》等）

唐貞觀

战马：千乘之国与汗血宝马

凌光

如果说，马是对人类有最重要影响的一种动物，那么，不仅是因为它为人类的实际生活提供了各种各样的便利和帮助，更重要的是，在几千年的冷兵器时代，马曾是军事斗争的决定性力量，从而给人类的文明史，打上了深深的马的烙印。

『千乘之国』是加入大国俱乐部的门槛

不妨以我们最为熟悉的中国历史为例讲起。杨泓先生在《马与中国古代战斗力》一文中，曾对马和中国古代战争的关系，做过生动的描述。

在中国历史上，马在战争中扮演的第一个重要角色，是用马来拖驾的战车。

虽然古史传说中，中国夏代就有了战车，但是在目前的考古发现中，古代由马拖驾的战车出现是在殷商晚期，是由两匹马拖驾的实用木车。殷商晚期出现的战车兵，与步兵相比具有极大的优势，有点像现代战争中的坦克与步兵。晚商的军队开始以战车兵为核心力量重新组建。

到商纣王时期，周人兴起于西北，军力日强。当时周人军队的核心力量也是精锐的战车兵。根据考古发掘得到的战车实物，可以看出周人对战车有了重大的改进，最主要的是将驾车的辕马由两匹马增加到四匹，并改

秦代青铜马车

进了木车结构。这样一来，周人的驷马战车不论是速度还是冲击力，都远胜过殷商的双马战车。

商灭周兴，自此从西周到春秋，中国古代战争的历史进入了车战的黄金时代。各诸侯国的兵力，都以战车的乘数来计数，一个大国至少要拥有一千乘战车，被称为“千乘之国”。

“胡服骑射”开创骑兵作战的中国史

在中国历史上由诸侯王开始组建骑兵部队，要推溯到公元前307年赵武灵王的“胡服骑射”。

当时威胁着赵国西北疆域的强敌，是一个善于游牧并依靠马匹作战的民族——匈奴。那是一个古代游牧民族，全民自幼善于骑马，而且他们的马也善于在山地、大漠、溪谷等复杂地形奔跑，在机动灵活性上，中原地区笨重的战车无法与之相比，屡屡吃亏。公元前307年，赵国君主赵武灵王从对匈奴作战的失败中得出教训，知道要想战胜胡人匈奴，就要学习胡人的长处，于是开始脱掉传统的宽大衣袍，按照胡人的样子改穿窄袖的胡服，穿上裤子，学习骑马射箭，以轻捷的骑兵对抗匈奴骑士，从而取得对胡人的初步胜利。

在周代，又一个善于放牧养马的民族悄悄在西北崛起，那就是后来统一全中国的秦人。秦人的先辈中，造父曾为周穆王御车；非子

明代张龙章《胡人出猎图》(局部)

则为周孝王在汧水和渭水之间养马，因其养马有功，周王将秦地赐封给了他。秦在春秋时成为五霸之一，战国时又是七雄之一，其军力之强盛，与军马充足的条件不无关系。从秦俑中可以看出，当时骑兵已是秦军中的一个独立兵种，但数量并不多，主力仍是战车军。

到暴秦灭亡、楚汉相争时，骑兵在军队中所占比例日渐增加，军队中常是骑兵和步兵并重。楚霸王项羽本人，也是披甲持戟、骑马冲锋的勇将。

只为夺取良马而发动的战争

西汉统一全国后，因韩王信投降匈奴，高祖刘邦亲率以步兵为主的三十二万大军北逐匈奴，不料被匈奴的四十万骑兵包围在白登（今山西大同附近），从城中眺望，匈奴四面围城，骑兵的马色各不相同，西方的都骑白马，东方的都骑青马，北方的骑黑马，南方则骑赤黄马，威风凛凛，杀气腾腾。汉军被逼无奈，最后不得已只能不光彩地用了陈平秘计：让军中妇女出城诱引匈奴军，而汉帝刘邦乘隙从另一面溃逃而出。

也正是从那时起，经过汉文帝和汉景帝的休养生息，到汉武帝和匈奴决一死战的时候，骑兵大战成了战争的主要形式。

西汉太初元年（公元前104年），中国发生了一场只为争夺良马而起的战争。当时的皇帝是雄才大略的汉武帝。他拜李广利为贰师将军，率领属国骑兵六千，以及“郡国恶少年”数万人，去远征大宛（古代西域国名，今中亚费尔干纳盆地，位于乌兹别克斯坦、塔吉克斯坦和吉尔吉斯斯坦三国的交界地区）。出兵的原因正是为了获取大宛的名马。

原来，在汉与匈奴数十年的争战中，汉马匹损失的数量巨大。往往一次战役下来，马匹所剩不足十之七八，战败方匈奴的损失更大。双方战马数量的骤减，使得彼此无力进行新的战争。

汉武帝为了补足军马的损失，一方面扩大养马业，另一方面致力于马种的改良。先是引进乌孙的马种，名曰“天马”，后来知道大宛有汗血宝马。汉武帝本想通过和平手段求取大宛马，便派车令为使者，到大宛的都城贰师城，送给大宛王千金和一匹金马，要求换取贰师城的良马。不料大宛王断然拒绝了汉使的要求。汉使遭拒后很不冷静，怒骂后槌坏金马离去。宛人嫌汉使无礼，就派军队劫杀了汉使，还夺取了汉使的财物。

消息传到都城长安，汉武帝大怒，便派遣李广利率兵出塞进攻大宛。然而这次出兵并不顺利，沿途小国各自坚守不与汉军合作，汉军劳师远征，人困马乏，军中不断减员，到达大宛时，军中仅剩下数千疲惫的将士。进攻不成反被击败，损失惨重，李广利只得引兵退还。

汉武帝得知消息大为生气。他考虑大宛是个小国，汉军攻而不下，定会影响汉在西域诸国中的威信，于是增兵十余万，令李广利率军再次进攻大宛。因为这次汉军兵多，沿途小国也望风顺从，使得汉军顺利进抵贰师城下，先断绝入城水源，然后大举攻城，很快攻破外城。宛人只得退守中城。为了避免被汉军破城的噩运，宛贵族们杀死了宛王毋寡，与汉军讲和，并尽出良马让汉军挑选。于是李广利将宛贵族中与汉友善的昧蔡立为宛王，获取大宛良马数十匹、中马以下雌雄共三千余匹后，胜利班师。而此时已是太初四年（公元前 101 年）的春天。汉朝历时四年，发动两次大规模远征，目的就是为了获得优良的种马，不但耗费了大量资财，而且兵员损失达数万人，几乎是用十余条人命的代价换回一匹大宛马。这充分说明，在当时的统治者心目中，优良马种对于维护帝国统治是多么的重要。

缺少马的南宋 幼帝崖山跳海

时针转到宋代。北方有辽，西北有西夏，西南有大理，这些产马地尽落游牧民族之手，宋朝从始至终只能以步兵的血肉之躯抵挡游牧民族铁骑的冲击。

“虏所以轻侮中国者，惟恃弓马之强而已。”与宋朝对抗的辽、西夏、金、元等北方异族军队都以弓马骑射见长，而且往往是“一胡人有两马”，甚至“每正军一名，马三匹”。

王安石曾经多次号召民间养马。但实际上在精耕细作的种植农业模式下，根本不适宜养马。况且中原本来就人多地少，养一匹马的土地可以养活二十五个人。如果再看《清明上河图》，即使繁华如汴京，商贾如云、贵族如雨，但马车和骑马的却比较罕见，最多的是一些种植农业离不开的牛车和骑驴者，或者人力的轿子。

先是马上的金人，接着是马上的蒙古人，没有马的宋朝节节败退，直至最后南宋幼帝

南宋画家赵伯骕《番骑猎归图》

在崖山跳海。

蒙古人大大发展了骑兵战争理论，充分发挥了马的速度，创造了闪电战和包围战等革命性的进攻战术。依靠装备精良的骑兵武装，蒙古帝国在二十五年里征服了比罗马帝国四百年征战还要广阔的土地。从西伯利亚直达印度，从越南直达匈牙利，从朝鲜半岛直到巴尔干半岛。到成吉思汗去世的时候，如果一个人想骑马从蒙古帝国东端跑到西端，至少需要一年的时间。

蒙古骑射壁画

蒙古帝国重新勾画了世界版图，把原来相互隔绝的帝国紧密地联系在一起，为新世界和新时代的到来划定了新的秩序。

因为马的支持，蒙古人在亚欧大陆东征西讨所向无敌。而蒙古在缅甸和越南之所以失败，恰好是因为他们必须下马。在丛林山地面前，他们不仅无法发动大规模的穿插包抄和机动突袭，甚至根本不能骑马作战。

强劲的蒙古骑兵，依仗的是体形低矮、四肢较短的蒙古马种，它们的步幅和速度虽然逊于中亚和西亚的名马，但更能吃苦耐劳。由于元朝建立对全中国的统治，也就使得中国的养马业开始由蒙古马一统天下，以后的明清两朝依然如此。

冷热兵器对决，骑兵遭无情绞杀

网文《马的历史作用》中写道，中国古代史始终是北方征服南方，鲜有南方北伐成功的，其中一个重要原因就是北方拥有马。

马的介入使游牧民族面对农耕民族具有不可战胜的优越性，因为他们将战争模式与生产模式统一起来，两者之间可以随意切换，“出则为兵，入则为民”。这形成冷兵器时代的一种典型现象——落后的游牧民族屡屡战胜先进的农耕民族，野蛮战胜文明。战争因此也几乎成为游牧民族的一项主要活动。

明朝嘉靖以后，马政荒废，主要产马地河套失陷，不得不“开例捐马授职”，即捐马给官府可授予官职，马匹之缺乏可见一斑。万历年间，马匹的短缺已经严重影响到明朝军队车骑营的组建。袁崇焕欲组建关宁铁骑，以骑制骑，却深受无马之苦。没有精锐骑兵，这使得明朝军队面对蒙古女真等马上民族只能采取被动的守势。

清代宫廷画家郎世宁
所绘乾隆皇帝戎装像

明朝重新上演了宋朝的悲剧，又被马上的满族人征服。

满人入主中原后，为了统治维稳，与蒙元时代一样，对汉人实行严厉的禁马政策，不仅禁止汉人养马，还禁止汉人骑马。同时，为了保持对汉人的骑射优势，不惜迟滞火器的革新。

1860 年 9 月 21 日，蒙古铁帽子王僧格林沁率领两万多八旗骑兵，在北京郊外的八里桥对两千多英法联军展开了一场伏击战。这是一场热兵器与冷兵器的对决，手持长矛和弓箭的八旗骑兵遭到了工业时代枪炮的无情绞杀……

最后一支八旗骑兵就这样灭亡了，以马蹄征服中国的历史至此彻底结束，而马在人类文明史上的辉煌也就此骤然淡去。

鸿门宴：史上第一饭局

王鸿良

自古以来，酒宴饭局常常是政治大戏上演的舞台。

两千多年前，刘邦、项羽在咸阳城外，面对亡秦那只硕大的胜利果实，用一场鸿门宴暂时化解了迫在眉睫的矛盾冲突。而在太史公司马迁如椽巨笔的生动描述下，这场宴会不但成了史上最著名的饭局，也在中国人语库里成了阴谋、凶险的代名词。

项伯『一夜成六事』可信吗

一场惊心动魄的鸿门宴，之所以为后人所知，全凭了太史公司马迁在《史记》中的传神描述。

司马迁的《史记》多处写到鸿门宴。但详略明显相异。《项羽本纪》的“鸿门宴”最详，长达一千六百余字。《高祖本纪》《留侯世家》《樊哙列传》也有“鸿门宴”的记叙，都写得极简略。

长期以来，《史记》记载的可信性一直受到怀疑和审视。经过专家学者们多年的不懈努力，特别是20世纪以来大量古代实物的出土及其研究的结果，多方面证实了《史记》记叙的可靠性。

而《史记》叙事之所以受到怀疑，也和司马迁文学化的表述手法有关。《史记》是文学和史学尚未分家时期的著作，司马迁一些过度文学化的描写，有时也造成颇多不可解之处。就《鸿门宴》一篇而言，历代学者对其不可解处都曾提出质疑，进而怀疑其真实性，甚至从根本上否认这个历史事件的存在。

比如有人认为，文章开篇“项伯深夜告张良”一段，鸿门和霸上相去四十里，而项伯一夜之间可以完成“夜驰之沛公军”“私见张良”“入见沛公”“约为婚姻”“复夜去至军中”“具以沛公言报项王”等六件事，殊不可信。

再如，文章最后刘邦在宴席上脱身逃走一段，究竟是骑马还是步行，还是先骑马而后步行？叙述得并不清楚。而刘邦嘱咐张良，等他从小路走过二十里回到军中的时候，让张良再入宴席告诉项羽自己离开的事——让项羽枯坐酒席等待刘邦这么久，却一直没有查问，实在不合情理，而对刘邦不辞而别的严重失礼行为，项羽没有任何表示，也很难理解。

然而也有一些学者认为，鸿门和霸上从小路走只有二十多里，项伯骑马急驰，从时间上看“一夜成六事”完全来得及。而刘邦酒席脱身，实际上是在项羽故意默许下才实现的，可以理解。

史料来源可能出自樊哙之孙口述

据日本就实大学学者李开元考证，司马谈、司马迁父子著《史记》，除了政府档案和文献资料而外，实地调查、访问查询也是重要的史料来源。《史记》列传的历史叙事，特别是在与司马迁父子时代相距较近的战国末年到西汉初年的历史叙事中，有不少直接取材于事件当事人及其子孙的口述传承。

李开元认为，鸿门宴叙事的取材来源，司马迁没有明说。不过，分析鸿门宴的人物和描写，我们大致可以找到叙事的着眼点，也就是当事的目击者和口述者。考《项羽本纪》中鸿门宴的叙事，有名有姓的出场者共有十一人。其中，项羽方面有项羽、项伯、范增、项庄、陈平共五人，刘邦方面有刘邦、张良、樊哙、夏侯婴、靳强、纪信共六人。刘邦方面六人中，夏侯婴、靳强和纪信三人一直留在项羽军军门外，没有亲历宴会。

通观鸿门宴一篇的叙事，可以明确看到叙

鸿门宴浮雕

事的立场在汉的方面。而在汉的六人当中，可能性最大的就是张良和樊哙。张良自始至终参与其事，樊哙只是于中参入。不过鸿门宴叙事最为详尽生动的部分，无疑是樊哙闯入宴会场的描写；最为突出的英勇人物，无疑也是闯入会场的樊哙了。樊哙缓解危机于千钧一发，他与项羽间的对话应酬、音容举止，特别是拔剑在盾牌上切割生猪腿啖食的细节，非身临其境者传达不出来。以文章分析而论，鸿门宴叙事的着眼点，也应当就是樊哙。

司马迁在《史记·樊郦滕灌列传》中说："太史公曰：吾适丰沛，问其遗老，观故萧、曹、樊哙、滕公之家，及其素，异哉所闻！方其鼓刀屠狗卖缯之时，岂自知附骥之尾，垂名汉庭，

司马迁

德流子孙哉？余与他广通，为言高祖功臣之兴时若此云。”意思是说：“我曾经到过丰沛，访问当地的遗老，观看原来萧何、曹参、樊哙、滕公居住的地方，打听他们当年的有关故事，所听到的真是令人惊异呀！当他们操刀杀狗或贩卖丝缯的时候，难道他们就能知道日后能附骥尾，垂名汉室，德惠传及子孙吗？我和樊哙的孙子樊他广有过交往，他和我谈的高祖的功臣们开始起家时的事迹，就是以上我所记述的这些。”

司马迁生于汉景帝中元五年（公元前145年），其时，樊他广已经做了六年舞阳侯。司马迁到丰沛，是在他二十岁第一次旅行时。若以樊他广二十岁嗣侯计算，他比司马迁大二十六岁，此时四十六岁。樊哙鸿门救驾的事情，是樊哙家子孙后代世世相传的光荣历史。可以想见，司马迁从樊他广处听到鸿门宴的详情叙事，后来，当他撰写《史记》的有关章节时，就将樊他广的口述作为重要史料。

酒席座次是成心侮辱刘邦？

著名学者余英时在《说鸿门宴的座次》一文中认为：鸿门宴的座次“是太史公描写鸿门宴中极精彩而又极重要的一幕……太史公详述当时座次决非泛泛之笔，其中隐藏了一项关系甚为重大的消息”。

关于酒席的座次，《项羽本纪》中有十分具体的交代：“项王、项伯东向坐，亚父南向坐——亚父者，范增也。沛公北向坐，张良西向侍。”

清初顾炎武在《日知录》中旁征博引地证明：“古人之坐以东向为尊……即交际之礼亦宾东向而主人西向。”余英时在做了一些考据后，认为在秦汉宴会东西南北四向皆涉及的场合中，东向最尊，南向次尊，西向为“等礼相亢”的朋友地位，北向为最卑的臣位，所以刘邦北向坐是表示臣服的意思，而项羽也正式接受了刘邦的臣服。

清华大学学者李飞和中国人民大学学者费

据郭沫若考证，壁画描绘的是鸿门宴场景

晓健则认为，余英时的考据有误，“宾主位东西面，君臣位南北面”是战国秦汉时的通义，而这是两个相互独立的场景，在君臣位中最卑的北向，在宾主位中也没有了臣服的含义。而鸿门宴中座次的尊卑，还是以司马迁记叙的次序，依次应是：东向、南向、北向、西向。

鸿门宴中刘邦是客人，并且曾经与项羽在楚怀王面前“约为兄弟”，如果项羽尊重他，就应按“宾主位东西面”的宾主之礼让他东向坐，如今让他退为“三等”北向坐，说明项羽根本没把他当成客人平等对待，其地位还不如项羽手下的谋士范增。在一些中学教材的教师参考材料中，也认为这座次是项羽安排的，表现了项羽不把刘邦放在眼里，妄自尊大、骄横无礼、以势压人的傲慢自负心理。

然而一些学者对此提出了不同看法。如学者许锡强认为，刘邦到鸿门来是为谢罪而不是赴宴。在项羽面前他早已失去了主客相称的平等关系。项羽率兵巨鹿一战击败秦军主力后，威望大增。“项羽召见诸侯将，入辕门，无不膝行而前，莫敢仰视，项羽由是始为诸侯上将军，诸侯皆属焉。”由此可见，当时项羽不仅早已成了楚军统帅，而且还成了抗秦联军统帅。项羽待刘邦以属下视之，是合情合理的，并非存心轻侮。

鸿门宴上项羽该不该杀刘邦

一席鸿门宴，引发后人最大争议和感叹的，还是项羽放走刘邦，到底是丈夫义举还是妇识短见。

主流的看法多半对项羽的做法给予否定，认为项羽不听臣言、狂妄无礼、优柔寡断、刚愎自用、眼光短浅、有勇无谋。也正是项羽这些性格弱点，酿成了其最终输给刘邦、自刎乌江的结局。

然而，近年来也有不少学者通过研究当时历史背景，重新探讨这个问题，提出不同于传统的看法。比如学者张志坤在《鸿门宴楚汉得失之我见》一文中，认为鸿门宴实际上是项羽兵不血刃，不费吹灰之力夺得关中，既降伏刘邦又维护了自己反秦盟主的地位；而刘邦忍辱负重，拿土地换得渡过难关，仅此而已。

学者周骋在《刘项关系与〈鸿门宴〉结局识论》一文中，认为鸿门宴是因为当前的形势而导致项羽不得不安抚刘邦。就大局而言，项杀刘毫无必要；就理智而言，项不杀刘，不为失策；就感情而言，项不杀刘，不能算矫情；就未来前景而言，项羽已有对策，不杀刘不能看作放虎归山。

学者蔡伟更是高度评价项羽在鸿门宴上的表现，“如果说刘备释刘璋为仁释、关羽释曹操为义释、孔明释孟获为智释，那么，项羽之释刘邦不但总其所有，更添一条——勇释。”

而对这些说法，学者张斌荣又进一步反驳说：“刘邦之失关中乃时势使然，不得不送。刘邦表面看损失确实很大，但从政治、战略上看，刘邦是以不得不失换取了很大的利益，这是一种战略上的胜利，因此，得大于失。”项羽兵不血刃拿到的是本来就可以拿到的，刘邦失去的是本来就要失去的。而项羽却失去了杀刘邦的一次机会，给了刘邦坐大的机会，没有把潜在敌人扼杀于摇篮之中，消灭于隐患之间。如此看来，项羽并没有拿到最大的利益，仅仅拿到本来就是自己之物。

其实，历史没有假如。“古今多少事，尽付笑谈中。”仁者见仁、智者见智，这原本就是人们看待事物、看待历史的常态。

和亲：公主琵琶忧怨多

徐凯

捧读中国历史，联姻、和亲是一种常见的政治生态。然而，在政治权衡和军事角逐的血雨腥风下，和亲不仅是各部族、国家间友好的象征，也卷入了不少奇女子的爱恨情仇，令人唏嘘感叹。昭君出塞、文成公主入藏……这些故事很多人耳熟能详，但也有一些和亲故事鲜为人知，下面就来讲讲。

刘细君：第一位青史留名的和亲公主

提到和亲公主，第一个要数刘细君，因为从严格意义上说，她是历史上第一位留下名字的和亲公主。

汉代的开国君主刘邦打下江山不久，就面临北方匈奴的严重威胁。汉高祖七年（公元前 200 年），刘邦亲率三十二万大军征讨匈奴，却被四十万匈奴大军团团围在如今山西大同一个叫白登山的地方达七天之久，史称“白登之围”。后来，刘邦采用陈平的计策，用了一点不光彩的手段，才狼狈逃出。

从那以后，刘邦知道匈奴不好惹，就采用了大臣刘敬的建议，主动与匈奴结下“和亲之约”。具体地说，就是把当朝公主嫁给匈奴的首领单于，还要每年送给匈奴大批的财物，并且开放贸易，以换取边境的平安。《汉书》上记载的“和亲之论，发于刘敬”，说的就是这回事。

按刘敬的建议，是要把刘邦的亲生女儿嫁

给匈奴单于的，但这事遭到了吕后的坚决反对，刘邦拗不过，就以汉家宗室女加封公主，嫁给单于。

然而，政治终究还是要靠实力说话的。汉朝与匈奴的和亲，一开始就是出于迫不得已，匈奴自然也不会放在眼里，在笑纳了汉朝奉上的女人、财物后，仍然对汉界抢掠、滋扰不断。有一个事实就很能说明问题，那些肩负和亲重任的汉家公主到了匈奴后命运如何，在史料中没有留下任何痕迹，甚至连名字也无人知晓。

雄才大略的汉武帝决心改变这一局面，用武力征服匈奴。关于这段历史，相信读者可以通过各种渠道了解很多，这里我们要讲的是，汉武帝也利用和亲，来谋求自己的同盟者，其对象就是西域的乌孙国。

而用来和亲的棋子，就是我们前面说到的刘细君。

汉武帝也舍不得自己的亲生女儿去和亲。但刘细君确实是汉家的宗室女，论起来她是汉武帝的侄孙女。刘细君的祖父刘非与汉武帝刘彻是同父（即汉景帝）异母兄弟，比刘彻大十二岁。刘非被封为汝南王，为汉家立下过赫赫战功，然而刘细君的父母却因“谋反”之罪被汉武帝问斩。那时细君还年幼，汉武帝就把她召入宫中收养。不过疼爱归疼爱，面临政治需要，汉武帝毫不犹豫地动用了这枚棋子。

乌孙国远在现今新疆伊犁河流域一带，年轻貌美的刘细君所嫁的夫君——乌孙王猎骄靡，已是七十多岁的耄耋老人。更何况，乌孙国为了在汉朝和匈奴之间搞政治平衡，还娶了一位匈奴女子当“左夫人”，刘细君只能是“右夫人”。在乌孙人的观念里，以左为贵。

语言不通、生活习惯相差甚远、政治环境复杂，刘细君内心的苦闷可想而知。忧愤中她写下了这样一首诗：

吾家嫁我兮天一方，远托异国兮乌孙王。
穹庐为室兮旃为墙，以肉为食兮酪为浆。
居常土思兮心内伤，愿为黄鹄兮归故乡！

这首诗辗转传回长安，“硬汉”汉武帝看了不禁也难过。但他不能为了儿女情长误了政治大计，只能每隔一年就派使者携带各种衣物用品前往乌孙探望慰问。

猎骄靡虽然年老，毕竟是经验丰富的政治家。他了解细君的苦闷，为了细君的幸福，更为了与汉朝的友好关系，猎骄靡决定在自己生前就将细君嫁给他的王位继承人，年纪与细君相仿的孙子军须靡。

按照游牧民族的风俗，国王死后，年轻的妻子必须嫁给其子

乌孙古国曾经频繁活动的区域——新疆那拉提草原

孙或兄弟为妻。汉家女儿刘细君对此却难以接受，她上书汉武帝提出恳求，一旦猎骄靡归天，便将她召回汉地。然而她的叔祖父给她的回答却是：“从其国俗，欲与乌孙共灭胡！”

政治逻辑就是这么冰冷。细君又嫁给了丈夫的孙子军须靡，还生下一个女儿。不久刘细君就因病撒手人寰。

刘解忧：惊涛骇浪落叶归根

如果说，细君公主的故事是一个弱女子的悲情剧，解忧公主的故事就是一个豪女子的励志剧。

刘细君死后，乌孙王军须靡再次上书，求娶汉家公主。汉武帝出于政治联盟的目的，封原楚王刘戊的孙女刘解忧为公主，嫁给军须靡。

了解一点汉史的人都知道，楚王刘戊因反叛被景帝所杀，刘解忧也是罪王后代。与刘细君不同的是，刘解忧出生时，她的爷爷已经被杀三十多年了，小解忧自幼在民间长大，身上没有多少娇生惯养的小姐气，倒有几分杀伐决断的豪爽气。

解忧公主到达乌孙后，依旧被封为右夫人。解忧很清楚自己面临的局面，一来到乌孙，就在精明能干的贴身侍女冯嫽辅佐下，学骑马、学语言、学习当地生活习俗，广泛交往，很快融入了当地社会。

内蒙古自治区呼和浩特市南郊大黑河南岸的昭君墓前的呼韩邪单于与王昭君的铜铸雕像

造化弄人，几年下来，解忧没能为军须靡生下一儿半女，身为“左夫人”的匈奴公主却生下了一个儿子。军须靡为儿子取名为“泥靡”，并很快确定其为王位继承人。

峰回路转，解忧来到乌孙四五年后，军须靡突然一病不起，处于弥留之际的军须靡立下遗嘱，让自己的堂弟翁归靡继承王位，同时要求翁归靡等到泥靡长大以后，再将王位还给泥靡。

翁归靡成了新的乌孙国王。按照习俗，他继续娶匈奴公主和解忧公主为左右夫人。解忧公主凭着自己的聪慧开朗、善解人意，很快赢得了翁归靡的喜爱。两人情投意合、如胶似漆，几年之内，解忧接二连三地为翁归靡生下三个王子和两位公主。

当然，如果认为政治仅仅靠女性的罗裙就可以搞定，就太天真了。当时的汉武帝通过一系列军事行动，已经大大打击了匈奴的势力，从前看匈奴脸色行事的西域各国，也转而依附汉朝，敢于和匈奴相争了。在这种变局中，解忧当然少不了不断鼓动翁归靡向自己的娘家求援。

此时汉朝已是汉宣帝当政，他没有辜负解忧和翁归靡的期望，接连派兵和乌孙共击匈奴，取得了很大成功。就在此时，翁归靡通过汉使上书汉廷，表示要以和解忧公主生的儿子元贵靡为嗣继承王位，同时要为元贵靡迎娶汉家公主。

汉宣帝听了很高兴，立刻封解忧的侄女相夫为公主，并用庞大的车队送公主前往乌孙。然而就在半途中风云突变，翁归靡突然病逝，而乌孙贵族按照解忧公主第一任丈夫军须靡的遗嘱，拥立军须靡与匈奴公主所生的儿子泥靡为王。

闻此消息，汉宣帝下令招回相夫公主，单方面取消了婚约。而身在乌孙国的解忧，只能继续独自面对这个局面。为了拯救汉乌联盟，已年逾五旬的解忧毅然作出决定，根据乌孙习俗，再嫁比自己小得多的新王泥靡。

这样的婚姻，当然是同床异梦，毫无感情可言。在多年的政治泥潭中摸爬滚打出来的解忧历练得更为大胆，竟做出一个惊人决定，要利用汉使来访之机，联合汉使设下“鸿门宴”，在酒宴上刺杀泥靡！

谁料想汉使刺术不精，泥靡负伤逃出。而汉家朝廷为了平息此事，也不得不把几位汉使斩首，以示清白。

解忧谋事不周，翁归靡和匈奴公主生的儿子乌就屠却谋事得手，他寻机刺杀了泥靡，自立为乌孙国王。眼见乌孙江山要彻底沦入匈奴后代之手！就在此时，陪伴解忧嫁入乌孙的贴身侍女冯嫽站了出来，此时她已是乌孙右将军的夫人，而乌孙右将军向来和乌就屠关系不错。冯嫽冒着生命危险找到乌就屠，向他晓以利害，告诉他如果一意孤行，必然会引来汉军干预，性命难保，何况王位！在冯嫽的劝说下，乌就屠终于同意，以解忧跟翁归靡所生长子元贵靡为大乌孙王，自己为小乌孙王。

但此后不久，解忧再次遭受命运的打击，她的大儿子元贵靡和幼子相继因病离世，年过七旬的解忧难以承受这样的苦痛，她最后一次上书汉宣帝，表示要叶落归根，回归汉土。汉宣帝读

汉代墓群出土的“单于和亲”“单于天降”瓦当

罢书信感慨万千，同意了她的请求，并派出庞大车队迎接她回到长安。白发苍苍的解忧公主带着三个孙子孙女，和冯燎一起重返故土。两年后，历经惊涛骇浪的解忧公主在长安安然辞世。

大义公主：委曲最终难求全

往事越千年。让我们把时钟拨向隋朝前后的那段时期，有两位和亲公主的故事同样令人唏嘘。

第一位是千金公主。魏晋南北朝是中国历史上的一段乱世，北朝的最后一个朝代，是北周。千金公主是北周开国皇帝周武帝宇文邕的亲侄女，标准的金枝玉叶。然而在风雨飘摇的北周末期，为了稳定北方边界，调和北周与突厥的关系，千金公主被选中出塞和亲，嫁给突厥首领佗钵可汗。

可是，就在千金公主嫁过去的第二年，北周就发生了大事变。公元581年，辅政大臣杨坚以“禅让”的形式，废掉并毒死了年仅九岁的北周幼帝，建立了隋朝。而千金公主的父亲宇文招，因反对杨坚，被诛灭了九族！

也就是说，塞外的千金公主此时已是国破家亡，孤魂一个了。

唐代阎立本所绘《历代帝王图》中的隋文帝杨坚

这还不算完，就在那一年，千金公主新婚不久的丈夫佗钵可汗也因病死去，突厥内部的王族子弟又为争夺继承可汗斗成一团。好在千金公主初来乍到，和这些利益集团都没有什么太大关系。最后当沙钵略可汗成功继位后，千金公主又按照习俗，嫁给了沙钵略做妻子。

千金公主当然忘不了自己的国恨家仇，她不断给沙钵略吹“枕边风”，要他出兵攻打隋朝杨坚，为自己报仇雪恨。一方面，突厥人原本性喜抢掠，另一方面，沙钵略也被千金公主鼓起了英雄气，于是频点大军攻打隋朝，要为夫人讨还公道。

然而，杨坚是何等机智人物，他利用突厥内部的矛盾纷争，不断挑起突厥内讧，弄得沙钵略后院起火，王位难保。

此时的千金公主，虽然还不到二十岁，但残酷的现实与命运已让她过早地成熟。她很清楚，现在突厥内部这样纷争不已，是杨坚一手“导演”的，杨坚的目的就是要让突厥通过自相残杀而最终走向灭亡。万般无奈之下，千金公主决定将自己的国仇家恨放在一边，先帮助丈夫走出绝境再说。她给杨坚写了一封亲笔信，表示自己虽是北周公主，却十分钦佩杨坚的圣明，请求由宇文氏改姓为杨氏，要隋文帝把她当亲生女儿看待，她要做一个和平使者，为发展突厥与大隋的友好关系而努力。

此时的隋文帝杨坚，也需要缓和跟突厥的紧张关系，于是顺水推舟，派出大臣出使突厥，宣布改赐原北周千金公主为隋大义公主，赐姓杨。

然而，杨坚终究还是信不过这位大义公主的“大义”，在沙钵略死后，杨坚还是找机会施了“反间计”，散布大义公主与他人“通奸”的消息，让后继的突厥可汗把这位公主杀死了。

可是杨坚想不到，没过多久，大义公主的悲惨命运也要在杨家后代身上重演。

明代仇英《明妃出塞图》

义成公主：一生心血为故国

隋朝和突厥的关系稳定下来以后，同样要采用和亲的手段维系友好。

隋开皇十九年（599年）嫁给启民可汗的义成公主，本是隋朝宗室杨谐的女儿，后被封为公主，远嫁突厥。

义成公主一生的经历同样十分坎坷，她先后嫁给启民可汗和启民的三个儿子，是四任可汗的妻子。然而她心中始终不变的，是对娘家隋朝的忠诚，即便这个短命王朝早已灰飞烟灭，她也至死不渝。

和亲手段并不能根绝两国的战事，义成公主也不例外，但她确实在尽自己的努力，维护娘家的利益。

隋炀帝杨广北巡，遭到始毕可汗（义成公主的第二任丈夫）截击，得知消息的义成公主及时派人报信，但迅速南归到雁门的杨广还是被突厥骑兵重重围困。杨广命悬一线之际，义成公主以突厥内部起战事，“北边有急”传信始毕可汗，始毕可汗受骗撤军，这才让杨广从围困中逃了出来。

然而杨广最终还是扶不起来的阿斗。义成公主出嫁突厥十九年后，隋朝即被唐朝取代，义成公主落到了和前朝千金公主同样的命运。不同的是，义成公主性格更强悍，复国决心更坚定，没有一丝的妥协。

杨广死后，皇后萧氏如浮萍般飘零颠沛，义成公主利用突厥的力量，从农民起义军窦建德处接回萧皇后和原隋朝齐王的遗腹子杨政道，并与她的第三任丈夫处罗可汗一起将杨政道立为隋王，建隋制，设百官，将生活在突厥的万余中原人送给杨政道，让在突厥的汉人“悉隶之，行隋正朔，置百官于定襄城”。

然而，落花流水春去也，又岂是一个弱女子的力量可以挽回。唐贞观四年（630 年），唐朝出兵突厥，义成公主的第四任丈夫颉利可汗战败被俘送到长安，东突厥灭亡。萧皇后和杨政道也被送到长安。

刚烈的义成公主却宁死不做俘虏，她死在唐朝将领的刀下，也成全了自己的名节。

拉萨大昭寺中的文成公主像

图书在版编目（CIP）数据

万物有意思．中国篇 ／ 北京日报《万物》编写组编著．-- 北京 ：北京日报出版社，2018.3（2024.3重印）
ISBN 978-7-5477-2702-7
Ⅰ．①万… Ⅱ．①北… Ⅲ．①中国历史－通俗读物
Ⅳ．①K109②K209

中国版本图书馆CIP数据核字(2017)第179075号

万物有意思．中国篇

出版发行：北京日报出版社
地　　址：北京市东城区东单三条8-16号东方广场东配楼四层
邮　　编：100005
电　　话：发行部：（010）65255876
　　　　　总编室：（010）65252135
印　　刷：雅迪云印（天津）科技有限公司
经　　销：各地新华书店
版　　次：2018 年 3 月第 1 版
　　　　　2024 年 3 月第 11 次印刷
开　　本：880 毫米×1230 毫米　1/32
印　　张：20
字　　数：412 千字
定　　价：98.00元（全二册）

版权所有，侵权必究，未经许可，不得转载